KB265297

공무원 시험 준비생을 위한

합격 이야기

공무원 시험 준비생을 위한 합격 이야기

공무원 시험 준비생을 위한 합격 이야기

1판 1쇄 인쇄 | 2009년 10월 20일
1판 1쇄 발행 | 2009년 10월 26일

펴낸이 | 김영선
기획·편집 | 이교숙, 이인영
디자인 | (주)다빈치하우스 – 이리라
펴낸곳 | (주)다빈치하우스 – 미디어숲
주소 | 서울시 마포구 합정동 362-5 조현빌딩 2층 (우121-884)
대표전화 | 02-323-7234
팩스 | 02-323-0253
홈페이지 | www.mfbook.co.kr
출판등록번호 | 제 2-2767호

값 18,000원
ISBN 978-89-91907-31-7(13350)

이 도서의 국립중앙도서관 출판시도서목록(CIP)은 e-CIP 홈페이지
(http://www.nl.go.kr/cip.php)에서 이용하실 수 있습니다.(CIP제어번호: 2009002999)

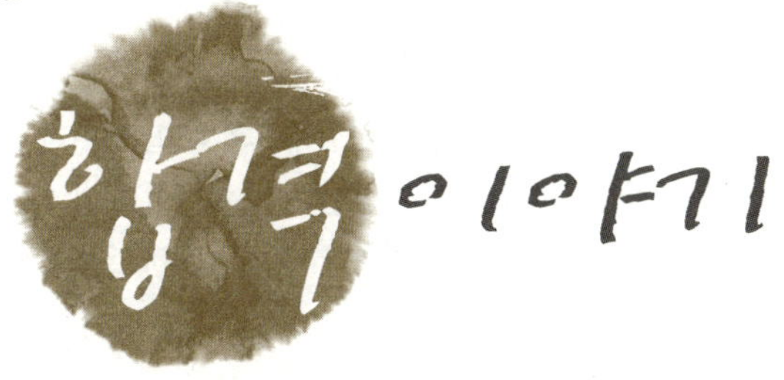

공무원 시험 준비생을 위한

합격 이야기

가장 쉬운 합격 노하우를 벤치마킹하라

편저 김선옥

왜 공무원인가?

해마다 많은 사람이 공무원 시험에 도전하고, 떨어지고, 또 도전하기를 반복한다. 치열한 경쟁률과 싸워 웃는, 몇 안 되는 사람이 되기 위해 도대체 얼마나 많은 사람이 오늘도 구슬땀을 흘리며 두꺼운 책과 씨름하고 있을까. 어째서 모두 굳이 공무원직을 택해 힘든 수험생활을 감내할까.

공무원, 노력을 결코 배신하지 않는 꿈의 직업

과거 공무원은 참으로 답답하고 고루한 직업으로 여겨졌었다. 개인의 능력과 별개로 시간이 흐르면 자연히 쌓이는 연차에 따라 평가받고, 별 다른 노력 없이도 호봉으로 먹고 사는 직업이라 평가 절하되었다. 그러나 고용 환경이 바뀌면서 공무원에 대한 인식과 평가가 확연히 달라졌다. 노력하기만 하면, '학벌', '나이', '출신' 등 소위 '스펙'에 상관없이 평가받으며 노력의 결실을 이루어 낼 수 있기 때문이다. 더군다나 공무원으로서 일하는 긍지와 보람, 안정된 미래까지 두루 보장되니 과연 이보다 더 좋은 직업이 없을 정도다.

그렇다면 어떻게 공무원 시험을 준비해야 할까?

아무리 성능이 뛰어난 배라도 방향을 잘못 잡으면 목적지에 닿을 수 없다. 공무원 시험도 마찬가지다. 무턱대고 공부해서는 결코 원하는 성과를 얻을 수 없으며, 시련과 좌절만이 거듭될 뿐이다. 1점이 당락을 가르는 시험에서 합격하려면 남다른 노력만큼 효과적인 방법론도 필요하다. 그리고 효과적인 방법론은 뭐니 뭐니 해도 실제로 공무원 시험에 합격한 선배들의 알짜배기 공부법 및 노하우에 있다. 먼저 수험생활을 체험하고 합격의 영광을 안은 선배들이 직접 몸으로 부딪히며 겪은 시행착오의 과정을 보고 배우면, 같은 실수를 저지르지 않고 보다 효율적으로 공부하고 앞서 나갈 수 있는 비법을 획득하기 때문이다.

이 책에서는 선배들의 합격 수기 가운데 수험생에게 가장 구체적이고 실질적으로 도움이 되는 수기를 가려 뽑아 실었다. 선배들이 공무원 시험을 준비하게 된 계기 및 과정, 수험생활의 애로사항, 갖가지 시행착오 끝에 발견한 공부법과 생활수칙을 비롯한 자신만의 노하우를 세세히 담았기에 이 책이야말로 진정 합격을 갈구하는 수험생을 올바른 방향으로 이끌어주고, 생생한 공부 내공을 심어줄 수 있을 것이다.

또한 수험생이 유용하게 쓸 수 있는 부록과 팁을 다방면에 걸쳐 충실하게 수록하여 자칫 부족할 수 있는 내용을 모자람 없이 보충했다.

다시 말하지만, 이 책은 공무원 시험을 어떻게 준비해야 할지 막막한 수험생, 어느 정도 공부 내공이 쌓였지만 남들보다 한 발자국 앞서 가고 싶은 수험생, 해도 해도 문턱에서 자꾸 미끄러지는 수험생 모두를 위해 만들어졌다. 부디 이 책을 통해 모두 합격으로 향하는 쾌속선에 오르기를 바란다.

도전하라, 노력하라, 그리하여 꿈을 이루라!

노력 없이 거저 얻어지는 것은 아무것도 없다. 누구나 피나는 노력을 하고, 끊임없이 자기 자신을 채찍질하며 꿈을 이루었다는 사실을 명심하자. 먼 미래를 아우르는 안목과 절대 포기하지 않는 근성, 흔들리지 않고 꾸준히 나아가는 자세로.

지금 인생에서 가장 아름답고 가치 있는 도전을 하고 있는 전국의 모든 수험생에게 행운이 깃들기를 바라며. 영광의 그 날, 천국의 감로수처럼 달콤하고 황홀한 합격의 건배를 나눌 수 있기를 고대한다.

편저 김선옥

Contents_

미네르바의 부엉이는 황혼녘에 날개를 편다

7·9급 공무원 시험 합격수기 공모전 당선작 모음

노력만이 정답이다

2005년 경기 일반행정직 9급 합격

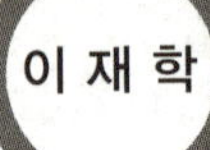

이 재 학

취업, 고달프고 험난한 여정

1999년, 나는 취업 활동으로 한창 바쁠 전문대학 2학년이었다. 그러나 예기치 않게 손목 장애가 생겨 병원 치료를 받느라 취업 활동을 거의 하지 못했다. 엎친 데 덮친 격으로 내 전공은 정교한 작업이 필요한 정밀 산업 분야로 손목 장애는 사실상 취업 불가 선언이나 다름없었다. 졸업은 시시각각 다가오고 동기들은 하나 둘씩 보란 듯이 취업하는데, 나 혼자 이러지도 저러지도 못하고 있으니 그야말로 죽을 맛이었다. 하루하루가 초조하고 불안해서 견딜 수 없었다.

'이제 나는 앞으로 무얼 해서 어떻게 살아야 하나.'

하지만 아무리 고민해 보아도 내 앞날은 컴컴한 먹구름으로 뒤덮여 길이 보이지 않았다. 꼭 나 혼자 허허벌판에 덩그러니 버려진 기분이었다. 하지만 시간은 나를 기다려 주지 않았고, 나는 2000년, 아무런 대책도 없이 덜컥 졸업해 버렸다.

졸업을 하고 나니 현실은 더욱더 냉혹하게 다가왔다. 국내 유수의 대

기업을 비롯해 여러 중소 벤처기업에 수차례 원서를 넣었지만 감감 무소식이었다. 1차 서류 전형에서 모조리 탈락해 버린 것이었다. 오매불망 기다리던 연락이 기어이 오지 않자, 나는 독하게 마음먹었다.

'일단 아르바이트를 하면서 좋은 기회가 올 때까지 기다려야겠다.'

그 뒤로 1년여 동안 나는 일자리를 가리지 않고 닥치는 대로 일했다. PC방 아르바이트, 피자 배달 아르바이트 등을 전전하며 악착같이 돈을 벌었다. 그러는 동안에도 틈만 나면 구인란을 뒤적이고, 좋은 자리가 날 때마다 원서를 넣었다.

하지만 좀처럼 내 뜻대로 순순히 취업이 되지 않고, 시간만 속절없이 흘렀다. 소위 말하는 프리터족(free와 arbeit를 합성한 일본식 조어로, 직업을 정하지 않고 2~3개 아르바이트를 하면서 생활하는 사람들을 일컫는다.)으로 살아야 할지도 모른다는 조바심이 극에 달했을 무렵, 기적처럼 기회가 찾아왔다. 우연히 알게 된 인쿠르트 사이트에 등록해 둔 이력서를 발판으로 굴지의 반도체 회사 동부이노텍(전신 아남반도체)에 응시했는데 놀랍게도 최종 합격한 것이다!

지금도 나는 최종 합격 통지를 받은 그날을 생각하면 가슴이 찡하다. 수없는 취업 실패에 쓰디쓴 눈물을 삼켜야 했던 나날이 주마등처럼 스치며, 짙은 안개를 걷어내는 아침 햇살처럼 밝고 따뜻한 희망에 가슴이 마냥 벅차올랐다. 이제 내 앞날은 탄탄대로나 다름없다고 진심으로 생각했다.

장애가 결국 발목을 잡다

그토록 간절히 염원하던 직장생활을 시작하면서 난 정말 행복했다. 처음으로 얻은 직장이 내로라하는 대기업인데다 거의 포기했던 전공을 살려 엔지니어로 일하게 되었으니 이보다 더 좋을 수 없었다. 더군다나 남들이 부러워할 만큼 넉넉한 급여까지! 이야말로 일석삼조가 아니고 무얼까 싶었다.

나는 번듯한 직장에서 일하는 자신이 자랑스러웠다. 그래서 그만큼 더 열심히 일하려고 무던히 애썼다. 남들보다 일찍 출근하고, 늦게 퇴근하며 일에 매달렸다. 하지만 내 첫 직장생활은 내 기대와 달리 오래 가지 못했다.

1999년, 대학 2학년 때에 내 앞길을 가로막았던 손목 장애가 이번에도 내 발목을 붙잡은 것이다. 나는 손목 장애의 한계에서 끝내 벗어나지 못하고 날마다 극심한 고통에 시달려야 했다.

'어떻게 들어온 직장인데……. 하지만 이대로는 너무 고통스럽다.'

시간이 갈수록 내 안에 가득 차 있던 열정과 의지는 점점 사라지고, 고뇌와 번민만 남았다. 일에 몰두하지도 못하고, 일을 그만두지도 못하고……. 정신적 방황이 심해지면서 내 자랑스러운 직장은 끔찍한 지옥처럼 변했고, 나는 속이 빈 인형이 되어 갔다.

결국 2003년 초, 나는 이직을 결심했다.

'여기에 더 있다가는 내가 먼저 죽겠구나. 안 되겠다. 새로운 곳에서 새로 시작해야겠어.'

일단 결정을 내리고 나니 마음이 급해졌다. 하루라도 빨리 내가 원하는 곳으로 옮겨 가고 싶었다. 나는 당장 이직 준비를 했다. 이후 6개월

동안 워드프로세서 1급과 정보처리 산업기사 자격증을 취득했고, '한국주택공사', '한국도로공사', '부천시 시설관리공단', '인천시 시설관리공단' 등 주요 공기업을 골라 해당 시험 과목을 공부했다. 그러나 자격증을 부지런히 취득해도, 공부를 열심히 해도 사기업에 지원했을 때처럼 모두 1차 서류 전형에서 줄줄이 탈락했다.

기대가 컸던 만큼 실망도 컸다. 하늘이 무너지는 듯 절망스러웠고, 아무리 마음을 다스리려고 해도 눈물이 나왔다. 내 실력이 부족한 탓이 아니라 전문대학을 나온 내 학력 탓이라는 생각이 자꾸만 들었다. 그러지 않고서야 어떻게 1차 서류 전형도 통과하지 못할까 싶었다. 그것도 몇 차례나. 생각하면 생각할수록 지독하게 학력 중심 사회가 진저리났고, 학력이 낮은데다 손목 장애까지 있는 내 자신이 싫었다. 그리고 앞으로 어떻게 해야 할지 막막했다. 마치 출구가 없는 미로에 영원히 갇혀 버린 것만 같았다.

한 줄기 빛이 찾아들다!

고통스러운 엔지니어 일을 언제까지 해야 하는지 알 수 없었던 그때, 한 친구가 내게 새로운 길을 열어 주었다. 바로 공무원의 길이었다.

"공무원 시험은 고졸이든, 전문대졸이든, 대졸이든 상관없이 누구나 공정하게 시험에 응시할 수 있고 오로지 실력으로만 평가받는다네. 장애의 유무도 마찬가지지. 정 학력과 장애로 괴롭다면 공무원 시험에 도전해 보지 않겠나?"

순간, 귀가 번쩍 뜨였다. 그때 기분을 뭐라고 표현하면 좋을지 모르겠다. 한 치 앞도 내다볼 수 없는 암흑 속에 한 줄기 빛이 비쳐든 기분이 랄까. 하늘에서 튼튼한 동아줄이 내려온 기분이랄까…….

나는 일찌감치 공직에 진출해 나름대로 기반을 착실히 다져 온 그 친구를 붙잡고 꼬치꼬치 캐물었다. 공무원 시험의 응시 자격, 시험 준비 방법, 공무원의 삶 등등. 친구가 하나하나 답변해 줄수록 내 막연한 기대는 점점 굳은 확신으로 바뀌었다.

'바로 이거다! 이 길이야말로 내가 나가야 할 길이야!'

성별이나 학력 차별없이 오로지 실력으로만 평가받는 길. 당시 내게 공무원은 바로 빛나는 꿈의 길, 그 자체였다.

그리하여 2003년 10월, 나는 어렵게 찾은 새로운 길로 걸어가기로 결심했다. 먼저 노량진 학원가를 물색하며 어떻게 공무원 시험을 준비할지 고민했다. 각종 기출문제를 모으고, 합격한 선배들의 노하우를 스크랩하며 차근차근 계획을 세웠다. 그리고 이듬해 2월 진눈깨비가 질척하게 내리던 날, 나는 과감히 사직서를 제출했다.

아직도 그날의 근심 어린 부모님 얼굴이 선명하다. 이런저런 아르바이트를 전전하며 겨우 번듯한 직장에 들어가 자리 잡나 싶더니 고달픈 취업 전선으로 다시 뛰쳐나온 아들이 얼마나 못나고 안쓰러워 보이셨을까. 하지만 내게는 더 망설일 여유가 없었다. 기회는 왔을 때 잡아야 하고, 내가 잡아야 하는 기회는 바로 이때였다.

나는 회사를 그만두자마자 노량진 학원에 수강 등록했다. 당시 내 자금은 4년여 동안 일하고 받은 퇴직금 7백여 만 원이 전부였다. 그 돈으로 공무원 시험에 합격할 때까지 생활해야 했다. 먹고 입는 데 쓰는 것뿐만 아니라 학원비도 최대한 아껴야 했다. 나는 가급적 반복 수강을 하지 않고, 과목별로 꼭 필요한 수업만 듣기로 마음먹었다. 부족한 부

분은 스스로 공부해서 채워나갈 생각이었다.

　그러나 처음 듣는 학원 수업은 내용을 이해하기는커녕 뭐가 뭔지 아는 것조차 힘들었다. 그저 미래에 대한 두려움과 반드시 공무원 시험에 합격해야 한다는 절박함이 앞서 5과목 수업을 간신히 쫓아갈 뿐이었다. 예습과 복습은 엄두도 내지 못할 정도니, 이대로는 죽도 밥도 되지 않을 형편이었다. 뭔가 대책이 필요했다.

　'이렇게 마냥 시간을 낭비할 수는 없고……, 어쩌지? 다른 사람들은 어떻게 공부한담?

　합격 선배들의 노하우를 읽으며 며칠 동안 고민한 끝에 나는 생각부터 싹 바꿨다. 내가 남들보다 뒤처진다는 사실을 인정하고, 두 배 뒤처지면 세 배, 아니 네 배, 다섯 배 노력하기로 마음먹었다. 남들이랑 똑같이 해서는 결코 내가 원하는 결과를 얻을 수 없다는 사실을 뼈저리게 깨달은 것이다.

　그때부터였다. 그때부터 진짜 내 수험생활이 시작되었다. 월요일부터 토요일까지 하루도 빠짐없이 새벽 6시에 일어나 학원과 구립 도서관을 오가며 공부했다. 밥 먹는 시간이 아까워 시리얼 바를 우물거리며 책을 보았고, 화장실 가는 시간을 아끼느라 참고 참았다가 정 못 참겠으면 그제야 겨우 한 번 다녀오곤 했다. 수험생활 막바지에는 가진 돈이 다 떨어져 불가피하게 주말마다 아르바이트를 해야 했다. 하지만 아르바이트를 하면서도 항상 주머니 속에 암기 수첩을 넣어 두고, 틈날 때마다 꺼내서 중얼중얼 외웠다.

　긴장이 풀려서 늘어지거나, 지쳐서 포기하고 싶을 때면 합격 선배들의 이야기를 곱씹으며 장차 공무원이 된 내 모습을 상상했다.

사실 그렇다. 길고 힘든 수험생활을 끝까지 견딜 수 있었던 것은 오로지 공무원이 되겠다는 열망 덕분이었다. 뜨겁다 못해 타는 듯 강렬한 염원이 육체적인 피로와 재정적인 압박을 극복하고, 내가 온 몸과 마음을 다해 갈망하는 꿈을 이루게 해 주었다. 2005년 최종 시험 합격의 영예라는 꿈을…….

지금 돌이켜 생각해 보면, 고달픈 시절마저 오늘날 나를 있게 한 소중한 과정이었다고 생각된다. 무엇이든 공으로 얻을 수 없다. 나 또한 힘껏 갈구하고 노력했기에 꿈을 이룰 수 있었다.

사직서를 내고, 처음 수강 등록한 단과 강의 2개월 과정은 예습과 복습을 하기는커녕 수업 진도 따라가기도 바빴다. 5과목의 범위가 워낙 넓고, 수업 내용을 이해하기 힘들어 공부가 제대로 되지 않았다. 그래서 2개월 동안 학원에서 강의를 듣고, 집에 돌아와 동영상을 보며 공부한 다음 새롭게 공부 계획을 세웠다.

공부하는 날과 휴식하는 날을 철저히 구분하기

월요일부터 토요일까지 공부에 전념하고, 일요일에는 푹 쉬었다. 충분하고 적절한 휴식은 집중력 향상과 체력 및 컨디션 관리에 매우 유용하다.

요일별로 과목을 나누어 공부하기

하루에 모든 과목을 소화할 수 없기에 요일별로 과목을 나누어 공부하는 편이 효율적이다.

① 2004년 10월까지 요일별 학습 : 월요일과 화요일 낮에는 국사, 수요일과 목요일에는 행정학, 금요일과 토요일에는 행정법 순으로 기본서 위주로 정독했다. 처음 1회독 때는 시간이 많이 걸리나 2회독, 3회독 횟수가 거듭될수록 시간이 줄어들어 후에 시간 안배할 때 도움이 되었다.

월요일부터 토요일까지 매일 저녁 6시~8시에는 국어, 8시~10시에는 영어를 공부했다. 내가 준비하는 시험이 언어 부분에서 당락이 결정되기 때문에 언어 부분에 보다 많은 시간을 투자해 공부했다.

② 2004년 10월 서울시 시험 이후 요일별 학습 : 월요일에는 국사, 화요일에는 행정학, 수요일에는 행정법, 목요일에는 행정법과 행정학, 금요일에는 모의고사 문제집 전 과목 풀이와 틀린 문제 스크랩, 문제 요점 정리, 토요일에는 국어와 영어를 집중적으로 공부했다. 일요일에는 휴식을 충분히 취했으며 저녁에는 무조건 국어와 영어를 2시간씩 공부했다.

③ 2005년 요일별 학습 : 자금이 바닥을 보여 공부하는 데 가장 힘든 시기였다. 토요일의 국어와 영어 공부를 포기하고, 토요일과 일요일에 당구장 아르바이트를 하며 돈을 벌었다. 그 대신 월요일부터 금요일까지 바짝 공부했다.

과목별 정복 비법!

✚ 국어

국어는 다른 과목에 비해 분량이 상당하다. 내가 처음 학원에 수강 등록을 하고, 책을 펼치자마자 한숨이 절로 나왔던 과목이기도 하다. 한교고시학원에서 김재정 교수님의 《재정국어》를 3개월 동안 수강했으나 내용이 워낙 광범위해 다른 과목과 병행하기가 힘들었고, 공부 방향조차 잡기 어려웠다.

가장 먼저 기본서를 정독한다

어떤 과목이든 기초가 탄탄해야 실력이 느는 법이다. 나는 일단 기본서 정독이 가장 우선이라 생각하여, 기본서 정독에 온 힘을 기울였다.

나름대로 전략을 세워서 공부한다

국어는 범위가 광범위한 과목으로 전략적으로 공부해야 한다. 처음에는 닥치는 대로 읽고 공부했지만, 시간이 지날수록 나름대로 노하우가 생겨 한결 수월하게 공부할 수 있었다.

① 문제 분석을 한 결과, 지방직과 국가직의 경우 고전 부분이 많이 줄어들고 현대 문법 및 표준어 비중이 높아졌다. 그래서 과감히 고전

문법을 포기하고 현대 문학과 시, 표준어 등을 위주로 공부했다. 특히 시를 중점적으로 공부하며, 현대 문법과 표준어에 집중했는데 다행히 시험마다 예상 범위가 적중해 꽤 높은 점수를 받았다. 또한 기미독립선 언문을 달달 외웠던 것도 많은 도움이 되었다.

② 최종 합격할 때까지 《재정국어》의 기본서와 동영상을 위주로 4회 독을 했다. 문제집은 파트별로 나온 《해냄국어》를 6개월 정도 반복해서 공부했고, 최종 합격하기 3개월 전부터는 《이재현 문제집》을 구입해 《재정국어》와 《해냄국어》에서 다루지 않은, 새로운 문제 유형을 스스로 추려내 공부했다. 그 덕분에 다양한 문제 유형을 소화할 수 있었다.

③ 반복 학습만큼 좋은 방법이 없다. 나는 국어와 영어를 하루도 빼놓 지 않고 기본서와 문제집을 번갈아 공부했고 하루에 국어 2시간, 영어 2시간 총 4시간을 투자해 감을 잃지 않는 데 주력했다. 또한 주마다 노 량진 서점에서 나오는 신문을 뭉치로 가져와 스크랩하고, 새로운 문제 유형을 꾸준히 익혔다.

✦✦ 연도별 국어 점수

- 2004년 4월 경기도 상반기 시험 : 75점
- 2004년 5월 국가직 시험 : 80점
- 2004년 6월 서울시 상반기 시험 : 60점
- 2004년 9월 선관위 시험 : 85점
- 2004년 10월 서울시 하반기 시험 : 75점
- 2005년 4월 경기도 시험 : 80점
- 2005년 4월 국가직 시험 : 85점
- 2005년 서울시 교육행정 : 80점

✚ 영어

영어는 고등학교를 졸업하고 단 한 번도 제대로 공부해 본 적 없는 과목이다. 사실 전문대 출신이자 엔지니어였던 내가 수많은 대학생 출신 수험생들과 경쟁하기에 가장 버거운 과목이 바로 영어였다. 고등학교 때까지 영어 성적이 우수했던 사실만이 당시 내게 유일한 위안이었다.

내게 꼭 맞는 강의와 교재로 공부한다

나는 남부고시학원 신홍섭 선생님의 영어 수업을 들었다. 다른 수험생에 비해 영어 초보나 다름없는 내게는 신홍섭 선생님의 수업이 가장 잘 맞는다고 생각했기 때문이다. 특히 단어와 관용구의 뜻과 답만 외우는 신홍섭 선생님의 수업 방식은 내가 단 시간에 많은 어휘를 익히는 데 도움이 되었다. 다른 생각을 일절 하지 않고, 오로지 선생님이 시키는 대로만 열심히 공부한 지 3개월 정도 지나자, 정말 어휘 실력이 눈에 띄게 향상되었다.

기본서와 어휘집 위주로 공부한다

처음 공부를 시작했을 때부터 2004년 서울시 하반기 필기시험을 합격할 때까지 날마다 기본서와 어휘집을 위주로 죽어라 외웠다. 면접에서 탈락한 다음, 2005년 1월에는 노량진에서 신성일 선생님의 독해 테이프와 독해집, 그리고 어휘집을 구입하여 공부했다. 독해를 강의하면서 어휘집을 같이 봐 주시는 신성일 선생님의 방식이 내게 잘 맞았기에 공부가 한결 수월했고, 2005년도에 응시한 시험에서는 정말 신성일 선생님의 어휘집에서 중요하다고 표시한 어휘들이 출제되어 깜짝 놀랐다.

무식하게 외우고, 또 외운다

개인적으로 신홍섭 선생님의 문법 강의는 쉬웠지만, 신성일 선생님의 문법 강의는 상당히 어려웠다. 그래서 문법은 신홍섭 선생님의 강의로, 어휘는 신성일 선생님의 강의로 공부했다. 두 선생님의 강의를 병행해 꾸준히 공부한 덕분에 좋은 성적을 거둘 수 있었다. 솔직히 말해, 영어 학습에 왕도는 따로 없다고 본다. 나 또한 정말 무식하게 외우고 또 외웠다. 영어는 가급적 요령을 피우지 말고 죽어라 공부하는 편이 성적을 높이는 데 유리하다.

> ➜➜➜ **연도별 영어 점수**
>
> - 2004년 4월 경기도 상반기 시험 : 45점
> - 2004년 6월 서울시 상반기 시험 : 55점
> - 2004년 10월 서울시 하반기 시험 : 65점
> - 2005년 4월 국가직 시험 : 75점
> - 2004년 5월 국가직 시험 : 55점
> - 2004년 9월 선관위 시험 : 50점
> - 2005년 4월 경기도 시험 : 70점
> - 2005년 5월 서울시 교육행정 : 75점

✚ 국사

국사는 공무원 시험 5과목 가운데 그나마 가장 접근하기 편한 과목이 었다. 아무래도 중·고등학교 때 공부해서 익숙한 과목이라 부담이 덜 하기 때문이다.

내용을 꾸준히 정독한다

처음에는 심태섭 선생님의 종합반 요약집을 편철하여 집중적으로 공부했다. 3회 정독하고, 문제풀이는 정재준 선생님의 문제집을 한달여

에 걸쳐 정독했다. 특히 틀린 문제를 위주로 계속 점검하고, 집중 학습했다.

다양한 매체로 반복학습을 한다

시간이 지날수록 다른 지방직 시험 문제를 풀면서 점차 문제 난이도가 높아지는 것을 느꼈다. 아무래도 심태섭 선생님의 요약집만으로는 고득점을 하기 힘들어, 정재준 선생님의 《통합한국사》를 3회 정독하고, 사례 위주로 된 부분을 집중적으로 공부했다.

현대사 부분은 고3 수능책을 구입하여 철저히 분석했고, 사례를 중심으로 나오는 1~2문제를 놓치지 않기 위해서 KBS의 역사스페셜을 다시 보며 공부했다.

밤에는 심태섭 선생님의 단과반 동영상을 수강하고 그날그날 반복학습을 했는데, 이것이 곧 국사에서 고득점으로 이어졌다.

최종적으로 심태섭 선생님의 기본서 6회독, 요약집 6회독, 정재준 《통합한국사》 3회독, 문제풀이집 2회독, 지방직 문제풀이 2회독씩 마치고 시험을 치렀다.

> ✦✦✦ **연도별 국사 점수**
>
> – 2004년 4월 경기도 상반기 시험 : 75점　　– 2004년 5월 국가직 시험 : 85점
> – 2004년 6월 서울시 상반기 시험 : 75점　　– 2004년 9월 선관위 시험 : 90점
> – 2004년 10월 서울시 하반기 시험 : 85점　　– 2005년 4월 경기도 시험 : 100점
> – 2005년 4월 국가직 시험 : 100점　　– 2005년 5월 서울시 교육행정 : 95점

✚ 행정학

　행정학은 영어와 국어 다음으로 가장 어렵고 힘든 과목이었다. 처음에는 행정학이 단순 암기만 필요한 과목이라 생각했다. 그래서 한교고시학원의 남정집 선생님의 《맥 행정학》을 신청해 2개월 단과 과정을 수강하고, 학원 수강 종료 후 기본서 4회독을 했지만 좀처럼 성적이 나오지 않았다.

기본서 정독과 문제풀이에 힘써 공부한다

　김중규 선생님의 문제풀이집을 구입해 다른 과목 못지않게 정독했다. 5회독 이상 정독했고, 틀린 문제를 위주로 집중적으로 공부했다. 하지만 행정학은 성적이 잘 오르지 않는 과목이었다. 2004년도 서울시 하반기 시험을 기점으로 김중규 선생님의 《선행정학 기본서》 및 테이프를 구입해 집중적으로 공부했다. 최종 합격하기 전까지 총 4회 기본서를 정독하고 테이프를 들었다.

신문 스크랩과 뉴스 청취를 거르지 않는다

　일주일에 한 번씩 노량진 서점에 들러 학원에서 발간되는 신문 등을 취합해 과목별 문제를 스크랩해서 새로운 문제 유형을 익혔다. 그리고 신문이나 뉴스 등을 빠짐없이 확인해 지방행정의 변화를 놓치지 않은 것이 시험에 유리하게 작용했다.

좋은 선생님의 강의에 충실히 공부한다

　개인적으로 김중규 선생님의 동영상 강의가 큰 도움이 되었다. 중요도에 따라 지적해 주신 내용을 위주로 공부하니 정말 실제 시험에서 적중률이 높았다. 과연 명성에 걸맞은 강사라는 생각에 많은 동료에게 추천하기도 했다.

행정학은 기본서 및 문제풀이를 정독했다고 바로 고득점이 나오는 과목이 아니다. 기본서에 충실하되, 기본서 총 10회독 외에 문제풀이집과, 스크랩한 신문문제 등 다각적인 방법으로 시간을 충분히 들여 집중적으로 공부한다면 반드시 좋은 결과가 있을 것이다.

> **✦✦✦ 연도별 행정학 점수**
>
> - 2004년 4월 경기도 상반기 시험 : 45점   - 2004년 5월 국가직 시험 : 55점
> - 2004년 6월 서울시 상반기 시험 : 55점   - 2004년 9월 선관위 시험 : 60점
> - 2004년 10월 서울시 하반기 시험 : 85점   - 2005년 4월 경기도 시험 : 90점
> - 2005년 4월 국가직 시험 : 85점

✚ 행정법

누구나 법을 전공하지 않은 사람이라면, 처음 법을 접할 때 막연한 두려움을 느낄 것이다. 나 또한 예외가 아니었다. 처음 공무원 시험을 준비하기로 마음먹었던 2003년 가을만 해도, 행정법이 아닌 사회 과목이어서 해 볼 만하다 싶었는데 2004년부터 행정법으로 변경되면서 얼마나 막막했는지 모른다.

재미있는 강의를 골라 듣는다
행정법은 다른 과목에 비해 딱딱하고 어려운 과목이다. 가뜩이나 이

해하기 힘들고, 공부하기 어려운 과목인데 강의마저 지루하다면 행정법 정복은 그야말로 하늘의 별 따기나 다름없다. 따라서 행정법은 가급적 귀에 쏙쏙 들어오고, 재미있는 강의를 골라 들어야 한다. 그래야 조금이라도 행정법에 쉽게 접근할 수 있기 때문이다.

내 경우, 학원 강의는 한교고시학원에서 홍성운 선생님의 《신월 행정법》 단과 2개월 과정을 수강했고 기본서는 《신월 행정법》, 요약집은 《신월 요약본》을 골라 공부했다. 나는 강의가 재미있어야 공부가 수월하다는 것을 이때 절실하게 깨달았다. 당시 홍성운 선생님의 강의가 얼마나 알차고 재미있었는지, 강의를 듣느라 시간가는 줄도 몰랐다. 내용만 보면 하품이 절로 나오는데, 강의를 들으면 나도 모르게 귀를 쫑긋 세우고 선생님이 툭툭 던지는 농담에 폭소가 터져나오곤 했다.

용어 정립과 판례 분석도 중요하다

단과 2개월 과정을 마친 다음에는, 독서실에서 혼자 공부했다. 낮에는 독서실에서 기본서를 위주로 공부하고, 밤에는 집에 돌아와 동영상을 다시 보면서 반복학습을 했다. 이때 가장 중요하게 생각했던 부분이 바로 용어 정립과 판례 분석이었다. 법이라는 특수성을 고려했기 때문이다. 용어 정립에 주의하며 기본서를 1회독하고, 판례집을 별도로 구입하여 틈틈이 판례를 분석했다. 그리고 서정범 선생님의 문제집을 구입해 따로 공부했다.

먼저 근거법을 이해해야 한다

3회독을 마칠 즈음이 되자, 서서히 행정법 내용이 정립되고 주제별로 중요한 부분들이 보이기 시작했다. 나는 주로 주요 요점 사항, 쟁점 사항들을 각별히 주의해서 공부했고 이해하기 힘든 부분들은 요약집에서 찾고, 선생님이 설명한 예화 등을 따로 기록해 두었다가 책에 나온 내용과 결부시켜 공부했다. 특히 법은 암기도 중요하지만 근거법을 이해해야 큰 맥락을 파악할 수 있다. 따라서 단순히 법을 외우기만 할 게 아니라 법조문을 함께 공부하는 편이 좋다.

기본서는 정독하고 문제집에 주력한다

시험을 1개월 앞둔 시점부터 기본서보다 문제집을 위주로 공부했다. 자주 틀리는 문제나 어려운 문제를 반복해서 공부했고, 틀린 문제를 기본서에 표시해서 시험 일주일 전에 다시 한 번 내용 점검을 했다. 행정법은 법 내용을 달달 외우는 것보다 법 내용을 문제에 적용하는 것이 더 중요하다.

내 경우 기본서는 적당한 수준에서 정독하는 것으로 마무리하고, 문제집을 집중적으로 공부했던 것이 시험에서 주효했다. 특히 인터넷에서 행정고시 문제나 7급 문제 등을 다운받아 풀어 보았던 것이 크게 도움이 되었다.

> **✦✦✦ 연도별 행정법 점수**
>
> | | |
> |---|---|
> | – 2004년 4월 경기도 상반기 시험 : 55점 | – 2004년 5월 국가직 시험 : 65점 |
> | – 2004년 6월 서울시 상반기 시험 : 70점 | – 2004년 9월 선관위 시험 : 70점 |
> | – 2004년 10월 서울시 하반기 시험 : 85점 | – 2005년 4월 경기도 시험 : 90점 |
> | – 2005년 4월 국가직시험 : 95점 | – 2005년 5월 서울시교육행정 : 90점 |

이렇게 공부하라!

충분히 휴식을 취하고, 적절한 운동으로 체력 관리에 힘써라

의욕이 충만해도 체력이 받쳐주지 않으면 아무 소용없다. 공부하느라 급급해 건강을 해친다면 고된 수험생활을 끝까지 견뎌내지 못한다. 열심히 공부하는 만큼 충분한 휴식을 취하고 적절한 운동으로 체력 관리에 힘써야 한다는 사실을 잊지 말자.

내 경우 새벽 시간을 이용해 주 3회 수영을 했다. 그리고 일요일에는 무슨 일이 있어도 푹 쉬면서 다음 주를 대비했다. 그 덕분에 지치지 않고 긴 수험생활을 성공적으로 마무리할 수 있었다.

가장 저렴한 방법을 찾아라

수험생활이 길어질수록 재정적인 부담이 심리적인 압박으로 다가온다. 나 또한 퇴직금이 바닥을 보이자 초조해져서 책이 손에 잡히지 않았다. 그래서 토요일과 일요일에는 공부를 포기하고 아르바이트로 돈을 버는 등 극단적인 방법을 취하기도 했다. 또한 일주일에 1회씩 노량진을 꼬박꼬박 찾아가 신문이나 학습용 광고물 등을 몽땅 모아와 중요한 부분을 스크랩하고 반복해 읽으며 숙지했다.

집안에 여유가 있다면 모를까. 나처럼 빠듯한 생활을 하며 시험을 준비하고 있다면, 최대한 재정에 부담이 안 가는 방법을 찾아 공부하는 편이 좋다. 그래야 심적 부담도 상대적으로 줄일 수 있고, 실제로 재정 압박으로 공부할 시간을 빼앗기지도 않는다.

가장 가까운 학습 공간을 찾아라

이동 거리가 길면 그만큼 시간적인 손해와 체력적인 무리가 발생한다. 이는 곧 집중력을 떨어뜨려 결과적으로 학습에 좋지 않은 영향을 준다. 집중력을 유지하고, 최상의 컨디션을 확보하는 가장 좋은 방법이 바로 가장 가까운 학습 공간을 찾는 것이다.

시험을 본 뒤에는 복원 문제 및 카페에서 멀어져라

많은 수험생이 시험을 본 뒤에 자기 점수를 알기 위해 공무원 시험 카페나 학원 등에 올라오는 복원 문제를 보느라 시간을 허비한다. 이것은 정말 어리석은 행동이다. 어차피 본인이 어느 정도 실력을 갖추었다면 복원 문제에 시간을 낭비하느니 착실히 다음 시험을 준비하는 편이 백 번 낫다.

내 경우에도, 시험 당일에는 친구들과 어울려 놀며 시험 스트레스를 날려 버렸고 다음 날부터는 다시 학업에 열중하며 다음 시험을 준비했다.

독하게 친구들을 끊어라

공무원 시험을 막 준비하던 때에 가장 나를 힘들게 한 것은 과거 회사 동료들이나 친구들의 전화였다. 술자리를 비롯한 모임에 대한 유혹이 애써 다잡은 마음을 자꾸 흐트러뜨렸기 때문이다. 결국 나는 큰 결심을 하고 핸드폰을 정지시켰다. 오로지 집 전화로만 전화를 받았기에, 합격하기 전까지 나는 누구에게도 방해받지 않고 공부에 집중할 수 있었다.

공무원 시험을 준비하는 후배들에게 한마디

2005년 최종 시험에 합격하면서, 나는 그토록 바라마지 않던 공무원이 되었다. 암흑 속에 비쳐든 한 줄기 빛! 그 빛의 길을 따라 나는 '합격'이라는 영예로운 출구를 찾았고, 눈부신 빛 속으로 당당히 나아가 꿈을 이루었다.

예전의 나처럼 미래를 고민하고 현실에 힘들어하며 공무원을 꿈꾸는 후배들이 많으리라 생각된다. 불안한 사회 환경 속에서 보다 나은 미래를 위해 도전하는 열정을 잊지 말고, 정말 피 나는 노력을 통해 진정 원하는 꿈을 이루기 바란다.

하지만 안정적인 직업이라는 이유로 자기 적성을 고려하지 않은 채 무턱대고 공무원을 선택해서는 안 된다. 직업은 자신의 평생이 걸린 문제이기 때문이다.

되도록 많이 생각하고, 고민해야 한다. 그러고도 '역시 나는 공무원밖에 다른 직업을 생각할 수 없어. 내 길은 공무원뿐이야!' 라고 생각한다면 그때는 온 열정을 다해 도전하고, 노력하라. 한두 번 떨어졌다고 낙담하지 말고, 칠전팔기의 오뚝이처럼 끝까지 최선을 다한다면 반드시 그에 걸맞은 결실을 거두게 되리라.

오늘도 공무원 시험을 준비하며 구슬땀을 흘리고 있을 모든 수험생에게 좋은 일만 가득하기를 기도하며, 이만 내 이야기를 마친다.

목표 있는 사람에 대한 하버드 대학의 조사 결과

하버드 대학에서 매우 흥미로운 조사를 실시한 적이 있다. 목표, 곧 꿈이 인생에 끼치는 영향에 대한 조사였다. IQ와 학력, 성장 배경 등이 비슷한 사람들을 대상으로 조사했는데, 조사대상 가운데 27%는 목표가 없고, 60%는 목표가 희미하며, 10%는 목표가 있지만 단기적이라고 응답했다. 단지 3%만이 명확하고도 장기적인 목표를 가지고 있었다. 그리고 이들을 오랫동안 관찰한 결과, 아주 놀라운 사실이 발견되었다.

명확하고도 장기적인 목표를 가진 3%는 25년이 지난 다음에 사회 각계의 최고 인사가 되어 영향력을 행사하고 있었다.

단기적인 목표를 가진 10%는 대부분 사회의 중상위 층에 머물렀다. 그들은 단기적인 목표를 여러 번에 나누어 달성했고, 안정된 생활의 기반을 구축했다. 그리고 사회 전반에 없어서 안 될 전문가로 활동하고 있었다.

목표가 희미했던 60%는 대부분 사회의 중하위 층에 머물렀다. 그들은 모두 안정된 생활환경에서 일하고 있었지만, 단기적인 목표를 가진 10%에 비해 뚜렷한 성과를 거두지 못했다.

반면 목표가 없던 27%는 모두 최하위 수준의 생활을 하고 있었다. 취업과 실직을 반복하며 사회가 나서서 구제해 주기를 기다렸다.

지금 나는 어느 그룹에 속해 있는지 냉철하게 평가해 보자. 3%, 10%, 아니면 60% ? 자신이 내리는 답에 자신의 미래가 달려 있다. 적어도 10%, 할 수만 있다면 3% 안에 들어가려는 결단을 지금 바로 내려야 한다.

포기하지 않으면 반드시 합격한다

2008년 국가직 일반행정직 9급 합격
2008년 감사직 7급 수석 합격

톡톡! 수험생활 들여다보기!

내가 본격적으로 공무원 시험을 준비하기 시작한 때는 2006년 2월 초였다. 당시 나는 서른다섯의 나이로 결혼을 해서 아이 하나를 둔 가장이었다. 총각도 아니거니와 실직자도 아닌데 공무원 시험을 준비한다고 하자, 주변 사람들은 하나같이 의아한 표정을 지었다.

"아니, 멀쩡히 회사 잘 다니고 있는데 왜?"

"처자식 생각을 해야지. 한창 돈 들어갈 땐데 회사를 그만두면 어떻게 생활하려고?"

물론 남들 보기에 멀쩡한 회사를 그만두고 공무원 시험을 준비하려는 내가 어리석고 무모했을지도 모른다. 하지만 내 생각은 달랐다. 해마다 불안해지는 고용시장 환경 속에 평생직장 따위는 있을 리 없고, 정년이 보장되지 않는다면 자식 교육은 물론이고 은퇴 후 생활을 장담할 수 없었다. 당장 눈앞에 월급이 문제가 아니었다. 십 년, 이십 년, 삼십 년……. 장기적으로 안정적이고 든든한 삶을 위해 지금 움직여야 한다고 생각했다. 서른다섯이니까 현실과 타협하며 아등바등 사느니 서른다섯이니까 더 늦기 전에 도전하고 투자해야 한다고 믿었다. 그렇기 때문에 나는 과감히 회사를 그만두고 공무원 시험을 준비하기 시작한 것이다. 내가 생각하는 가장 이상적인 대안이 바로 공무원이기 때문이었다. 다행히도 이런 내 생각을 잘 이해하고, 곁에서 격려와 응원을 아끼지 않은 사람이 있었으니 바로 내 아내였다.

"당신이 어련히 잘 생각하고 결정했겠어요. 난 당신을 믿어요. 여보, 파이팅!"

아내의 지지 덕분에 나는 5년 동안의 회사생활을 미련 없이 접고, 본격적으로 7급 감사직 시험을 준비해 나갔다. 7급 감사직 시험은 1년에 딱 한 번밖에 치르지 않는 국가직 시험이다. 내가 회사를 그만두었을 때, 그해 7급 감사직 시험까지는 겨우 6개월밖에 남지 않았었다. 6개월이란 참으로 애매한 기간이다. 합격하기에는 빠듯하지만, 그렇다고 내년을 기약하고 포기하기에는 넘치는 기간이기 때문이다.

나는 고민 끝에, 어떻게 해서든 6개월 만에 합격하기로 마음먹고 회사를 그만두자마자 전력질주하기 시작했다. 그때 내가 가장 중요하게 생각한 것이 바로 공부 시간 절약이었다.

'시간이 없다. 어떻게 하면 시간을 최대한 아껴 쓸 수 있을까?'

나는 시간이 아깝다는 이유로 노량진 학원 수업도 딱 두 달 만에 끝냈다. 학원 수업을 들으러 왕복하는 시간에 책을 한 번 더 읽자는 생각에서였다. 사실 두 달 안에 끝내기에는 제법 빡빡한 수업 일정이었지만, 독하게 마음먹으면 못할 일이 없다. 계획대로 정확히 두 달 안에 모든 수업을 완료했으니 말이다.

노량진 학원 수업을 마치자 더 서울에 머물러 있을 이유가 없었다. 회사를 그만둔 터에 물가가 비싼 서울에 있어봤자 재정적 손실만 클 터.

나는 아내와 상의한 끝에, 고향에 계신 부모님 집에서 생활하며 생활비를 아끼기로 했다.

이사를 결심했을 때만 해도 단출한 살림이라고 생각했는데 막상 10여 년 동안 살아온 생활을 정리하자니 이래저래 신경 쓸 일이 많았다. 전세를 빼고, 이사 준비와 주변 정리를 하다 보니 시간이 후딱 지나가 버렸고 결국 5월 한 달을 거의 날리다시피 했다. 내가 다시 공부에 매달린 때는 고향 집에 내려온 6월이었으니 딱 한 달간 공백이 생긴 셈이었다. 하루가 아쉬운 터에 무려 한 달이나 손해를 보았으니 마음이 초조할 수밖에. 게다가 7급 감사직 시험까지 불과 두 달밖에 남지 않았다는 부담감과 학습 템포가 흐트러진 데에서 오는 집중력 저하가 겹쳐 공부가 좀처럼 되지 않았고, 마음만 자꾸 흔들렸다.

"애초에 6개월 만에 붙겠다는 생각이 무리였는지도 몰라. 그냥 이대로 내년까지 차근차근 공부하는 게 낫지 않을까?"

그렇게 어중간한 마음으로 8월 초에 시험을 치렀다. 시험을 칠 때까지만 해도 간당간당하다 생각했는데, 막상 시험을 치르고 가채점을 해 보니 어쩌면 붙을지도 모른다는 막연한 기대가 들었다. 이 기대는 시간이 지날수록 자기 세뇌를 통해 점점 확신으로 변해갔다.

'대략 커트라인을 넘긴 것 같고……, 뭐 설마 떨어지겠어?'

시험이 끝난 뒤부터 10월 필기시험 합격자 발표까지 두 달을 나는 밀린 잠을 푹 자고, 가족들과 나들이를 가는 등 개인적인 시간으로 즐기면서 보냈다.

그런데 이게 웬일인가! 필기시험 합격자 발표를 확인하니 내 예상과 달리 불합격이었다. 겨우 2점 차이로. 나는 뒤통수를 호되게 후려 맞은 기분에 한참 동안 넋을 잃고 멍하니 서 있었다. 사실 6개월, 아니 실제로 공부한 시간은 5개월이니 분하거나 억울할 결과는 아니었다. 하지만 쉽사리 납득하기 힘들었다. 내 자신에게 부끄러웠고, 군소리 없이 믿고 따라준 아내에게 미안했다. 나는 한숨을 길게 쉬고 아내에게 이야기했다. 끝내 불합격했다는 이야기와 앞으로 일 년 더 공부해야 한다는 이야기, 일 년 뒤에도 붙을지 확신할 수 없다는 이야기까지……. 이야기를 다 들은 아내는 빙그레 웃으며 말했다.

"당신은 언제나 너무 진지하게 생각해서 탈이라니까! 난 괜찮아요. 당신이 당신 혼자 부귀영화 누리겠다고 회사를 그만두었나. 다 우리 가족을 위해서 어렵게 결정했잖아요. 한 번 결정했으면 끝까지 밀고 나가요. 난 항상 당신을 믿고 응원하니까, 걱정하지 말아요."

그리고 아내는 내 손을 잡아 자기 배에 가져다댔다.

"지금 여기에 우리 둘째가 있는 거 알지? 아빠가 시무룩하면 둘째가 불안해해요. 우리 둘째가 마음 놓고 쑥쑥 클 수 있게 당신부터 힘내요. 응?"

아내의 말을 듣자 나는 코끝이 찡하면서 용기가 불끈 솟았다. 다음 7급 감사직 시험은 일 년 뒤. 일 년쯤 죽도록 공부하면 합격 못하겠냐는 생각이 들었다. 나는 아내의 손을 꼭 붙잡으며 몇 번이나 고마워했다.

"고마워, 여보. 당신 말대로 한 번 해 볼게. 그래서 내년에는 꼭 붙겠어!"

지금도 그때 아내를 생각하면 가슴이 찡하다. 나이 먹어 뒤늦게 공부한답시고 잘 다니던 회사를 그만두고, 시험공부에 집중해야 한다고 돈 한 푼 벌지 못했지만, 내 아내는 나를 한 번도 타박하지 않았었다. 늘 따뜻한 미소로 응원하고 격려해 주었을 뿐. 만약 내 아내가 없었더라면 나는 힘겨운 수험생활을 견디지 못하고 지레 포기했으리라.

2006년도 첫해 시험을 불합격 통보로 마무리하고, 나는 다시 본격적으로 2007년도 시험을 준비하기 시작했다. 반드시, 아니 당연히 합격한다는 마음가짐으로 도서관과 집을 오가며 오전 9시부터 밤 11시까지 공부하는 강행군을 이어나갔다. 하지만 힘든 줄 몰랐다. 사랑하는 아내와 귀여운 아이, 그리고 새로 태어날 둘째를 생각하면 잔뜩 지친 와중에도 힘이 불끈불끈 솟았다.

2007년 5월에는 기다리던 둘째가 태어났다. 둘째를 낳느라 고생한 아내 옆에서 수발을 드느라 약 20일 가량 산후조리원에 있어야 했지만, 그동안 충실히 공부해 온 만큼 자신 있었다. 이번에는 반드시 붙으리라고 굳게 믿었다.

그러나 결과는 불합격! 과도한 자신감이 이유였을까. 시간 안배에 실패하여 영어에서 35점으로 과락이 난 것이었다. 시험 당일 저녁에 가채점하면서 나는 정말 하늘이 무너지는 기분을 맛봤다. 일 년간의 노력이 수포로 돌아가며 내 자신에 대한 믿음이 근원부터 뒤흔들렸다. 이때는 묵묵히 나를 따라주던 아내도 실망한 기색이 역력했다. 아무것도 모르는 아이조차 나와 아내의 눈치를 살피며 시무룩해지자 정말 집안 분위기는 엉망이 되었다.

'이대로 공부를 계속해야 하나? 아니면 그냥 포기하고 다시 회사에 취직할까?'

2006년에 이어 2007년에도 떨어지자 계속 공부를 할 엄두가 나지 않았다. 하지만 이제는 다시 취직할 자신도 없었다. 며칠 동안 고민했지만 결론은 하나였다.

'어쨌든 주사위는 던져진 셈이다. 이제 되돌릴 수 없어. 오로지 앞으로 나가야만 해!'

나는 아내에게 내 결심을 전하고, 2008년 시험에 도전했다. 2006년과 2007년 시험에는 다소 여유로운 마음으로 임했다면, 2008년 시험은 달랐다. 말 그대로 배수지진(背水之陣)의 마음으로 덤벼야 했다. 다만 이제까지 수험전략을 살짝 수정하여 일주일에 하루는 푹 쉬고, 7급 감사직 시험뿐만 아니라 일반 행정직 시험도 함께 준비하기로 했다. 아무래도 일 년에 한 번뿐인 시험에 전부 걸자니 위험부담이 너무 컸다.

기존 감사직 7과목에다 일반 행정직 2과목을 더해 총 9과목을 공부해야 하는 건, 엄청난 부담이었지만 당시 내게는 더 물러설 곳이 없었다. 7급 감사직 시험에만 매달릴 여유가 없었거니와 감사직 시험에 떨어진다면 일반 행정직 시험에라도 붙어서 정상적인 생계를 유지해야 하기 때문이었다.

그렇게 두 가지 시험공부를 하며 2008년 4월에 국가직 9급 시험을 치렀다. 국가직 9급 시험을 실제 목표로 노력하는 수험생들에게 실례일지 모르나, 사실 내게 국가직 9급 시험은 합격 자체보다 7급 감사직 시험을 위한 사전 준비라는 의의가 더 컸다. 정말 운이 좋게도 나는 국가직 9급 시험에서 필기시험을 합격했을 뿐만 아니라 최종합격이라는 훌륭한 성과를 거두었다.

그러나 그 뒤에 있었던 지방직 7급과 서울시 7급 시험에서는 연거푸 고배를 마셨다. 특히 서울시 7급 시험은 감사직 7급 시험을 일주일 앞두고 치렀는데, 점수가 생각보다 나오지 않아 걱정이 이만저만이 아니었다.

'이제 7급 감사직 시험이 일주일밖에 남지 않았는데……. 이번에도 떨어지면 어쩌지?'

만약 가능하다면 시간을 잡아두고 싶었다. 그러나 내가 불안해하고, 초조해하는 동안에도 시간은 흘렀고 이미 끝난 시험을 붙들고 있어봤자 좋을 게 없었다. 나는 과감하게 끝난 시험을 깨끗이 잊고 7급 감사직 시험에만 온 정신을 집중했다.

드디어 대망의 7급 감사직 시험을 치르던 날! 나는 6과목을 치르고, 마지막 한 과목을 절반 정도 풀었을 때 이번에는 정말 합격하겠다는 예감이 들었다. 그리고 거짓말처럼 2008년 11월, 그토록 바라던 감사직 7급 시험에 당당히 최종합격을 하는 영예를 안았다.

 **공부 노트 훔쳐보기!** 

● 〈2008년도 시험 점수〉

비 고	국 어	영 어	국 사	헌 법	행정법	회계학	경영학	경제학	행정학	가산점	총 점
7급 감사직	85	85	95	95	70	75	80	–	–	3	86.5
9급 일반 행정직	95	75	90	–	75	–	–	–	90	3	88.0

나는 날마다 평균 10~12시간 공부했고, 국어와 영어를 각 2시간씩 총 4시간을 하루도 빠짐없이 공부했다. 나머지 시간에는 기타 과목을 공부했다. 기타 과목을 공부할 때에는 한 과목을 전체적으로 1회독하고, 다음 과목으로 넘어갔다. 그래야 머릿속으로 정리가 잘 되고, 과목별 내용이 뒤엉키지 않았다.

물론 날마다 여러 과목을 조금씩 공부하는 방법도 있다. 어떤 방법이든 장단점이 있기 마련이라, 어느 방법이 낫다고 할 수 없고 스스로 자신에게 맞는 방법을 골라 공부하는 것이 좋다.

굳이 비교한다면, 한 과목씩 1회독하는 방식은 집중의 효과가 크고 여러 과목을 병행하는 방식은 분산의 효과가 크다. 한 과목을 1회독할 때

약 30시간이 걸린다고 가정할 때, 전자의 방법은 실제로 30시간이 아니라 20~25시간이 걸린다는 장점이 있고, 한 과목만 계속 보기 때문에 쉽게 지친다는 단점이 있다. 후자는 이와 반대다.

✚ 국어 노트

기본서– 송태웅 국어
보충 교재– EBS수능 교재(문학), 재정국어

국어는 파트별로 비중을 달리해 공부했다. 일반적으로 시험에서 큰 비중을 차지하는 문법 및 어법 파트를 2~3회독할 때, 상대적으로 비중이 적은 문학 및 실용국어 파트를 1회독하는 정도로 준비했다.

실제로 문법 및 어법 파트만 공부하는 수험생도 꽤 많고, 나름대로 효율적인 방법이라 생각한다. 하지만 문학 및 실용국어 파트를 전부 포기하기에는 점수가 아까웠다. 출제 빈도가 낮더라도 틈틈이 공부해 두면 한두 문제를 더 건질 수 있다는 생각에서였다. 그래서 조금씩 꾸준히 공부하려고 노력했다. 특히 문학 파트의 경우, 기본서에 실린 지문 외 다양한 지문을 보려고 했다. 문학 파트는, 한 번 본 지문이 출제되면 아무리 지문이 길어도 10초 내에 풀 수 있는 경우가 종종 있다. 또한 문학이나 실용국어 파트는 문법 및 어법 파트보다 분량이 많지만, 개별 페이지는 훨씬 빠르고 탄력 있게 나갈 수 있어서 그리 많은 시간이 소요되지 않는다.

✚ 영어 노트

기본서 – 신성일 영문법, 거로 보카, 코리아헤럴드(독해)
보충교재 – 한덕현 문법464, 강수정 파워워드

영어는 크게 네 파트로 나눠 공부했다. 어휘 40%, 문법 40%, 독해 15%, 생활영어 5% 정도로 비중을 두고, 하루 평균 독해 10~15분, 어휘

1시간, 문법 1시간 공부했다. 생활영어는 한 달에 하루, 5시간 내외로 집중적으로 공부했다.

어휘는 눈에 익혀둔다는 기분으로 다독 위주로 했고, 문법은 한 문제씩 관련 문법 파트를 찾아 꼼꼼히 공부했다. 독해는 해석보다 속독 훈련을, 생활영어는 특이한 표현을 중심으로 공부했다.

+ 국사 노트

기본서 – 이영철 한국사총론
보충교재 – 선우빈 간추린 한국사, 한국사능력검정시험 문제

국사는 기본서를 철저히 읽으며 공부했다. 기본서를 읽을 때는 문장 중심으로 역사 흐름에 주의하며 진도를 나갔다. 소위 두문자 암기법은 단답형 문제에서는 효과를 볼지라도 전체적으로는 득보다 실이 많다고 생각했기 때문이다.

전체적인 역사 흐름이 뼈대라면, 각각의 중요한 역사 사실은 살이다. 뼈대가 바로 서면 살이 오동통하게 붙지 않겠는가. 일단 전체적인 역사 흐름이 머릿속에 딱 잡히면, 각각의 중요한 역사 사실을 외우기도 한결 쉽다.

+ 헌법과 행정법 노트

기본서 – 김현석 베이직헌법, 김유환 삼봉행정법
보충교재 – 각종 학원 프린트물

헌법과 행정법은 같은 법학이지만, 학습 부담이 현저하게 다르다. 헌법은 명문화된 130개 조항을 중심으로 공부하면 되지만, 행정법은 근간이 되는 법전이 없고 관련 법률이 많아 암기해야 할 분량이 헌법보다 훨씬 많다.

그러나 같은 법학이기에 비슷한 방법으로 공부할 수 있다. 내 경우,

학습 카테고리를 크게 법이론(부속법률 포함) 파트와 판례 파트로 나누었다. 평소에는 두 파트를 묶어서 1회독했지만 시험을 앞두고서는 법이론 파트 1회독하고, 그다음에 판례 파트 1회독하는 방법으로 구분해 공부했다. 이 방법은 한꺼번에 전체 1회독하기에 시간이 부족할 때 효과적이다.

✚ 회계학 노트

기본서 – 김상운 맥회계학
보충교재 – 김상운 실전문제 800제

흔히 회계학 실력은 분개 연습장 분량에 비례한다고 한다. 그만큼 회계학이 분개를 많이 해야 실력이 향상된다는 말이다. 하지만 이는 어디까지나 회계학에 입문했을 당시나 실전 수준 이전 단계까지의 이야기다. 실제 시험에서는 20~25분 내에 20문제를 풀어야 하는데, 분개를 하며 풀기에는 시간이 촉박하기 때문이다.

따라서 어느 정도 기본기를 닦은 뒤에는, 문제를 읽는 동시에 푸는 연습이 필요하다. 나 또한 평소 문제 지문에 나오는 각 항목이 원하는 계정과목에 더해야 하는지, 빼야 하는지를 즉각 계산하며 푸는 연습을 꾸준히 했다. 처음에는 어려워서 잘 되지 않았지만, 다시 분개 연습을 반복하면 계산의 틀이 머릿속에 박히고, 즉각 계산하는 연습으로 서서히 넘어갈 수 있었다.

✚ 경영학 노트

기본서 – 정순진 경영학연습
보충교재 – 공사공단 경영학, 이인호, 김윤상 교재

경영학은 다른 과목과 달리 어깨에 힘을 약간 빼고 공부하는 게 좋다. 다른 과목이 출제범위를 좁혀서 집중적으로 공부해야 한다면, 경영학은 출제범위라는 개념 자체를 머리에서 지우고 얕지만 넓게 공부해야 유리하다.

내 경우에는, 기본서를 중심으로 꾸준히 보되 이따금씩 서점에 나가 다른 경영학 교재들을 살펴보고 내 기본서에 없는 부분을 즉석에서 읽는 방식으로 부족한 내용을 보충했다.

✚ 행정학과 경제학 노트 | 기본서 – 위계점 알파행정학, 정병렬 경제학
보충교재 – CPA용 경제학문제집

행정학과 경제학은 7급 감사직 시험이 아니라 9급 일반 행정직 시험 과목이다. 처음부터 공부한 과목이 아니라 나중에 7급 감사직 시험에 대한 부담감을 줄이기 위해 선택한 과목이라 공부 기간도 짧고, 심도 있는 공부를 할 수 없어서 기본서에 충실하는 방법을 택했다. 기본서 내용을 달달 외우다시피 반복해서 읽고, 부족한 부분을 보충교재로 채웠다.

꼭꼭! 선배 조언 새겨듣기!

사실 나는 2006년 2월에 회사를 그만두고 본격적으로 공무원 시험을 준비하기 전에 약 일 년 동안 직장생활과 수험생활을 병행했다. 일 년 정도 주말을 이용해 기본 실력을 쌓고, 회사를 그만두면 집중적으로 공부해서 승부를 내겠다는 생각이었다. 그러나 막상 그렇게 하고 보니 직장생활과 수험생활 병행이 생각보다 힘들었고, 일과 공부 둘 다 충실히 하기 어려웠다.

그때 나처럼 직장을 다니며 공무원 시험을 준비하는 수험생이 제법 많은 걸로 안다. 내 경험을 살려 조언하자면, 신중히 시작한다고 직장생활과 수험생활을 오래 병행하기보다 본인의 상황을 고려하여 퇴직 시기를 적절히 선택하기를 권한다. 내 생각에는 실제 합격을 목표로 하는 시험일이 일 년 정도 남은 시점에서 퇴직하는 편이 바람직하다고 본다.

마지막으로 내가 생각하는 합격 노하우를 덧붙인다. 이 땅의 모든 수험생에게 행운이 함께하기를 바라며…….

자기 자신을 믿어라

강사를 믿지 말고 자기 자신을 믿어라. 강의는 입문할 때 학습의 길잡이로 한 번 듣는 정도면 충분하다. 기본 강의를 한 번씩 듣고 어느 부분이 중요한지 확인하면, 그다음부터는 굳이 비싼 강의를 들을 필요 없다. 강의를 여러 차례 듣는 것보다 차분히 스스로 반복학습을 하며 실력을 쌓는 편이 오히려 실력향상에 더 좋다. 나는 강의를 4회 들은 사람이 기본서를 2회독한 사람을 이기지 못한다고 생각한다.

기본서를 바꾸지 마라

법률 개정 등 불가피한 사정으로 기본서를 바꾸게 되는 일 외에는 한 번 잡은 기본서를 바꾸지 않는 편이 좋다. 만약 기본서를 바꾸더라도 기존 교재의 개정판으로 바꾸기를 권한다. 익숙한 내용을 반복적으로 공부하는 편이 낯선 내용을 처음 공부하는 것보다 시간과 노력을 절약할 수 있고, 학습효과도 뛰어나다.

시험문제를 풀 때에는 정답보다 속도에 초점을 맞춰라

시험은 제한된 시간 내에 문제를 모두 풀어야 한다. 문제 보기에서 1번이 답이다 싶으면, 나머지 보기를 쳐다보지 말고 1번을 선택하라. 정답인지 아닌지 고민하는 동안 시간이 흐르고 결국 시험 시간 안에 문제를 다 풀지 못하는 불상사가 생긴다. 7과목에서 140문제를 다 볼 수 있어도 절반은 합격한 셈이다. 그러기 위해서는 지속적인 반복학습을 통해 충분히 공부하고, 시험 시간 안배에 익숙해져야 한다.

포기하지 않으면 반드시 합격한다

어떤 일이든 마음가짐이 가장 중요하다. 끊임없이 자신의 실력을 의심하고, 합격여부를 불안해하면 지레 지쳐서 나가떨어지기 십상이다. 설령 떨어진다고 해도 다시 도전하는 강한 의지와 포기를 모르는 집념만이 합격으로 이끌어준다는 사실을 명심하자.

TIP

성공한 사람들에 대한 나폴레온 힐의 조사

나폴레온 힐은 여러 분야에서 성공한 사람들을 조사해서 그들의 공통점을 찾아냈다. 그들은 하나같이 확고한 목표와 목표를 이루려는 집요함을 가지고 있었다. 즉, 모두 뚜렷한 목표를 가지고 노력한 끝에 성공한 것이다.

이처럼 사람이 뚜렷한 목표를 가지면 어떤 삶을 사는지 구체적으로 살펴보자.

첫째, 집중하는 삶을 산다. 우리는 한정된 시간을 사는 존재다. 목표가 있으면 가치 없는 일에 시간을 낭비하지 않고, 목표를 이루기 위해 집중한다. 중요하고 필요한 일에만 집중하게 되니 자연히 삶을 집중해서 효율적으로 살게 된다.

둘째, 역경 속에서도 인내하게 된다. 정신과 의사 빅터 프랭클은 《죽음의 수용소에서》라는 저서에서 다음과 같이 말한다.

"나치 수용소에서 끝까지 살아남은 사람들은 가장 건강한 사람도, 가장 영양상태가 좋은 사람도, 가장 지능이 우수한 사람도 아니었다. 살아야 한다는 절실한 이유와 살아남아서 해야 할 구체적인 목표를 가진 사람들이었다. 목표가 강한 의욕과 원동력을 지속적으로 제공했기 때문에 살아남을 수 있었던 것이다."

셋째, 실패를 실패로 여기지 않았다. 발명왕 에디슨은 발명을 하기 위해 엄청난 노력을 했던 과학자다. 그가 전구를 발명할 때까지는 2,000번이나 실패를 겪었다고 한다. 한 기자가 에디슨에게 수없이 실패했을 때 기분이 어땠는지 묻자 에디슨은 이렇게 답했다.

"실패라니요? 난 한 번도 실패한 적이 없습니다. 나는 단지 전구가 빛을 내지 않는 2,000가지의 원리를 알아냈을 뿐입니다."

에디슨은 결코 자신의 실패를 실패로 생각하지 않았다. 에디슨에게 실패란 성공의 방법을 찾아내는 전 단계였을 뿐이었다.

정직한 노력에는
반드시 값진 보답이 따른다

2008년 서울시 일반행정직 7급 합격

스스로 원하는 미래를 찾아 열다

내가 처음 공무원 시험에 도전하겠노라 마음먹었던 때는 직장생활을 시작한 지 2개월이 된 어느 날이었다. 대학생활을 마치고 치열한 경쟁을 뚫고 회사에 입사했지만, 보람차고 즐겁기보다 하루하루가 정신없고 고되기만 했다. 특히 대기업은 일찍 출근하고 늦게 퇴근하는 일이 무한 반복이었고, 업무량도 살인적으로 많았다. 무엇보다 내가 기대했던 업무와 다른 업무라 실망이 컸었다. 앞으로 기나긴 시간 동안 이 일을 해 나갈 자신이 사라졌다. 바로 그때, 나보다 일 년 먼저 세무직 공무원으로 일하고 있던 언니가 공무원 시험을 권유했다.

"넌 딱 6개월만 공부하면 합격할 거야. 언니 못 믿어?"

언니가 공무원에 대해 좋은 말만 들려주니 귀가 솔깃할 수밖에. 하지만 다니던 회사를 그만두기란 생각처럼 쉽지 않았다. 근무기간이 늘어날수록 모두 버리고 다시 시작하기가 불가능하게 느껴졌다. 공부를 한 지도 오래되었고, 공무원 시험 과목인 행정법, 경제학, 행정학이 낯설고 어렵게만 생각됐다. 그렇게 차일피일 시간이 흘러 2년이 지났다.

나는 더 미루면 안 되겠다 싶어 결단을 내리고, 과감히 직장을 그만두었다.

지금 생각해 보아도 직장생활과 수험생활을 병행하기란 불가능한 듯하다. 직장이 있으면 든든하고 마음 편할지 몰라도 안일한 생각에 자꾸 느슨해지기 마련이다. 더 물러설 곳이 없다고 못을 박고, 강하게 몰아세우지 않으면 절대 공무원 시험에서 합격할 수 없다. 그래서 나는 직장을 깨끗이 잊어버리고, 모아둔 돈으로 공부를 시작했다.

공부를 시작하며 처음 세운 목표는 "6개월 내 합격하자"였다. 물론 아주 힘든 목표가 분명하다. 하지만 나는 열심히 노력하면 반드시 합격하리라고 생각했다. 합격한 사람들 가운데 6개월 공부한 사람도 있었기에 나 또한 가능하리라 믿었다. 이때만 해도 나는 왜 대부분 수험생이 1년 반에서 3~4년까지 공부에 매진하는지 간과하고 있었다. 자신의 실력이 충분하더라도 시험 당일 컨디션에 따라서 시험을 망칠 수도 있고, 시험 출제 경향의 변화에 따라 평소보다 점수가 확 낮아질 수도 있는 시험이 바로 공무원 시험이다. 그렇기에 누구도 합격을 보장할 수 없는 시험이고, 준비 기간이 다양한 것이다. 다만 노력한 사람에게는 반드시 값진 결실을 되돌려주므로 도전해 볼 가치가 있는 시험이기도 하다. 대학을 나오든 나오지 않았든, 전공을 했든 하지 않았든 상관없다. 공부하기 좀 더 쉬울 뿐이지, 합격에 영향을 주지 않는다. 머뭇거리는 수험생이 있다면 한 시라도 빨리 결단을 내리라고 말하고 싶다. 그편이 시간이 절약되고, 하루라도 빨리 합격할 수 있으니까!

나는 이렇게 공부했다!

2007년 1월~2월 | 남부 행정고시학원 종합반 수강

공무원 시험공부를 시작하면서 먼저 종합반과 단과반을 알게 되었다. 아무래도 단과반보다는 종합반이 나을 듯해 수강 등록을 했다. 그런데 이게 웬일! 나름대로 공부를 잘하는 편이라고 생각했는데 7과목을 한꺼번에 나가는 종합반 수업을 따라가지 못했다. 예습과 복습이 말처럼 쉽지 않았고, 모든 과목이 생소해서 마치 외계어로 수업을 받는 기분이었다. 특히 법학과 경제학 과목이 가장 심했다. 두 번째 달 경제학 수업에는 거의 눈 뜬 장님이나 마찬가지였다.

2007년 3월~4월 | 남부 행정고시학원 단과반 수강 및 독학

종합반을 듣고 나면 으레 단과반을 듣는다고 했다. 나 또한 영어 단과(김신주)와 국사 단과(정재준, 동영상 강의), 경제학 단과(정병렬)를 들었다.

영어 단과: 영어 단과 수업을 들을 때 문법 공부에 치중해서 공부했다. 문법 실력이 부족했기도 했지만, 7급 영어는 9급 영어와 꽤 다르기 때문이었다. 문법 문제가 많이 나오기도 하고, 문법의 기초가 잘 잡혀 있어야 독해할 때 구조를 잡아서 빠른 시간 안에 독해할 수 있다. 나는 기본서 문제들을 중심으로 풀고, 《김신주 매직아이》라는 단어책으로 공부했다. 날마다 단어책을 1시간 30분 가량 보았다. 사실 나는 영어 점수가 원체 낮은 편이었다. 보통 모의고사를 보면 점수가 끽해야 45~60점밖에 안 됐다. 그래서 기초를 닦는다고 생각하고 철저히 공부했다. 문법은 머릿속으로 정리를 잘해야 하므로 얇은 노트 한 권에다

핵심 문법과 잘 외워지지 않는 부분을 20페이지 가량 따로 정리해서 공부했다. 그 덕분인지, 영어 단과를 듣고 난 뒤에는 문법을 비롯한 영어 실력이 향상되어 무척 기뻤다.

국사 단과: 국사는 얼핏 쉬워 보여도 점수 내기 쉽지 않은 과목이다. 대부분 수험생이 국사를 전략과목이라고 하는데, 내 경우는 달랐다. 동영상 강의를 그냥 틀어놓고, 부담 없이 들었다. 그러다 보니 하루에 8~9시간 정도 동영상 강의만 듣기도 했다. 1.5배속 정도로 해도 국사는 전혀 어려움이 없었기에 원래 가지고 있던 기본서《한국사총론》(이영철)과 《통합한국사》(정재준)를 같이 보았다. 별도로 정리노트를 만들다가 힘들어서 포기했다.

경제학 단과: 경제학은 정말 이 시기에 가장 열심히 공부했다. 잘 모르는 과목이기도 했거니와 처음 종합반 수업을 들을 때 가장 애매하고 힘든 과목이었다. 하지만 막상 공부하고 보니 가장 재미있는 과목이 바로 경제학이었다.

경제학은 논리적인 과목이므로 강사의 말만 잘 이해하면 어렵지 않게 따라갈 수 있다. 내 경우, 단과 수업을 다 들은 다음에는 반드시 2~3시간 정도 복습했다. 수업을 들을 때는 아는 듯해도 혼자 공부하다 보면 잘 모르는 부분이 있기 마련이라 복습이 꼭 필요하다. 나는 빈 A4용지에 그래프를 천천히 그려가면서 내용을 점검하는 시간을 가지며 복습했다. 이처럼 경제학은 시간을 충분히 가지고 생각하며 공부해야 오히려 빨리 끝난다.

2007년 5월~6월 | **문제풀이**

이 시기에는 주로 단과 문제풀이를 들었다. 사실 단과 종합반 문제풀이(남부 행정고시학원)를 들었는데 잘 모르는 상태에서 문제를 푸니까 오히려 힘들고 좌절감만 들었다. 그래서 정병렬 선생님의 단과 문제풀이(경제학)를 하나 더 들었는데 역시 어려웠다. 이쯤 되니 스스로에게 화가 나서 공부가 잘 안 됐고, 결국 공부한 날보다 안 한 날이 더 많았다. 기분이 안 좋은 날은 마음을 비우고 잠을 푹 잤는데, TV 시청보다는 잠자는 편이 나았다.

2007년 7~8월 | **독학**

이때 처음으로 독학하면서 다양한 문제집을 풀었다. 시간이 별로 남지 않았기에 문제를 하나 풀더라도 기본서에서 꼭 확인하면서 풀었다. 그러나 아직 자신감이 돌아오지 않은 터라 마음을 다잡기가 어려웠고, 공부가 제대로 되지 않았다. 과목별로 문제집을 1권씩 푸는 것이 목표였는데 끝내 다 풀지 못했다.

2007년 9월~11월 | **휴식**

가채점 결과 점수가 10점 이상 차이가 나자 마음을 비우고 푹 쉬었다. 어수선한 마음으로는 아무것도 되지 않을 듯해 재충전의 시간을 가진 것이다.

2007년 12월 | **다시 공부 시작**

겨울은 과목별로 특강이 많이 열린다. 나는 무료로 김현석 선생님의 헌법 단기특강을 듣고, 헌법을 조금씩 이해하게 되었다. 이러한 특강을 잘 활용하면 점수를 올리는 데 큰 도움이 된다.

취약과목이던 헌법과 행정법 단과 수업을 들었다. 헌법은 원래 황남기 선생님의 강의를 들었는데 웬만큼 공부하고 나니까 헌법 내용을 요약하지 않고도 기본서를 보면 내용이 줄줄 떠오를 정도가 되었다. 이때 다시 단과 수업을 들었던 것이 내게 큰 도움이 되었다.

수업 전에는 예습을, 수업 후에는 복습을 반드시 했고 수업이 있는 날은 수업과목을 집중적으로 공부했다.

헌법을 처음 공부할 때는 의욕만 앞서 정리노트를 만드는 경우가 많다. 그러나 내 경험상 헌법은 정리노트가 그다지 필요 없는 과목이다. 차라리 정리노트를 만들 시간에 한 번 기본서를 읽고 내용을 숙지하는 편이 낫다.

행정법도 마찬가지다. 내 경우, 김윤조 선생님 행정법을 보다가 《신월 행정법》으로 옮겨갔고, 국가직 시험에서 쓴맛을 본 뒤로 박준철 선생님 행정법으로 바꾸었다. 기본서만 3권인데, 좀처럼 성적이 오르지 않아 고민을 참 많이 했다. 다행히 단과 수업을 들으면서 천천히 공부하니 어느 정도 이해가 되기 시작했다.

법학은 가속도가 잘 붙는 과목이니 성적이 나오지 않더라도 계속 반복해서 공부해야 한다. 따로 정리노트를 만들기보다 요약집 등을 활용하는 편이 좋다. 워낙 내용도 많아 정리노트를 만들면 정리노트가 또 다른 책이 되기 일쑤다.

2008년 3~4월 | 과목별 정리

단과 수업은 영어문제풀이(9급) 신성일 선생님 강의를 듣고, 박준철 선생님의 행정법 심화강의와 동영상 강의로 헌법을 빠르게 한 번 들었다. 경제학은 모르는 부분을 정리노트로 만들었다. 2007년 3월~7월에 만들어 둔 정리노트에 부족한 부분을 채워가며 시간을 절약했다.

이때부터 공부에 가속이 붙었는데, 국어와 영어는 날마다 1시간에서 1시간 30분 가량 공부했고, 나머지는 4시간씩 안배해서 하루에 2과목 정도 보았다. 무엇보다 기본서 숙지가 중요하므로 문제를 풀기 전에 내가 알고 있는 내용이 맞는지 확인하는 절차를 꼭 거쳤다.

2008년 5~6월 | 문제풀이 종합반 수강

한교 고시학원에서 문제풀이 종합반을 수강했는데, 모든 수업을 다 듣지 않고 원하는 선생님의 수업만 듣고, 듣기 싫은 과목은 자료만 받아다 독학으로 공부해서 시간 낭비를 막았다. 오전에는 문제풀이 수업을 듣고, 오후에 약 3시간 정도 복습하고, 나머지 시간에 원래 계획표대로 공부해야 하는 과목을 보았다. 너무 오래 공부하면 체력이 급격히 떨어지므로 공부가 잘 되더라도 무리하지 않고 9시나 10시 전에 집에 돌아가 쉬었다. 전철 안에서는 간단히 단어장을 보거나 공부했던 내용을 다시 한 번 보면서 내용을 점검했다.

2008년 7월 | 행정학, 헌법, 경제학 단기특강 수강

행정학은 공부해도 점수가 나오지 않는 과목이어서 공부하기가 무척 싫었다. 억지로라도 공부하기 위해 위계점 선생님의 단기 특강을 들었지만, 역시 별 효과를 보지 못했다.

헌법은 황남기 선생님의 단기 특강을 들었는데 판례 정리나 단기간에 훑는 방식이 내게 딱 맞아 좋았다.

경제학은 황종휴 선생님의 단기특강을 들었다. 쉬운 문제가 많아서 크게 도움이 되지는 않았지만, 기본 개념을 다시 확실하게 잡는 데 유용했다.

이 시기에 모의고사만 푸는 수험생들이 있다. 하지만 나는 모의고사만 풀기보다 기본서를 보며 기본 개념을 짚어가며 공부하는 편이 고득점을 할 수 있다고 생각한다.

나머지 과목은 문제풀이와 기본서를 같이 보는 방식으로 공부했고 오답노트를 만들었던 국어와 경제학은 오답노트를 같이 보았다.

국사와 법학 과목은 시중에 나와 있는 정리노트를 보며 기본서의 내용을 다시 한 번 확인했다.

1년 반이 넘는 수험생활의 결과는 국가직 9급 합격, 서울시 7급 합격이라는 기쁨으로 돌아왔다. 누구나 그렇겠지만, 나 또한 수험생활 동안 힘들고 어려웠던 때가 있었고 스스로 타이르고 나무라며 긴긴 수험생활을 버텼다. 혹시라도 나처럼 의지박약이라거나 체력이 약한 수험생이 있다면 위안이 되고자 하는 마음에 내가 수험생활 동안 느꼈던 바를 몇 자 적겠다. 부디 바라는 바를 꼭 이루기를!

 과목별 정복 비법!

(서울시 평균 75.14, 국가직 평균 77.28, 가산점 3점)

✚ 국어 | 재정국어 + 이재현 문제집(서울시 83, 국가직 93)

《재정국어》 1권을 철저히 공부하는 데 시간을 아끼지 마라. 단 《재정국어》 1권만 제대로 공부하고 나머지 권들을 깊이 공부하지 않도록 한다. 단기간에 합격하려면 국어와 영어는 어느 정도 합격 점수만 유지하고, 나머지 과목에 집중하는 것이 중요하기 때문이다. 한자는 날마다 30분 정도 꾸준히 하는 편이 좋고, 시험 치기 넉 달 전부터 시작해도 충분하다.

✚ 영어 | 신성일 영어 문제풀이 + 김신주 기본서 + 신성일 문제집 + 강수정 문제집(서울시 63, 국가직 63)

어느 정도 문법 실력이 있다면 굳이 단과수업을 듣지 않아도 된다. 내 경우, 문제풀이 수업을 쉬엄쉬엄 듣고 문제를 많이 푸는 편이 훨씬 도움이 되었다. 시간이 많이 걸리는 독해는 3일에 1번 정도 문제를 풀어서 감을 유지했고, 날마다 문법 문제를 10문제 정도 풀었다. 그리고 오가는 시간에 단어집을 보았다. 목표 점수가 70점이라 크게 스트레스를 받지 않았다.

✚ 경제학 | 정병렬 기본서 + 정병렬 객관식 문제집, 모의고사집 + 황종휴 단기특강 문제집(서울시 93, 국가직 83)

경제학은 처음에는 힘들지만 나중에는 활짝 웃는 과목이다. 처음 공부할 때 그래프를 그려가며 꼼꼼히 하면 나중에 별 힘을 들이지 않고도 점수가 나온다. 문제풀이보다 기본개념을 숙지하는 데 시간을 많이 투자하면 문제풀이를 할 때 정말 빨리 풀 수 있다. 공부에도 시간절약이 중요하다는 사실을 꼭 기억하자.

＋ 행정법 | 신월 기본서 + 박준철 기본서 + 김윤조 기본서 + 김윤조 문제집 + 박
준철 문제집(서울시 83,국가직88)

　내용이 방대하므로 정리노트가 무용지물이다. 나 또한 억지로 정리노
트를 만들다가 기운 빠져서 포기한 적이 있다. 문제를 바로 풀지 말고
5회독 이상 되었을 때부터 시작해야 시간이 절약된다. 문제를 풀고 확
인하는 데 시간이 많이 걸린다면, 기본서 내용을 잘 알지 못한다는 뜻
이므로 다시 처음으로 돌아가 기본서를 정독해야 한다. 행정법은 반드
시 기본서 내용을 숙지해야 문제풀이를 잘 할 수 있다.

＋ 헌법 | 황남기 기본서 + 황남기 ox문제집, 객관식 문제집 + 금동흠 객관식
문제집(서울시83,국가직88)

　행정법과 마찬가지로 법조문을 같이 놓고 공부했다. 무슨 조, 몇 항이
라고 나오면 바로바로 찾아서 조문 확인을 해 놓으면 나중에 문제를 풀
거나 요약집을 찾을 때 아주 좋다.

＋ 행정학 | 위계점 기본서 + 위계점 객관식 문제집, 모의고사 문제집 + 김중규 객
관식 문제집(서울시48,국가직58)

　행정학은 딱히 할 말이 없다. 가장 열심히 공부했지만 점수가 잘 나오
지 않은 과목으로 지금도 자신이 없다. 다만 기본서와 문제집을 위주로
꾸준히 공부했다.

＋ 국사 | 이영철 기본서 + 정재준 기본서 + 정재준 문제집, 정재준 모의고사 문
제집 etc. (서울시73,국가직68)

　다른 사람들은 국사가 가장 재미있고 좋았다던데 나는 국사가 어려워
서 참 많이 헤맸다. 기본서 내용만 읽는다고 되는 과목이 아니기 때문

이다. 국사는 암기가 중요하므로 기본서에 나온 내용을 모조리 외우다 시피 공부했다. 시중에 나와 있는 요약집도 일일이 손으로 써가면서 내용을 외웠다. 심지어 포스트잇에 중요한 사실을 적어 독서실 벽면에 빽빽하게 붙여놓기도 했다.

목표 시험에 집중하라

나는 서울시 7급 시험을 치르고 일주일 뒤에 국가직 시험을 바로 쳤다. 그랬더니 체력이 확 떨어져서 국가직 시험을 칠 때는 건강이 좋지 않았었다. 원래 내가 서울시 7급을 원했기 때문에 다행이었지만, 목표하는 시험의 앞뒤 한 달 사이에 다른 시험이 있다면 과감히 포기하고, 목표 시험에 집중하기를 권한다.

전략과목을 세워 공부하라

단기간에 합격하기 위해서는 국어와 영어에 소요되는 시간을 줄여야 한다. 국어와 영어는 70~80점 정도로 목표를 잡고, 나머지 과목에 시간을 투자하면 점수가 훨씬 빨리 오른다. 내 경우에도 2007년도 시험 점수와 2008년도 시험 점수가 거의 15점 가까이 차이 났다. 시간 대비 점수가 오르는 폭이 큰 과목을 전략과목으로 세우고, 집중해서 공부하는 것이 전략적인 측면에서 유효하다.

컨디션 유지에 각별히 신경 써라

체력이 약한 수험생은 무리해서 공부하기보다 컨디션 유지에 신경을 써야 한다. 총 공부시간에 연연하다 보면, 컨디션을 망쳐 시험을 잘 보지 못하게 된다. 푹 자고, 잘 쉬면서 공부해야 100% 이상으로 집중력을 발휘할 수 있는 법이다.

공무원 시험은 "오래 공부하는 것"이 중요한 게 아니라 "확실히, 꼼꼼히 공부하는 것"이 중요하다. 나는 일주일에 하루, 일요일에 푹 쉬기를 권한다. 큰 일이 없다면 일요일에 꼭 쉬고, 다음 주에 집중력을 발휘해 공부에 매진하라.

공부 시간에 연연하지 마라

나는 전체적인 공부 시간을 정해 놓지 않았다. 흔히 하루에 10~12시간 공부해야 한다고 하는데, 내 생각은 다르다. 어느 정도 집중할 수 있느냐가 더 중요하다고 본다.

내 경우, 집중력이 좋지만 체력이 약해 금방 지치곤 했다. 그래서 중간에 많이 쉬었고, 체력을 보충한 다음에 다시 공부했다. 보통 오전 8~10시에 독서실에 도착해서 오전 내내 국어와 영어를 공부했다. 국어는 기본서를 읽고 문제를 푸는 식으로 하루에 한 시간 공부했고, 오답노트를 하나 만들어 형식에 구애받지 않고 모르는 내용을 적어 내려갔다. 나중에 시험 볼 때, 이 오답노트의 도움을 많이 받았다.

영어는 내가 원래 싫어하는 과목이라 70점을 목표로 공부했다. 주로 문법 문제를 풀거나 학원 수업을 예습하고 복습하며 하루에 1시간 반 정도 공부했다. 국어를 다 공부하면, 바로 영어를 공부하는 게 아니라 잠깐 나가서 신문을 보고 바람을 쐬며 쉬었다가 15분쯤 뒤부터 공부하기 시작했다. 그러면 잘 지치지 않을 뿐더러 집중이 더 잘 되었다.

TIP

실패했을 때는 정신적인 반성이 아닌 기술적인 반성을 해야 한다.

누구나 시험에서 실패를 맛볼 수 있다. 요는 시험결과에 연연해 다음 시험을 망치느냐, 아니면 다음 시험에 전념해 더 좋은 결과를 거두느냐다. 한 번 친 시험은 어떤 결과가 나오든 돌이킬 수 없다. 고민하고 후회해 봤자 아까운 시간만 낭비하는 꼴이다. 차라리 "지금 실패는 다음 성공을 위한 시련이다. 이 실패를 뛰어넘으면 더 큰 성공이 찾아온다."라고 생각하고 하나라도 더 공부하는 편이 낫다.

그러나 기술적인 반성은 꼭 해야 한다.

"왜 합격하지 못했을까?"

"어떻게 해야 합격할 수 있을까?" 등 기술적인 측면을 냉정하게 분석하는 태도가 필요하다. 정신적인 반성은 의기소침해지는 마이너스 결과를 낳지만, 기술적인 반성은 실력이 향상되는 플러스 결과를 낳는다. 과거의 실패를 정신적으로 후회하는 버릇을 버리고, 미래를 향해 과거의 실패를 냉정히 분석하고 개선하는 기술적인 반성 습관을 갖도록 하자.

힘들었지만 그리운 그 날들을 회상하며

2004년 충 남 일반행정직 9급 합격
2007년 국가직 일반행정직 7급 합격
2007년 서울시 일반행정직 7급 합격

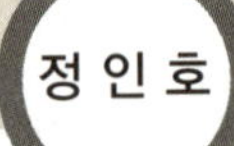

정 인 호

 '똑똑한 공부법' 따라잡기!

내 수험생활은 2004년 6월로 거슬러 올라간다. 군대를 제대한 지 1년이 넘도록 나는 진로를 결정하지 못하고 방황했다. 그러다 어릴 때부터 막연히 생각하던 공무원이 되기로 마음을 굳히고, 본격적으로 시험공부를 시작했다. 군대에서 충분히 쌓은 체력 덕분이었는지, 온종일 도서관에 앉아 공부해도 피곤한 줄 몰랐고 집중이 정말 잘 됐다. 그리고 그해 12월 충남 9급 공채에 당당히 합격! 물론 나 자신도 뿌듯했지만, 부모님이 얼마나 기뻐하시던지! 지금도 그때를 생각하면 흐뭇하다.

하지만 너무 쉽게 합격해 버린 탓일까? 나는 그 뒤에 치른 7급 시험에서 줄줄이 떨어져 버렸다. 가정형편이 넉넉하지 않아 학원을 변변히 다니지 못하니 혼자 공부해야 했고, 독학만으로는 7급 시험을 대비하기에 충분하지 않았던 것이다.

그렇게 2년이 흐르고 2007년이 되었다. 2007년 1월 나는 올해가 마지막이라는 배수진을 치고, 스스로를 냉정하게 돌아보았다. 몇 시간이

나 책상 앞에 앉아 눈을 감고 고민했을까. 갑자기 그런 생각이 들었다.

'내가 그동안 제대로 공부했다면 왜 지금까지 합격하지 못했을까? 혹시 내가 잘못된 방법으로 공부했던 게 아닐까?'

그 순간 눈이 번쩍 뜨였다. 나는 내 공부법을 전면적으로 수정했고, 그 덕분에 마침내 2007년도 두 번의 시험에서 당당히 합격했다.

✚ 국어

나는 9급 시험을 준비할 때부터 《재정국어》만으로 공부했다. 국어는 대부분 책이 엇비슷하기 때문에 두 가지 이상 책으로 공부할 필요가 없다. 한 가지 책을 정하면 그 책의 내용을 완전히 내 것으로 만드는 편이 백만 배 낫다.

내 경험으로 국어는 지식국어 편이 아주 중요하다고 본다. 지금 시험이 점차적으로 수능 시험처럼 바뀐다고 해도 지식국어는 반드시 한 문제 이상 출제될 만큼 비중 있는 파트인 만큼 확실하게 기본기를 닦아두어야 한다. 또한 고대문법 및 문학, 높임법 등 국어 과목의 전반적인 내용을 골고루 익혀야 한다. 한자 역시 절대 포기하지 말고, 한자능력시험 3급 정도를 목표로 공부하면 한자 문제를 모두 맞힐 수 있다.

강의를 수강할 예정이라면, 김재정 선생님이나 이재현 선생님, 유두선 선생님을 추천한다.

✚ 영어

영어를 정복하지 못하고는 합격하기가 매우 어렵다. 그럼에도 불구하고 대부분 수험생이 영어를 몹시 두려워하며, 손대기 꺼려한다. 왜냐하면 영어는 시험범위가 딱히 정해져 있지 않은데다 출제유형을 쉽게 가늠할 수 없기 때문이다.

그러나 생각을 바꿔보면, 영어만큼 어느 정도 수준이 되면 큰 노력을 들이지 않고도 쉽게 점수를 딸 수 있는 과목이 없다. 또한 남들 다 잘하는 과목을 열심히 해서 고만고만한 점수를 받느니 남들이 못하는 과목을 열심히 해서 확실히 차별되는 것이 더 유리하다. 나는 이점에 착안하여 영어를 전략과목으로 삼았다.

신성일 선생님의 《유형별 영문법》을 공부하며 생활영어와 표현도 같이 강의를 들었다. 단어는 《MD33000》으로 공부했다. 《MD33000》은 무식하게 영단어를 외우는 방식이 아니라 접두어 형태로 외울 수 있는 단어장이라 효과를 톡톡히 봤다. 그리고 포켓형 단어장을 따로 구입하여 주머니 속에 휴대하고 다니다가 자투리 시간에 계속해서 보았다.

영어는 대부분 강사들의 실력이 뛰어나 어떤 강의를 듣더라도, 그 강의 내용을 마스터하면 충분히 영어에서 높은 점수를 받을 수 있다. 굳이 꼽는다면, 신성일 선생님, 신홍섭 선생님, 강수정 선생님을 추천한다.

✚ 국사

국사는 무조건 고득점을 받아야 하는 과목이다. 국사에서 점수가 나오지 않으면 사실상 합격이 어렵다. 물론 최근 시험에서는 국사의 변별력이 높아져 좀처럼 고득점이 나오기 힘들어졌지만, 이러한 과목일수록 전략과목으로 삼아 공부해야 한다.

나는 정재준 선생님의 《통합한국사》를 주교재로 하고, 김윤수 선생님의 문제집을 활용했다. 최근 들어 국사 시험에서 지엽적인 문제가 자주 출제되므로 한 교재만으로 공부하기보다 많은 수험생이 선택하는 교재를 주교재로 하고, 문제집으로 다양한 문제를 풀어 부족한 부분을 채울 것을 권한다.

특히 고려 왕조와 조선 왕조의 왕 순서와 재임 시절의 중요한 사건을 외워두면 아주 유용하다. 역사의 흐름이 한눈에 들어올 뿐만 아니라 잘 잊어버리지 않기 때문이다.

추천 강사로는 정재준 선생님, 김윤수 선생님, 이영철 선생님이 있다.

✚ 헌법

헌법은 반드시 만점을 받는다는 생각으로 공부해야 한다. 사실 헌법은 출제 범위와 판례가 거의 정형화되어 있어 공부하기가 수월한 과목이다. 다만 최신 판례는 책에 실려 있지 않은 경우가 많아 따로 정리를 해야 한다. 또한 최근 개정된 법, 제도 등도 빠뜨리지 않고 공부해야 한다.

나는 황남기 선생님의 교재를 주교재로, 황남기 선생님과 채한태 선생님의 교재를 문제집으로 활용했다. 황남기 선생님과 채한태 선생님은 각각 장단점이 있다. 황남기 선생님은 판례나 이론이 명확해서 시험에 적합하지만 내용이 어려워서 공부하기 쉽지 않다. 반면 채한태 선생님은 정리를 잘해 주서서 이해하기가 쉽지만 판례를 생략한 경우가 있어서 따로 판례집을 보아야 한다. 그래도 헌법 강사로는 황남기 선생님과 채한태 선생님을 추천한다.

✚ 행정법

 개인적으로 영어와 행정법을 참 많이 어려워했다. 특히 행정법은 이론이 매우 복잡할 뿐더러 각종 학설이 많고 최근 들어 정형화되지 않은 판례들이 출제되는 등 높은 점수를 받기 어려운 과목이다. 하지만 힘든 과목일수록 전략과목으로서 가치가 높은 법. 나는 행정법도 전략과목으로 삼아 열심히 공부해서 나중에는 시험마다 90점 이상 받는 효자과목으로 만들었다.

 홍성운 선생님의 《신월행정법》을 주교재로, 이만식 선생님의 《행정법판례집》을 보충교재로 활용했다. 문제집은 다른 선생님들의 교재를 골고루 봤는데 주로 시험 보기 두 달 전에 실력 점검 차원으로 풀어 보았다.

 행정법을 공부할 때는 먼저 이론을 꼼꼼히 읽고 머릿속으로 잘 정리를 해야 한다. 판례가 결부된 이론의 경우 이론 따로 판례 따로 구분하지 말고, 이론과 판례를 한 카테고리 안에 넣고 이해하도록 한다. 또한 행정법은 목차를 눈으로 익혀 두기를 권하는데, 목차를 알면 내용이 일목요연하게 정리가 되기 때문이다. 가급적 최신 판례를 자주 접하고, 그 판례에 적용된 법 원리를 이해한다면 행정법 정복이 그리 어렵지 않을 것이다. 추천 강사로 홍성운 선생님과 이만식 선생님, 김유환 선생님을 꼽겠다.

✚ 행정학

 처음 공부할 때는 참 쉬운 듯하지만 막상 문제를 풀면 생각처럼 점수가 잘 나오지 않는 과목이 바로 행정학이다. 왜냐하면 행정학 용어나

이론을 언뜻 보면 쉽게 이해가 가지만, 깊이 들여다보면 대단히 심오하고 복잡하기 때문이다. 특히 최신 이론이 엄청나게 쏟아지는 과목이다 보니 출제범위도 차츰 넓어지고 있어 공부하기가 영 만만치 않다.

나는 김중규 선생님의 《선행정학》을 주교재로, 김중규 선생님과 위계점 선생님의 교재를 문제집으로 활용했다. 이 두 선생님은 행정학에서 가히 독보적인 존재인데, 개인적으로는 방성은 선생님처럼 최근 주목받는 선생님의 강의를 추천하고 싶다. 같은 이론이라 할지라도 접근하는 방법이 다 다르고, 행정학에서는 그런 노하우를 체득하는 것이 무엇보다 중요하기 때문이다. 특히 행정학은 내용을 최대한 꼼꼼히 보아야 한다. 행정학 자체가 학문이라 어떤 부분이든 출제가 가능하다는 것을 염두에 두고 공부하기를 권한다.

➕ 경제학

경제학은 행정학과 달리 처음 공부할 때 정말 어려운 과목이다. 나 역시 경제학을 정복하는 데 무려 2년이 넘게 걸렸다. 하지만 막상 정복하고 보면, 경제학만큼 고득점을 보증하는 과목도 드물었다. 어느 수준까지 오면 미친 듯이 매달리지 않아도 높은 점수를 얻을 수 있는 과목이 바로 경제학이다.

경제학은 경제학의 기본 틀인 미시경제학의 수요이론과 공급이론, 거시경제학의 고전학파와 케인즈학파의 차이점 등을 중심으로 이야기가 전개된다. 이 점을 숙지하고 공부하면 보다 효율적으로 공부할 수 있다.

나는 정병렬 선생님의 경제학 교재로 공부했다. 나뿐만 아니라 대부분 수험생이 이 교재로 공부할 것이다. 그만큼 전통이 있고, 내용이 충실한 교재다. 이 교재만 완벽히 공부해도 고득점이 어렵지 않으리라. 다만 경제학은 까다로운 계산 문제가 종종 출제되므로 미리미리 계산 문제를 공부해 두어야 하며, 평소에 그래프를 많이 그리는 연습을 하기를 권한다.

'공부 노하우' 배워보기!

수험생활은 길고도 험난 자기와의 싸움이다. 부모님도, 형제도, 친구도 도와줄 수 없는 철저히 혼자 힘으로 극복해야 하는 싸움이다. 그렇기 때문에 더욱더 절실하고 굳건한 마음가짐이 필요하다.

나는 모든 수험생에게 "피할 수 없으면 즐겨라!"라고 말하고 싶다. 지금 공부가 힘들다고 포기할 생각을 할 시간에 미친 듯 공부해 보라. 공부만 생각하고 합격할 수 있다고 끊임없이 마인드 컨트롤하라. 그러면 자기도 모르는 새 영광의 그날이 눈앞으로 다가와 있을 테니까! 모든 수험생 여러분의 건승을 기원한다.

다음은 내가 잘못된 공부법에 회의를 느끼고, 새롭게 연구하여 성공을 거둔 공부법이다. 모쪼록 도움이 되기를!

계획을 세워라

공부는 계획을 잘 세우는 것부터 시작한다. 항해할 때 자신이 어떤 방향으로 갈지 미리 정하지 않으면 목적지에 닿지 못하고, 표류하게 될 것이다. 아침에 일어나면 그날 공부해야 하는 분량을, 밤에 집에 들어

갈 때는 다음 날 공부해야 하는 범위를 미리 생각하는 습관을 가져라.

날마다 전 과목을 공부하라

내가 2년 넘게 낙방하면서 느낀 것은 '시험의 감(感)'이 매우 중요하다는 것이다. 흔히 하루는 국어와 국사를, 이튿날은 행정법과 행정학을, 그다음 날은 경제학과 헌법을 공부하는 사람이 많다. 내 경험상 그다지 좋은 습관은 아닌 듯하다. 이렇게 공부하면 공부의 감이 떨어져서 효율적인 공부가 되지 않는다. 시험 과목은 날마다 보아야 감을 잃지 않고, 머릿속에 체계적으로 자리 잡는다.

나는 하루 14시간을 공부하면서 7과목을 모두 공부했다. 모의고사를 보는 일요일에도 7과목의 문제풀이를 모두 했다. 결국 나는 수험 기간 내내 7과목을 날마다 공부한 셈이다. 간혹 어쩌다 한 과목을 빠뜨려도, 다음 날에는 반드시 7과목을 공부하며 감을 유지한 덕분에 나는 2007년도 두 번의 시험에서 알쏭달쏭한 문제까지 다 맞출 수 있었다.

로봇이 되어라

나는 수험 기간 내내 꽉 채운 시간표로 공부했다.

> 6:00_기상 ❏ 6:30_아침식사 완료 ❏ 6:50_도서관 ❏ 7:30~8:30_학원아침무료특강
> ❏ 9:00~11:00_영어 ❏ 11:10~13:00_국사 ❏ 13:30_점심식사
> ❏ 13:30~15:30_행정학 ❏ 15:40~17:40_행정법 ❏ 18:10_저녁식사
> ❏ 18:10~20:10_헌법 ❏ 20:20~22:00_경제학 ❏ 22:10~23:30_국어 ❏ 24:00_취침

이렇게 빈틈없이 짠 시간표로 자신을 묶어두면 시간을 매우 효율적으로 활용할 수 있다. 물론 어떨 때는 시간에 딱딱 맞춰 움직이는 로봇이

된 기분이지만, 하루에 7과목을 다 볼 수 있는 등 실제 공부 효과가 어마어마했기 때문에 합격할 때까지 계속 이 시간표를 유지했다.

시간표는 시간을 헛되이 낭비하는 일을 막아주지만, 너무 시간표에 연연해 적당히 시간만 때운다는 기분을 가져서는 안 된다. 공부는 공부 시간이 좌우하는 게 아니라 공부한 양이 좌우한다. 자신이 평균적으로 집중할 수 있는 시간을 계산해 그에 맞추어 시간표를 짜기를 권한다.

일요일 저녁은 푹 쉬어라

공부에 전념하느라 1년 365일 공부만 하는 수험생도 있지만, 내 생각은 다르다. 쉴 때는 쉬고, 공부할 때 공부하는 게 효율적일 뿐만 아니라 지치지 않는다.

내 경우, 일요일 낮에는 모의고사와 문제풀이를 하고, 저녁에는 무조건 쉬었다. 집에서 TV 오락 프로그램을 보며 맘껏 웃었고 인터넷을 하는 등 주말다운 주말을 보냈다. 그렇게 푹 쉬면 다음 주에 공부할 때 덜 피곤하고 집중이 잘 됐다.

수험생활은 절대 100m달리기가 아니다. 적당히 힘을 분배하고 리듬을 타야 하는 장기 레이스라는 사실을 꼭 기억하자.

책의 '구석'을 잡아라

나는 2년 넘게 낙방하다가 2007년도에 비로소 합격했다. 그동안 내 평균점수는 신기한 변화를 보였다. 2007년 이전에는 거의 변동이 없었는데, 2007년에 들어서면서 부쩍 상승한 것이었다.

나는 평균점수 상승의 비결을 책 보는 방법의 변화로 꼽는다. 과거에는 책을 볼 때 강사가 중요하다고 강조하거나 문제 출제 빈도가 잦은 곳을 중심으로 공부했다. 나 외에도 많은 수험생이 그렇게 공부하며, 시험이 다가올수록 그런 경향이 심해진다. 많은 양을 공부해야 하는데 공부 시간이 한정되어 있기 때문이다.

그러나 내가 경험해 보니 그다지 좋은 방법이 아니었다. 사실 합격의 당락을 결정짓는 문제들은 책의 세세한 부분, 일면 '구석'에서 출제된다. 왜냐하면 누구나 아는 내용이 나오면 변별력이 떨어지므로, 효과적으로 변별력을 주기 위해 많은 수험생이 간과하는 '구석'에 있는 내용이 출제되는 것이다. 최근 들어 각종 시험에서 '구석' 문제가 출제되는 빈도가 급증하는 것도 바로 그러한 까닭이다.

나는 2년 동안 책이 새까맣게 변할 때까지 공부했어도 막상 누군가에게 설명해 보라면 기부터 죽었다. 그 과목에 대한 자신감이 없었던 것이다. 즉, 나는 2년 동안 책이 닳도록 보았어도 책 내용을 꿰지 못했다는 뜻이다. 나무만 보려 하는 사람은 숲을 보지 못한다. 마찬가지로 책의 핵심 부분만 보는 사람은 책의 전체 내용이 들어오지 않는다.

나는 이 사실을 깨닫고, 책을 보는 방법을 확 바꾸었다. 그리고 얼마 지나지 않아 아주 놀라운 경험을 했다. 과거에 만들었던 오답 노트를 보았더니 대부분 내용이 내가 얼마 전에 보았던 '구석'에 적혀 있는 내용이 아닌가! 순간 아차 싶었다. 내가 '구석'을 일찌감치만 공략했어도 훨씬 빨리 합격할 수 있지 않았을까.

공부는 바늘방석 위에서 하라

나는 힘들게 공부하는 것이 공부의 제1원칙이라고 생각한다. 실제로 스트레스를 푼다고 친구들과 노래방이나 술집에 드나드는 수험생이 많다. 그러나 합격의 길은 외롭고도 험하다. 할 거 다 하고, 놀 거 다 놀면서 합격한다면 바보 아닌 이상에야 모두 합격하지, 누가 불합격하겠나.

모름지기 공부는 바늘방석 위에서 해야 한다. 자기 자신을 강하게 만들고, 유혹에 지지 않을 결의가 있어야 공부에 집중할 수 있고 초심을 지킬 수 있다. 이처럼 친구들과 떨어져 공부한다고 해서 친구들을 잃을지도 모른다는 염려 따위는 하지 않아도 된다. 1~2년쯤 떨어져도 합격한 다음에는 엊그제 본 사이처럼 친밀하게 지낼 수 있다. 바로 내가 그렇다.

오답노트는 주교재의 여백을 활용하라

공무원 시험의 범위는 무궁무진하다. 주교재로는 다 소화할 수 없는 부분이 많지만, 너무 걱정하지 마라. 주교재로 '구석구석' 열심히 공부하고 문제집을 꼭 풀어 본 다음에, 오답이나 교재에 없는 내용을 주교재의 여백에 기록해 두면 된다. 따로 오답노트를 만들어도 좋지만, 책을 여러 권 봐야 하므로 시험이 가까워지면 효과가 떨어진다. 주교재여백에 기록해 두면 주교재를 볼 때마다 오답노트를 같이 보게 되어 효과만점이다.

무한 반복하라

합격을 위한 마지막 노하우는 '무한 반복'이다. 구체적인 정독 횟수는 의미 없다. 책이 새까맣게 변할 때까지, 닳아 없어질 때까지 반복해서 보라. 나 역시 책을 얼마나 많이 봤는지 횟수를 헤아릴 수 없을 정도다. 다 아는 내용이라고 해도 인내심을 가지고 무한 반복해서 정독하기를 권한다.

TIP

목차는 흩어진 기억을 체계적으로 정리하는 데 유용하다

수험서를 공부할 때, 목차를 잘 활용하면 책의 내용을 효과적으로 정리해 기억할 수 있다. 만약 여러분이 책의 내용에만 열중해 목차를 등한시한다면, 지금 당장 생각을 바꾸기 바란다. 목차란 책의 내용이 어디에 적혀 있는지 알려주는 단순한 안내판이 아니다. 목차야말로 단편적으로 흩어지기 쉬운 개별 기억들을 체계적으로 정리할 수 있도록 도와주는 역할을 한다. 즉 목차에 나와 있는 제1장, 제2장과 같은 분류는 책 내용을 가장 개략적으로 나타내고, 각 장 속에 있는 절 분류는 그 장을 구성하는 중요 요소를 차례로 열거한다.

행정법 총론의 예를 들어보자. 이 책의 장 구성은 다음과 같다.

Ⅰ.행정법 관계 Ⅱ.행정입법 Ⅲ.행정행위 Ⅳ.행정계획 Ⅴ.행정강제 Ⅵ. 행정쟁송으로 모두 6장으로 나뉜다. 이 가운데 Ⅴ.행정강제를 살펴보면, 1. 대집행 2. 집행벌 3. 직접강제 4. 강제징수 5. 즉시강제 6. 행정조사 등 절 분류가 되어 있다.

결국, 목차란 그 책의 가장 중요한 전체 흐름이 가장 간략하게 요약된 목록이다. 그러므로 수험서를 공부할 때, 가장 먼저 암기해야 하는 부분이 바로 목차다. 목차를 암기하면 그다음 공부하는 세세한 사항이 목차의 분류대로 체계적으로 정리된다. 수험서를 공부하고 난 다음에 목차를 보았을 때, 어느 항목이든 관련 내용이 바로바로 떠오른다면 그 과목을 완전히 마스터했다고 보아도 좋다.

즐기면서 합격하기

 2008년 전남 일반행정직 9급 합격

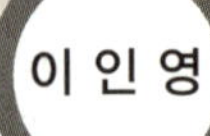

'똑똑한 공부법' 따라잡기!

나는 사람들과 어울리기를 좋아하는 성격이다. 내 자신이 워낙 밝고 활기차다 보니 친구도 많고, 친구들과 약속이 끊이지 않는다. 친구들이 나와 어울리기를 좋아하는 이상으로 내가 친구들과 어울리기를 좋아하기 때문이다. 아마 나를 강제로 친구들에게서 떼어 놓는다면, 욕구 불만으로 이성이 통째로 날아가 버릴지도 모르겠다.

사실 나 또한 공무원 시험을 준비하며 많은 합격 수기를 읽었다. 어떤 부분은 참 도움이 되었고, 어떤 부분은 그냥 그랬고, 어떤 부분은 끝까지 수긍할 수 없었다. 특히 친구들을 멀리하라는 부분이 그랬다. 합격 수기를 보면 하나같이 친구들과 어울리다 보면 마음이 해이해지고, 시간을 낭비하게 되므로 합격할 때까지만 친구들을 딱 끊으라고 한다. 그러나 난 아무리 생각해도 도저히 그럴 자신이 없었다. 억지로 친구들과 떨어지려고 하면, 더욱더 생각이 나서 공부에 집중하지 못할 듯했다. 또 친구들을 피해가며 공부했는데도 불합격했을 때, 주변으로부터 "재는 공부만 하면서 만날 시험에서 떨어지네."라는 따가운 눈총을 받을까 더럭 겁이 나기도 했다. 고민 끝에 나는 친구와 공부를 양립하기로 마음먹었다.

나는 다이어리를 활용해 일 년 동안 내가 챙겨야 할 일을 모두 적었다. 친구들과 정기 모임, 생일, 각종 경조사를 적었다. 또 혹시 있을지 모를 일에 대비해 한 달에 이틀 정도를 비워 두었다. 그리고 나머지 날은 모조리 공부, 공부, 공부……. 공무원 시험 준비 계획으로 꽉 채웠다. 이처럼 일정을 탄력적으로 조정하니 갑작스러운 일로 하루 이틀 공부를 하지 못해도, 전체적인 공부 계획에 지장 없이 공부할 수 있었다.

✚ 국어

국어는 내게 지루하고 따분한 과목이다. 봐야 하는 분량이 어마어마할 뿐만 아니라 새로운 내용이 가장 자주 나오기도 한다. 어떨 때는 쉽다가도 어떨 때는 무진장 어렵고……, 내가 생각하기에 가장 종잡을 수 없는 과목이 바로 국어다.

그래서 난 국어를 정복하기 위해 광주의 모 학원 강사 수업을 수차례 반복해서 들었다. 내가 들은 수업은 서당식 수업이라 잠깐이라도 한눈을 팔았다가는 눈물이 찔끔 나올 만큼 혼나기 일쑤였다. 또 학원 수업과 별개로 날마다 20문제 이상을 꼬박꼬박 풀었다. 하루에 20문제씩 1년 365일을 풀면 무려 7,300문제를 푼다. 분량은 많지만 점수는 빠르게 오르지 않는 과목인 만큼 꾸준한 반복학습이 중요하다. 나는 특정 문제집을 선택해 공부하기보다 여러 교재를 보며 필요한 내용을 뽑아 공부했다.

✚ 영어

만약 영어 과목이 없었다면 난 최소 6개월은 빨리 합격했을 거다. 정말 영어는 뒤도 돌아보고 싶지 않을 만큼 내가 질색하는 과목이다. 학창시절에도 영어를 잘하지 못해서 항상 시험 볼 때 감으로 풀었다. 그래도 중·고등학교 때는 감으로도 성적이 어느 정도 나왔는데, 공무원 시험에서는 어림없었다. 워낙 기본이 없다 보니 독학도 통하지 않고.

결국 나는 영어 학원을 다니며 공부했다. 가히 "영어 점수는 돈하고 맞바꿨다."라고 할 정도로 철저히 학원 수업에 의지했고, 하루에 영어만 3과목을 들었다. 공무원 시험을 준비하고 일 년이 지나고도 종합반, 단과반, 문제풀이 영어 수업을 닥치는 대로 들었으니 내 영어 공포증이 어느 정도인지 능히 짐작할 수 있으리라.

공무원 시험을 준비하다 보면, 지방 수험생이 짐을 싸서 서울 노량진 학원가로 가는 경우를 많이 본다. 하지만 나는 그럴 필요를 전혀 느끼지 못했다. 낯선 곳에서 적응하며 공부하기가 얼마나 힘든가. 또 지방에도 얼마든지 훌륭한 강사진을 찾을 수 있잖은가.

내 경우는 서모 영어 강사의 강의가 참 인상 깊었는데, S가 주어고 V가 동사라는 가장 기초적인 문법도 모르던 내게 처음으로 영어에 대한 흥미를 심어주었기 때문이다. 그 강사의 강의 덕분에 나는 점차 영어에 재미를 붙였고, 처음에는 단어 시험때면 가방부터 챙겨서 도망치던 내가 스스로 주머니 속에 단어장을 넣고 다니며 외울 정도로 변했다.

나처럼 영어가 무서워 학원 수업에만 의존하는 수험생이 있다면, 꼭 당부하고 싶은 말이 있다. 학원 수업은 문법 공부에는 도움이 될지언정 독해에는 크게 도움이 되지 않는다. 영어 독해는 국어와 마찬가지로 꾸준한 연습이 필요하다. 나는 적당히 쉬운 수능 영어 독해 문제집을 하나 골라, 날마다 10분씩 독해 연습을 했다 그러다 보니 신기하게도 그토록 무서웠던 영어가 조금씩 익숙해지고, 재미있어졌다.

✚ 한국사

국사는 중·고등학교 때부터 내가 가장 좋아하고 자신 있는 과목이다. 그런데 막상 공무원 시험에 나오는 한국사 문제를 보았더니, 전혀 보지도 듣지도 못한 내용이 출제된 게 아닌가. 나는 당황해서 어쩔 줄 몰랐다. 아무리 한국사에 자신 있는 나지만, 그런 문제에는 대책이 없었다. 결국 나는 그런 문제들을 과감히 포기하고, 내 예상 범위에 있는 문제들을 철저히 공부했다. 특히 한국사는 암기할 내용이 많은 과목인 만큼 메모지를 이용해 공부했다. 암기할 내용을 메모지에 적어 화장실 벽에 붙이면 볼일을 보거나 목욕을 할 때 메모를 읽을 수 있어 좋았다.

공무원 시험을 처음 준비하는 사람이라면, 학원을 추천한다. 학원은 시험에 관련된 내용들을 집중적으로 다루기 때문에 학원 수업을 들으면 시험 과목 준비에 체계를 잡기 좋다. 따라서 종합반 수업, 단과반 수업, 문제풀이 수업을 듣고, 혼자 공부하는 방법을 권한다.

단, 단과반 수업의 경우는 복습이 중요하다는 것을 꼭 기억해야 한다. 진도가 빠르고, 단시간에 많은 내용을 가르치기 때문에 그날 배운 내용을 그날 복습하는 것만으로도 벅차다.

✚ 행정법

처음에는 생소해서 어렵게 느껴지지만, 시간이 지나면 재미도 있고 점수도 잘 나오는 과목이 바로 행정법이다. 나는 학원에서 2~3회 반복해서 수업을 들으며 공부했다. 하지만 학원 교재로 공부하지 않고, 《멘토 행정법》만으로 공부했다. 강의도 한 강의만 여러 번 들었다. 특히 나는 행정법 기본서를 정말 한 글자도 빼놓지 않고 외우다시피 공부했다. 중요한 내용에 노란색 색연필을 연하게 긋고, 책을 펼칠 때마다 색칠한 부분을 죽 읽으며 내용 점검을 했다. 그 덕분에 행정법의 기초가 어느 정도 쌓이자 이번에는 판례를 중점적으로 공부하며 다양한 문제를 풀었다. 그랬더니 행정법 점수가 눈에 띄게 올라갔다.

✚ 행정학

행정학은 공부할 분량이 많아 인내심을 가지고 시작해야 하는 과목이다. 내 경우는 《김중규 행정학》을 보며 혼자 공부했다. 대학에서 행정학을 전공한 덕분에 학원 수업을 따로 듣기보다 혼자 공부하는 편이 낫다고 생각했기 때문이다.

나는 행정학 책을 처음에는 3개월, 다음에는 2개월, 그 뒤에는 1개월 단위로 1권씩 독학하기로 계획을 세웠다. 얼핏 불가능해 보이지만, 행정학 전공 지식이 있어서 가능했다. 행정학은 암기할 내용이 많은 과목이라 한국사처럼 메모지를 활용해 자투리 시간에 틈틈이 공부했다.

하지만 나와 달리 행정학에 대한 지식이 없으면, 동영상 강의나 학원 강의 듣기를 추천한다. 단 동영상 강의를 듣고 머릿속에 남는 내용이 없다면 본인이 제대로 이해를 하지 못한 것이니 꼭 두 번, 세 번 반복해서 듣고 완벽히 이해해야 한다.

'공부 노하우' 배워보기!

요즘 공무원 시험은 난이도와 경쟁률이 부쩍 높아졌다. 그러나 겁먹을 필요 없다. 어차피 모든 사람들의 기본실력은 비슷비슷하다. 무조건 수업을 한 번이라도 더 듣고, 책을 한 번이라도 더 본 사람이 유리하다. 즉 공부를 많이 한 사람이 더 높은 점수를 받을 수 있는 법! 난이도와 경쟁률을 보고 시험을 치르기 전에 주눅부터 들지 말기를 바란다. 결국 공무원 시험은 남이 아닌 나 자신과의 싸움이다. 다른 이를 신경 쓰지 말고, 내 스스로 세운 계획과 원칙에 맞게 공부하는지 끊임없이 확인하고, 노력하는 게 가장 중요하다.

나 역시 나만의 계획과 원칙을 가지고 꾸준히 공부했다. 그 덕분에 일년여 만에 수험생활을 끝내고, 원하는 결과를 손에 넣었다. 다음은 내가 직접 수험생활을 하면서 느끼고, 터득한 노하우다.

두 가지 목표를 동시에 좇지 않는다

수험생활과 학교생활을 병행하기란 실질적으로 매우 힘들다. 직장생활도 마찬가지일 것이다. 나처럼 놀기 좋아하는 수험생이라면 더더욱 그러할 테고. 가급적 병행하지 말고, 수험생활에 집중하기를 권한다. 직장인이라면 적절한 시기에 퇴직하여 바짝 공부하는 편이 좋을 테고, 학생이라면 휴학하지 말고 최대한 빨리 졸업한 다음 공부하는 편이 좋다. 학교마다 제도가 다르지만 오랫동안 쭉 휴학할 수는 없다. 잘못하면 휴학과 복학을 반복하며 수험생활을 몇 년이나 질질 끌게 된다. 차라리 학교 다닐 때는 학교 공부에 충실하고, 졸업한 다음에 본격적으로 공무원 시험을 준비하기 바란다.

재미있게 공부한다

한동안 혈액형별 성격이나 연애 유형이 유행했다. 나 또한 재미삼아 보았다가 B형 특징이 실제 B형인 내 성격과 똑같아서 깜짝 놀랐던 적이 있었다.

사실 나는 정말 내기를 좋아하고, 내가 흥미가 없으면 아무 의욕도 느끼지 못한다. 그런 내가 공무원 시험을 준비한다고 하니 나를 아는 사람들은 하나같이 고개를 갸웃거렸다. 공무원 시험은 지겹도록 반복학습을 해야 하는데, 내 성격에 어떻게 하느냐고 묻곤 했다. 아닌 게 아니라 무턱대고 공부만 하는 건 나와 맞지 않는다. 그래서 나는 가급적 재미있게 공부하기 위해 함께 공부하는 친구와 내기를 했다. 어려운 문제가 나오면 아이스크림이나 음료수를 걸고 내기하는 것이다. 그러면 경쟁 심리도 발동하고, 즐겁게 문제를 풀 수 있어 아주 좋았다. 또 학원가나 서점에서 모의고사 시험지나 문제집을 구해, 친구와 실제 시험을 치듯 풀기도 했다. 물론 서로 답안지를 채점해 점수가 높은 사람이 저녁을 사는 내기를 걸고. 이런 내기를 통해 나는 가급적 공부를 즐길 수 있는 상황을 만들어 재미있게 공부했다.

마음의 여유를 갖는다

나는 다른 사람과 달리 조바심과 부담감을 거의 가지지 않고, 여유로운 마음으로 공부했다. 지금 생각해 보니 그 덕분에 다른 사람보다 빨리 합격할 수 있었던 게 아닌가 싶다. 사실 나는 학창시절에도 딱히 조바심을 내며 공부하지 않았었다. 몸상해가며 공부에 매달려 봤자, 괴롭기만 하고 공부가 잘 되지 않기 때문이었다. 우리 부모님 역시 나를 채근하지 않으셨다. 항상 내게 걱정하지 말고 마음 편히 공부하라고 격려해 주셨고, 내가 몸이 조금이라도 안 좋은 기색이 보이면 건강식품을 구해 오시며 학원이나 독서실에 보내지 않으셨다. 그런 부모님의 배려 덕분에 나는 공부 스트레스를 거의 받지 않으며 언제나 편안한 마음으로 여유롭게 공부할 수 있었다. 반면 내 친구들은 스트레스로 위염이나 장염 등으로 고생하느라 공부를 제대로 하기는커녕 애써 준비한 시험마저 망쳐버리곤 했다.

내 경험상 적당한 긴장감은 득이 되지만 지나친 긴장감은 오히려 해가 된다. "이번엔 꼭 합격해야만 해!"라는 조바심과 부담감은 마음만 지치게 만들 뿐이니 가급적 마음을 편히 먹고, 늘 최상의 컨디션을 유지하도록 애쓰는 게 더 좋다.

체력 유지에 힘쓴다

나는 소위 말하는 약골체력이다. 어릴 때부터 운동을 좋아하지 않았고, 잔병치레가 잦았다. 공무원 시험을 준비하는 기간에도 감기와 비염으로 병원을 몇 번이나 들락댔는지 모른다. 게다가 장시간 책상 앞에 앉아 공부해야 했기에 조금만 컨디션이 떨어져도 바로 어딘가가 아파오곤 했다. 체력관리 측면에서 줄넘기나 달리기 등을 해 보았지만, 오히려 운동으로 체력이 크게 소모되어 피곤하기만 했다. 그래서 나는 건강식품으로 체력을 보충하는 방법을 썼다. 붕어즙, 장어즙, 녹용, 홍삼 등 정말 몸에 좋다는 음식이란 음식은 모두 챙겨 먹었다. 평소 번데기나 순대처럼 모양이 징그럽거나 비린내가 나는 음식을 절대 먹지 않았지만, 합격이라는 목표 아래 이것저것 가릴 형편이 아니었다. 비린내가 나든, 역겨운 맛이 나든 눈을 딱 감고 꿀꺽 먹었다. 감기에 걸리면 링거에다 여러 성분을 섞어 투여했다. 그렇게 최대한 체력 유지에 힘쓴 결과, 수험생활을 성공적으로 끝마칠 수 있었다.

집에서는 푹 쉰다

"집 떠나면 개고생이다."라는 광고가 있다. 전적으로 동의한다. 특히 시험을 준비하는 수험생에게 집만큼 좋은 휴식처가 없다. 나는 도서관이나 학원에서 공부하고, 절대 집에 책을 들고 가지 않았다. 어쩌다 책을 들고 가도, 현관에 놓아두고 내 방으로 들어갔다. 그만큼 내게 집은 곧 휴식처라는 생각이 강했다. 하루 동안 쌓인 피로를 풀고, 내일을 위한 재충전을 하는 곳이 바로 집이라고 생각했기 때문이다.

집중이 안 될 때는 차라리 잠을 잔다

친구들과 놀 때는 밤을 꼬박 새고 놀아도 전혀 졸리지 않고, 신 나기만 한데 어째서 공부할 때는 잠이 쏟아지는지 모르겠다. 하지만 수험생에게 졸음은 가장 위험한 적이다. 수험생은 온종일 책상에 앉아 공부하기에 항상 잠이 모자란다. 오랜 시간 앉아서 공부하는 일이 생각보다 힘들기도 하고, 괜히 공부하기 싫은 날이면 정말 이불 펴고 눕고픈 마음이 간절하다. 그러나 여기서 지면 합격은 물 건너간 셈이다.

나는 졸음이 밀려오면 잠을 깨려고 애쓰기보다 마음 편하게 푹 잤다. 물론 너무 길게 자지 않도록 10~20분 정도 단잠을 잤고, 자고 나면 시간이 아까워 '이제 정신 차리고 공부해야지!' 라고 마음을 다잡게 되었다. 그러니 오히려 꼬박꼬박 졸면서 어설프게 공부하는 것보다 훨씬 집중도 잘 되고 능률이 올랐다.

다만 너무 오래 잠을 자면, 머리가 오랫동안 멍하고 평상시로 돌아오는 데 시간이 꽤 걸린다. 그래서 공부에 집중하지 못하고 어영부영 시간만 날리니 주의해야 한다.

나만의 학습노트를 작성하라

난 직접 손으로 글을 쓰는 일을 몹시 싫어한다. 그래서 공부를 할 때도 쓰면서 외우기보다 읽고 이해하는 편이다. 하지만 아무리 글쓰기가 싫더라고 해도, 아예 쓰지 않을 수는 없다. 나 또한 나만의 학습노트를 만들어 중요한 내용을 간략하게 적고, 여러 번 보아도 잘 이해되지

않은 내용을 자세하게 적어서 정리해 두었다. 시험을 코앞에 두고 두꺼운 기본서를 한 장씩 넘겨가며 공부할 수는 없지 않은가. 이때 나만의 학습노트를 보며 그동안 공부했던 내용을 다시 한 번 복습하는 편이 긴장감을 풀어 주고, 자신감을 갖게 한다.

강의를 들을 때, 강사에 대해 긍정적인 생각을 갖는다

강사에 대해 믿음이 없으면 강의 내용이 머릿속에 제대로 들어올 리 없다. 실제로 생소한 과목이나 중요한 포인트를 공부할 때 학원 수업이 크게 도움된다. 그러니 강의를 하는 강사가 내 인생을 책임져 준다고 믿고 공부하라. 강사에 대해 믿음이 생기면 강의가 즐겁고 공부가 잘 된다.

항상 전 과목의 감을 유지해야 한다

날마다 모든 과목을 조금씩이라도 공부하기를 권한다. 특히 국어와 영어는 꾸준한 연습이 필요하다. 내 경우에는 문제집을 정해 날마다 같은 시간에 국어는 15분, 영어는 독해 문제만 10문제씩 15분을 풀었다. 그리고 틀린 문제를 꼼꼼히 분석해서 다시 같은 문제를 틀리지 않도록 주의했다. 틀린 문제들을 분석하고 정답을 찾을 때에는 시간을 아낌없이 투자하며 공을 들였다.

이 글을 보는 수험생 가족들에게

수험생은 날마다 지겹도록 공부한다. 지친 몸과 마음을 이끌고 집에 돌아온 수험생을 따뜻하게 맞아주기를 바란다. "공부해라." "이번엔 합격할 수 있냐?"와 같은 잔소리는 역효과만 불러일으킬 뿐이다. 수험생이 집에 돌아오면 푹 쉴 수 있도록 집안 분위기를 만들어 주고, 스트레스를 받지 않도록 신경 써 주어야 한다.

나 역시 수험생활 동안 참 많이 외로웠다. 같은 내용을 수십 번 반복해서 보면 내 자신이 마치 공부하는 기계가 된 것만 같아 우울해지곤 했다. 비단 나만이 아니라 수험생이라면 누구나 공부가 가장 힘들다. 그런 수험생의 마음을 잘 이해하고, 위로와 격려를 듬뿍 해 주시라. 그 럴수록 수험생은 더욱더 기운을 내서 열심히 공부한다.

집중해서 공부하고 철저하게 쉰다

집중력이 흐트러진 채로 공부해 봤자 몸만 힘들고 공부 효과는 없다. 집중력은 개인에 따라 차이가 많이 나므로 각자 자신에게 맞는 방법을 찾아 공부해야 하지만, 여기에서는 일반적인 집중력 향상 방법을 살펴보기로 한다.

대부분 사람이 집중할 수 있는 시간은 50분 정도다. 50분 동안 빠른 속도로 공부를 하고 잠깐 휴식한다. 휴식하는 동안에는 노래 한 곡을 들을 정도로 짧은 시간이 좋다. 그리고 다시 50분 공부하고, 휴식한다. 식사할 때까지 3~4시간 정도 이 패턴을 되풀이한다. 그러면 집중력이 흐트러지기는커녕 더욱 향상되는 것을 느낄 수 있다. 즉 집중력을 향상하는 방법은 전력으로 질주하고 철저하게 쉬고 다시 전력으로 질주하는 것이다.

또 하나, 50분 동안 전력질주해서 공부할 때는 각각 다른 공부를 하는 편이 좋다. 짬짬이 휴식을 한다고 해도 같은 공부를 3~4시간 동안 반복하면 질린다. 예를 들어, 영어를 공부한다면 문법을 50분 공부하고 그다음에는 단어를 50분 공부하고, 그 뒤에는 독해는 50분 공부하는 식으로 같은 과목이라고 파트를 바꾸어 공부한다.

마음이 산만한 상태로 공부를 지속하는 것은 아무 의미가 없다. 공부 시간만 질질 늘어날 뿐, 공부한 내용은 거의 없기 때문에 시간 낭비다. 집중적으로 공부하고 철저히 쉬는 리듬을 갖추어 공부하는 편이 시간 대비 공부 효과가 높다.

요행이 아니라 노력으로
꿈을 잡아라!

응시 시험 · 2008년 부산시 기술직 9급 합격

김 희 정

'똑똑한 공부법' 따라잡기!

어릴 때부터 공무원을 꿈꾸던 나는 대학을 졸업하자마자 공무원 시험 준비를 시작했다. 어째서 공무원이냐 묻는다면, 공무원이야말로 여성이 가장 차별받지 않고 능력을 마음껏 발휘해 평생 일할 수 있는 직업이라고 생각했기 때문이다.

나는 일단 고시학원을 다니며 공부를 시작했다. 처음 한두 달은 학원 수업만 들을 뿐 스스로 공부하는 법을 몰라 많이 헤맸지만, 시간이 지나면서 점차 공부하는 요령을 터득했다. 그러다 보니 자신감도 붙어 크게 힘들지 않게 공부할 수 있었다. 나는 딱 10개월 동안 공부했다. 공통과목인 국어, 영어, 국사의 경우, 학원 수업보다 동영상 강의를 반복적으로 듣는 편이 효율적이라고 판단했다. 그래서 유명한 강사진의 샘플 강의를 하나씩 들어보고 나와 가장 잘 맞는 강의를 정해 2~3회씩 반복해서 들었다. 그리고 남는 시간에는 독서실에 가서 그날 배운 것을 전체적으로 복습하고, 문제를 통해 꼼꼼하게 마무리하는 방식으로 공부했다.

✚ 국어

국어는 각 부분별로 내게 잘 맞는 강의가 달라서 여러 강의를 들으며 공부했다. 전반적인 내용은 최지평 선생님의 강의를 들으며 《지평국어》로 흐름을 잡았다. 문법 부분은 배미진 선생님의 강의와 《알찬국어》로 공부했고, 비문학 부분은 유두선 선생님의 강의와 《한 달만에 끝내는 국어》로 핵심을 정리했다. 내 경우, 배미진 선생님의 강의가 특히 많은 도움이 되었다. 기본 개념이 잘 정리되어 있는데다 시험에 자주 출제되는 문제가 많이 수록되어 있어 비슷한 유형을 파악하기 좋았다. 이렇게 두 달 정도 강의를 반복해 듣고, 기본을 어느 정도 다진 다음에는 독서실에서 문제집을 풀며 공부했다. 나는 기출문제들을 집중적으로 공부했는데, 시험 치기 두 달 전부터는 모의고사 유형의 문제집만 8~9권 풀었다.

요즘 시험에서는 한자어와 고유어가 비중 있게 다루어진다. 나는 자주 나오는 한자어 위주로 꼼꼼히 보았는데, 한자는 비슷하게 생긴 글자가 많은 만큼 정확하게 외우기보다 대략 모양과 뜻을 기억한다는 기분으로 가급적 많은 한자를 눈에 익히는 데 주력했다. 실제로 그 덕분에 한자 문제를 모두 맞혔으니 꽤 유용한 방법이 아닐 수 없다.

국어는 점수가 잘 오르지 않는 과목이다. 하지만 시간을 충분히 투자해 반복학습을 하고 문제를 많이 풀어보면, 만족스러운 결과를 얻을 수 있는 과목이기도 하다.

✚ 영어

영어는 처음부터 가장 부담스러운 과목이었다. 워낙 영어를 못하는지라 영어에 가장 많은 시간을 안배했지만 좀처럼 갈피를 잡지 못하고 헤 맸다. 기본서를 5권이나 보았지만, 실력이 붙기는커녕 자신감만 점점 잃어갔다. 그러다 마지막으로 선택한 《신성일 패스9급》 책이 내게 희망을 주었다. 사실 나는 단어와 숙어 단어장을 직접 만들어, 늘 휴대하면서 틈날 때마다 외웠다. 당시 내가 직접 만든 단어장만 수십 권에 이르니 얼마나 많은 단어를 공부했는지 모른다. 하지만 어설프게 많은 단어를 외우기보다 정확하게 외우는 편이 백번 낫다는 사실을 깨닫고, 그 많은 단어장을 포기했다. 그 대신 《신성일 패스9급》 책에 있는 단어집을 달달 외우다시피 반복해서 공부했다. 《신성일 패스9급》 책의 단어집은 중요하고, 출제빈도가 높은 단어가 수록되어 있어서 아주 도움이 되었다. 처음에는 하루에 5페이지씩 보고, 차차 분량을 늘려가는 식으로 공부했다. 그리고 정말 잘 외워지지 않는 단어는 따로 단어장에 적어서 버스나 화장실 등에서 틈틈이 보았다. 그 덕분에 단어에 대한 자신감은 어느 정도 생겼으나 여전히 문법이 부족했다. 문법 실력이 약하니 독해도 약할 수밖에 없었다.

고민 끝에 나는 문법만 하루에 3시간을 꼬박 공부했다. 신성일 선생님의 강의를 듣고, 문법1000제 같이 문제만 수록된 책으로 복습했다. 개인적으로 여러 문법문제집 가운데 《스파르타 실전문제풀이》가 가장 도움이 되었다.

이처럼 여러 기본서 문제집을 두루 풀다 보니 어느새 문법에 익숙해졌고, 나중에는 독해도 한결 수월해졌다. 독해는 특별히 집중해서 공부하기보다 하루에 꾸준히 2~3개 문제를 풀며 공부하며 감을 유지하는 데 주력했다.

✚ 한국사

한국사는 공부할 때 가장 흥미로운 과목이었다. 처음부터 좋아한 과목은 아니었지만, 한국사만큼 공부한 대로 성적이 나오는 과목이 없었다. 그러다 보니 점점 공부하는 데 재미가 붙었고, 나중에는 한국사 자체가 좋아졌다.

내 경우, 정재준 선생님의 《맥락한국사》로 한국사의 전체 흐름을 잡고, 《통합한국사》로 세부 내용을 꼼꼼히 보았다. 강의를 반복해 듣고, 기본서를 정독하고 나면 스스로 서브노트를 만들어 공부하기를 권한다. 한국사는 비슷한 내용과 단어가 많기에 노트에 일괄적으로 정리를 해 두는 편이 좋다. 특히 근대사로 갈수록 내용이 복잡해지므로 도표와 연대순으로 잘 정리해서 헷갈릴 때마다 확인하면 암기에 도움이 되고, 내용 정리도 한결 편하다.

나는 공부가 잘 되지 않으면 전지를 사서 고대부터 근현대까지 연표를 그려가면서 머릿속을 정리했다. 그리고 고등학교 국사 교과서에 실려 있는 사료를 읽으며 부족한 내용을 채웠다. 가끔 문제를 풀다 보면, 처음 보는 내용이 나오는 경우가 있다. 기본서만 보아서는 이처럼 처음 접하는 문제를 풀 수 없다. 그렇기에 평소 꾸준히 문제를 풀고, 여러 문제를 다양하게 풀어야 한다.

나는 시중에 나온 모의고사 문제집을 거의 풀고도 모자라 인터넷 카페에 올라온 자료들을 몽땅 출력해서 풀었다. 그러다 보니 실력과 함께 자신감이 붙어 한국사를 아주 재미있게 공부할 수 있었다.

✚ 지적측량과 지적전산

지적측량과 지적전산은 전공과목이지만 기술직이다 보니 자료가 턱없이 부족해 혼자 공부하기 힘든 과목이었다. 나는 송용희 선생님의 기본 이론 강의를 들으며 공부했다. 문제풀이를 반까지 듣고 나니 전반적인 내용 파악이 될 뿐 아니라 자료가 많이 확보되어 한결 공부하기 쉬워졌다. 그러다 지적법을 공부하니 더욱 이해가 잘 되었다. 아마 공부하기 전에 지적법을 먼저 보고 강의를 들었다면, 공부 시간을 절약할 수 있었을 텐데……. 그러지 못한 것은 지금 생각해도 무척 아쉽다.

지적측량은 《이테크 기본서》, 지적전산은 《지적전산학개론》과 신양사에서 나온 《토지정보론》을 공부했다. 문제는 《지적특론》이나 자격증 수험서 등 조금이라도 관련된 내용이 있다 싶으면 다 보았다. 아무래도 문제집을 얼마나 더 꼼꼼하게 보느냐가 기술직을 준비하는 데 중요하기 때문이었다.

지적측량과 지적전산은 내용이 생소하고 잘 외워지지 않는 과목이다. 나 또한 두 과목 공부에 꽤 애를 먹었다. 고심 끝에 나는 같은 내용을 노트에 3번 정도를 무작정 적으며 공부했고, 비슷한 내용끼리 도표를 만들어 나만의 정리노트를 만들었다. 그리고 정리노트를 거의 외울 정도로 공부했다. 계산하는 연습도 게을리하지 않고 꾸준히 해서 시험을 무사히 치를 수 있었다.

'공부 노하우' 배워보기!

공무원 시험에서 가장 중요한 요소는 끈기와 성실이다. 제아무리 머리 좋은 사람도 끈기가 없다면 합격하기 힘든 시험이 바로 공무원 시험이다. 때로는 끈기와 성실로 철저히 계획대로 공부해 나가는 사람을 가려 뽑는 시험이라는 생각이 들 정도로.

당장 눈앞에 공부가 잘 되지 않는다고 짜증을 내거나 포기하지 말고, 일일계획과 주간, 월간 계획을 세워 차근차근 공부해 보라. 나 역시 내가 실천할 수 있는 범위 내에서 계획을 세워 공부했고, 자칫 마음이 느슨해지면 스스로 채찍질해가며 공부를 게을리하지 않았던 덕분에 수험 생활을 딱 10개월 만에 끝낼 수 있었다.

특히 나는 시험 치기 두 달 전부터 명장명품, 오인오색 등 유명 학원에서 나온 모의고사를 실제로 시험을 치는 것처럼 하루에 2~3회씩 풀었고, 시간 안배 훈련을 했다. 처음 보았던 대구시 공무원 시험에서 시간이 턱없이 모자라 아는 내용도 다 풀지 못하고 나왔던 것이 못내 후회스러워 고안해 낸 방법이었다. 실제 시험 치듯 꾸준히 연습한 결과 나는 2008년 제2회 부산시 공무원 시험에서는 시간이 20분이나 남아 한 번 더 문제와 답을 검토할 수 있는 여유를 얻었다. 덩달아 합격하는 영광까지!

다음은 내가 10개월 동안 공부한 방법이다. 조금이나마 도움이 되기를 바란다.

문제집은 하루 분량을 정해 놓고 푼다

나는 문제집을 사면 일정 기간 내 다 풀겠다는 생각으로 하루 분량을 세세하게 정해 놓고 풀었다. 그 덕분에 한 번도 밀리지 않고, 끝까지 풀 수 있었다. 문제집을 한 번 풀면, 다른 문제집을 풀기 전에 다시 한 번 보았다. 그래서 틀린 문제를 점검하고, 잊은 내용을 확인하면서 실력을 꼼꼼히 다졌다.

시험 치기 일주일 전에 미리 일주일치 공부 내용을 만든다

시험 치기 일주일 전은 불안하고 초조해서 공부가 잘 되지 않는다. 이때 미리 내용을 정리해 둔 노트가 있으면 아주 유용하다. 나는 정리 노트를 써서 내용을 전체적으로 정리했다.

수험생활 동안은 사생활을 잊는다

나는 수험생활에는 철저히 공부만 생각했다. 친구, 애인, 술, 여행 등은 합격하고 나서도 충분히 할 수 있기에 과감히 접어 버렸다. 정말 공부가 안 될 때에는 합격수기를 읽거나 잠을 잤다. 공부는 주로 독서실이나 도서관 등에서 했다. 다른 사람들이 열심히 공부하는 모습을 보면, 졸음이 오다가도 달아났다. 집에서 동영상 강의를 볼 때는 마우스선을 아예 뽑고, 동영상 강의에만 집중했다.

문제집을 닥치는 대로 푼다

공부할 때는 경제적인 비용이 만만치 않아 재정적으로 어려움을 겪기 마련이다. 하지만 돈을 아낀다고 교재나 문제집마저 사지 않는다면 수험 공부에 어려움이 있을 것이다. 나는 다른 비용을 줄여가며 문제집을 샀다. 풀 수 있는 문제집을 닥치는 대로 풀다 보면 어느새 다양한 문제에 익숙해져서 문제 유형 분석력과 적응력이 높아진다.

가산점에 연연하기보다 시험공부에 충실한다

　나는 워드프로세서 1급 자격증을 미리 딴 덕분에 가산점 1.5점을 일단 확보하고 시작한 터라 한결 부담이 덜했다. 물론 다른 사람들이 가진 가산점 3점에 비하면 낮은 점수라 때때로 다른 자격증을 더 따고 싶은 생각이 들었다. 하지만 자격증을 따려고 준비하는 시간이 아까웠고, 그 시간에 공부하면 점수가 더 오르지 싶었다. 그래서 마음을 싹 비우고 공부에만 매진한 덕택에 좋은 결과를 얻을 수 있었다.

TIP

긍정적인 사람들과 교류하라

공부할 때 플러스가 되는 인간관계와 마이너스가 되는 인간관계가 있다. 여기에서 마이너스가 되는 인간관계를 살펴보기로 한다.

공부할 때 반드시 피해야 할 사람은 두 가지 부류가 있다. 하나는 '부정적인 사람'이고 다른 하나는 '게으른 사람'이다. 하버드 대학의 데이비드 맥클러랜드 박사는 25년 동안 연구한 결과, 사람은 부정적인 사람들과 어울리는 것만으로도 실패나 좌절 등 부정적인 상태로 내몰릴 수 있다는 사실을 밝혀냈다.

부정적인 사람은 무엇이든 나쁜 쪽으로만 생각하는 사람이다. 부정적인 사람은 주위에 부정적인 분위기를 전염시킨다. 따라서 부정적인 사람과 어울리면 부정적인 태도나 행동, 습관 등을 닮게 되고 결국 자신도 부정적인 사람이 된다.

행복해지고 싶다면 부정적인 사람들과 멀어져라. 행복하고 낙천적인 사고와 진취적인 목표, 건강한 자아를 가진 사람들과 어울려야 한다. "승자와 교류하라. 하이에나와 함께 땅바닥을 뒤지지 말고 독수리와 함께 하늘을 날아라."라는 진리를 명심하자.

승리는 가장 끈기 있는 사람에게 돌아간다

 2009년 대전시 교육행정직 7급 합격

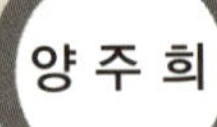
양 주 희

'똑똑한 공부법' 따라잡기!

사실상 내가 공무원 시험을 결심한 계기는 극심한 취업난 때문이었다. 대학교 졸업이 2년 앞으로 다가왔는데, 취업문을 뚫기가 낙타가 바늘구멍에 들어가는 것보다 어려우니 한숨부터 푹푹 나왔다. 그러던 차, 어머니께서 공무원 시험을 권유하셨다.

근무 환경이나 복지 혜택, 급여, 안정성 어느 것 하나 빠질 게 없었지만 무엇보다도 토익이나 해외 연수 경험, 학벌 등이 배제되고 객관적인 시험 점수만으로 평가받는다는 점이 마음에 쏙 들었다. 나는 사기업보다 가능성이 있다는 자신감으로 2006년에 휴학했고, 공부를 시작했다. 처음에는 바짝 공부하면 곧 합격할 줄 알았는데, 너무 얕잡아 본 것이 화근이었을까. 결국 3년 반이나 지나서야 원하는 성과를 얻고 복학 준비를 하게 되었다.

 ## 좌충우돌 수험 다이어리!

시행착오를 겪은 2006년

나는 휴학하고 일반행정직 7급을 준비했다. 공부를 시작할 무렵에는 모르는 것을 하나하나 알아가는 재미에 빠져 시간가는 줄 몰랐다. 하지만 곧 경제학과 영어 때문에 한계에 부딪혔고, 그 2과목에 목을 메면서 다른 과목을 공부할 시간이 절대적으로 부족해졌다. 그렇다고 경제학과 영어 성적이 오르지도 않고, 나머지 과목을 공부하지도 못하고…… 결국 7과목 모두 하향세를 보이기 시작했다. 그렇게 1년이나 시행착오를 겪으며 2007년에는 9급 시험을 목표로 급선회했다.

슬럼프에 빠진 2007년

7과목에서 5과목으로 줄여 부담을 덜었지만, 1년이나 허송세월했다는 생각에 마음이 편하지 않았다. 상반기만 해도 거의 달마다 시험이 있어 서브노트나 오답노트를 만들 엄두를 내지 못했다. 그래서 기본서 내용에 충실하고자 기본서만 죽어라 읽었다. 기본이 흔들리면 문제를 풀지 못할 테니, 차라리 문제 푸는 시간에 기본서를 한 줄 더 암기하겠다고 생각했기 때문이다.

하지만 이것이 내 결정적인 오류였다. 공무원 시험은 정해진 시간 안에 문제를 읽고 출제자의 의도를 콕 집어서 정확히 문제를 푸는 기술이 필요하다. 기본서만 보면 기본기는 충실히 다져질 수는 있으나 문제풀이 능력이 떨어져서 제한된 시간 내에 문제를 다 풀지 못한다. 더군다나 나는 읽는 속도가 느려 2007년도 국가직 시험에서 행정학을 무려 15문제나 풀지 못하는 실수를 범했다.

따라서 문제를 정확하게 빨리 푸는 연습이 절대적으로 필요하다. 예를 들어, 문제의 답이 1번이라면 1번 보기를 읽고 정답이라 확신하고, 1번 아래 보기들을 읽지 않고 바로 다음 문제로 넘어가는 결단력과 신속함이 아주 중요하다.

나는 이러한 기술을 깡그리 무시하고 오로지 기본서에만 매달렸다. 모든 과목의 기본서를 10회독 넘게 했을 정도니 말이다. 밥솥에 밥을 안치고도 정작 불 위에 올리지 않았으니 밥이 될 리 있나. 결국 2007년도 모든 시험에서 7~10점 차로 불합격했다.

9월 초 전북 시험을 마지막으로 나는 은둔생활을 했다. 1년 반 동안 공부했지만 내가 받은 성적은 합격권에서 거리가 먼 점수였으니 자괴감이 스멀스멀 기어 올라왔다. 내 스스로를 탓하며 우울한 나날을 보내며 집에만 틀어박혀 있었다. 그렇게 손바닥으로 해를 가리는 생활을 4개월 넘게 하니 2007년이 지나버렸다.

복학과 공무원 시험 준비를 두고 오랫동안 고민했지만, 내가 선택한 일에서 성공하지 못하면 다른 어떤 일에서도 성공하지 못할 거라는 생각이 들었다. 그래서 다시 마음을 고쳐먹고 시험공부를 재개했다.

다시 도전하는 2008년

2008년을 맞이하며 나는 몇 년을 휴학해도 좋으니 합격하고 복학하자는 생각을 굳혔다. 그리고 올해에는 꼭 합격해야 한다는 조급함을 버렸다. 기본서만 고집하던 공부법을 버리고, 다른 사람들의 조언을 전적으로 받아들였다. 그동안 나는 동영상 강의에서 강사가 "기본 강의를 들으면 반드시 문제풀이를 해라."라고 충고해도, 오래 공부한 친구가 문제집의 중요성을 설명해도 사람마다 공부 스타일이 다른 법이라고 맞받아쳤다. 그러나 그런 아집은 내게 독이 되어 공부 기간만 연장했을 뿐이었다.

　그래서 2008년부터는 공부 방법을 전면적으로 바꾸었다. 새로 시작하는 마음으로 문제풀이 강의를 들었고, 기본서를 거의 보지 않았다. 문제집을 풀고, 강의를 들으며, 기본서의 중요한 내용을 다시 한 번 확인하는 형식으로 공부했다. 내내 기본서만 보다가 갑자기 보지 않으니 불안하기도 했지만, 문제 속에서 내용을 정리해야 한다는 친구의 충고를 따랐다. 그리고 문제집에서 틀렸거나 헷갈리는 문제는 오답노트에, 잘 외워지지 않는 부분은 서브노트에 따로 정리했다가 시험 직전에는 그것만 보았다. 오답노트나 서브노트를 정리할 때는 맞은 문제라 할지라도 문제의 답 외에 다른 보기도 살펴서 중요한 내용을 정리해야 한다. 시험 직전에는 극도로 긴장이 되어서 기본서의 긴 문장이 눈에 잘 들어오지 않으니 중요한 내용을 정리한 요약본으로 공부하는 편이 좋다.

　또한 2~3주에 한 번씩 모의고사를 풀어 실제 시험 시간에 적응하는 연습을 철저히 했다. 그렇게 몇 달이 지나자, 드디어 합격권에 들어서기 시작했다. 서울시와 선관위 시험 둘 다 커트라인에서 2.5점 차이로 떨어진 것이었다. 비록 불합격이었지만 절망스럽지 않았다. 지금까지 망망대해를 표류하다가 처음으로 부표를 발견한 기분이었다. 이대로 꾸준히 공부하면 다음 해에는 꼭 합격할 수 있다는 자신감이 생겨났다.

꿈을 이룬 2009년

　2년 반 동안 일반행정직만 준비하다가 한 지인이 충남 교행 시험에 합격했다는 소식을 듣고 교육행정직에 관심을 갖게 되었다. 4월 국가직 시험이 얼마 안 남은 시기에 한 과목을 더 공부하자니 선뜻 용기가 나지 않았지만, 주변 사람들이 강력하게 추천하는 바람에 교육학을 공부하기 시작했다. 교육학이 행정학보다 쉽다는 이야기에 믿음을 가지고 시작한 것이었다.

교육학까지 총 여섯 과목을 1월부터 공부했다. 시험 시간에 점점 익숙해지면서 4월 국가직 시험에서는 마지막 마킹을 하고도 5분이 남았다. 2007년 국가직 시험과 비교하면 정말 상상도 못할 일이었다. 다만 아쉽게도 0.5점 차이로 고배를 마셨지만, 결국 5월 대전 교행 시험에서는 합격하는 쾌거를 거두었다.

✚ 국어 | 김재정 선생님

공무원 국어 교재하면, 단연 《재정국어》가 가장 유명할 것이다. 나 역시 《재정국어》로 기본을 쌓았다. 《재정국어 9,7급 시험대비 기출문제집》을 풀며 시험마다 스타일과 핵심 부분을 정리했다. 해설이 무척 자세하게 나와 독학으로도 충분히 공부할 수 있는 책이다. 나는 프린트물로 강의하는 문제풀이 단과를 수강해서 문제풀이에서 부족한 부분을 보충했다.

실제 시험에서는 기본서에 들어 있지 않은 글을 응용해서 푸는 문제도 나온다. 글의 궁극적인 의도나 필자의 태도 등 암기력이 아닌 사고력을 요하는 문제에 대비하기 위해 수능 문제집을 풀었다. 시험에서 자주 출제되는 고사성어와 표준어는 짬짬이 꾸준히 보았다. 한자 공부는 따로 하지 않았다. 애써 외우려고 해도 잘 외워지지 않았기 때문에 집중적으로 공부하지 않았지만, 공무원 시험에서는 1,2점이 아쉽기 때문에 남들과 격차를 벌일 수 있는 한자를 공부해 두는 편이 좋다.

✦ 영어 | 신성일 선생님, 강수정 선생님

영어는 내가 가장 골치를 썩은 과목이다. 솔직히 마지막까지도 점수 올리기가 쉽지 않았다. 나는 신성일 선생님의 《pass 유형별 영문법》동영상 강의를 들었고, 그때 받은 문법 요약 프린트를 아주 유용하게 공부했다. 좀처럼 문법 실력이 늘지 않아 고민이 많았는데, 닥치는 대로 문제를 많이 풀다 보니 어느 정도 실력이 향상되는 것을 느낄 수 있었다. 공무원 영어에서 문법은 자주 출제되는 유형이 있다. 기출문제를 통해 반복학습을 하면 어느새 자기 실력이 된다. 그리고 신성일 선생님의 《pass 유형별 독해》,《서울시 실전 영어 모의고사》도 도움이 되었다.

나는 글 읽는 속도가 느려 독해도 잘 하지 못한다. 만약 강수정 선생님의 교재를 만나지 못했더라면 독해 때문에 꽤나 애먹었을 거다. 《중단문 Reading 특강》과 《최종 영어 모의고사》가 해설이 꼼꼼히 잘 되어서 보기가 편했다.

단어는 《해커스 토플 보카》와 경선식 선생님의 《워드 스펀지》를 보았다. 영단어는 그냥 쓰면서 외웠는데, 《워드 스펀지》를 보며 연상암기를 하려니 처음에는 잘 적응이 되지 않았다. 하지만 나중에는 연상암기한 단어가 많이 기억이 났다. 숙어는 기출문제에 나온 것을 위주로 보았다.

✦ 국사 | 정재준 선생님, 김윤수 선생님

국사는 처음부터 내 효자 과목이었다. 고등학교 때 사회탐구 영역을 좋아해 열심히 공부했던 것이 큰 몫을 했다. 원체 자신 있던 과목이라 동영상 강의를 듣지 않은 유일한 과목이 바로 국사였다.

나는 정재준 선생님의 《7급 넥서스 한국사》로 전체적인 흐름을 파악하고, 《통합한국사》로 부족한 부분을 메꾸었다. 《통합한국사》의 부록인 기출문제집을 풀어서 오답노트로 만들었고, 문제집은 김윤수 선생님의 《탐구한국사》를 풀었다.

공무원 국사는 전체 흐름이 매우 중요하다. 그리고 핵심 사건을 정확하게 외우고 있어야 한다. 그래야 몇 년도, 몇 세기에 어떤 사건이 일어났는지 줄줄 꿸 수 있으며, 시험에 꼭 나오는 사건 순서를 배열하는 문제를 맞힐 수 있다. 연표를 방에 붙여 놓고 자주 보는 방법을 추천한다.

✚ 행정법 | 홍성운 선생님, 서정범 선생님

행정법은 오답노트 때문에 내 주력 과목이 되었다. 홍성운 선생님의 《신월 행정법》 동영상 강의를 들으며 1년 반 동안 기본서만 봤기 때문에 성적이 안 좋은 과목이었다. 강의도 훌륭하고 교재도 이해가 잘 되었는데, 워낙 법학 과목이 판례를 광범위하게 알아야 하고 법 조문을 상세히 봐야 하므로 공부한 내용이 성적에 반영되기까지 시간이 제법 걸렸다.

《객관식 신월 행정법 총론》 동영상 강의를 들으며 확실한 체계를 잡았고, 서정범 선생님의 《실전 파이널 테스트 문제집》으로 취약한 부분을 바로잡았다. 특히 이 문제집은 테이프를 들으면서 공부를 했는데 예를 잘 들어 설명해 준 덕에 이해가 쉬웠다.

✚ 행정학 | 김중규 선생님

행정학은 범위가 매우 넓고, 좀처럼 점수 올리기가 어려운 과목이다.

나는 김중규 선생님의 《선행정학》 기본 동영상 강의를 3번이나 보았다. 첫 번째는 처음이라 보고, 두 번째는 첫 번째 강의가 이해가 잘 안 되어서 보고, 세 번째는 내용을 총정리하려고 보았다. 3번 보고 나니 완벽하게 이해가 되었다. 김중규 선생님이 행정학 체계를 잘 잡아 주어서 그 뒤로는 어렵지 않게 공부할 수 있었다. 문제풀이는 《예상문제 행정학개론》으로 했다. 문제집 구성이 워낙 좋아서 시험 직전에는 그것만 보았다.

✚ 교육학 │ 김상겸 선생님

교육학은 공부한 기간이 고작 4개월 남짓이라, 따로 문제집은 풀지 못했다. 김상겸 선생님의 《김상겸 교육학》 동영상 강의를 들었는데, 중요한 부분을 콕콕 집어 주어서 단기간 내 최대의 성과를 낼 수 있었다.

교재 및 강의 선택 요령

교재를 선택하기 전에 유명 강사들의 강의 스타일과 교재의 장단점을 파악하고, 서점에도 들러 책을 살펴보기를 권한다. 그리고 자신과 가장 잘 맞는 강사의 강의를 선택하면 된다. 내 경우에는 하나하나 교재를 살펴보고 선택한 다음, 과목별로 기출문제를 달달 풀면서 국어와 영어는 날마다 공부하고, 암기과목은 하루에 2과목씩 돌아가면서 공부했다.

나는 전문가도 아니고 고수도 아니다. 다만 공무원 시험을 준비하는 수험생보다 앞서 합격한 선배일 뿐이다. 지금 내 책상 위에 있는 볼펜 꽂이에는 컴퓨터용 사인펜이 스무 개 남짓 꽂혀 있다. 모두 시험 보는 학교 정문에서 받은 것이다. 이 사인펜들을 보며 나는 공무원 시험을 준비하던 시절의 끈기를 떠올린다.

어떤 일이든 실패는 없다. 과정만 존재할 뿐이다. 나는 ‘승리는 가장 끈기 있는 사람에게 돌아간다’고 굳게 믿는다. 이 말이 공부로 힘들어하는 수험생들에게 위안이 되기를 바라며, 몇 가지 당부를 하겠다.

공부 열심히 하는 친구 단 한명을 사귀어라

나는 휴학한 다음 집 근처 도서관에서 공부했다. 날마다 오전 6시에 일어나고, 7시까지 도서관에 도착해서 지정석에 앉았다. 공공도서관이라 자리를 지정해 주지 않았기에 마음속으로 내 자리를 정해 놓고 날마다 그 자리에 앉았다. 그렇게 하면, 내 자리를 지키기 위해 아침 일찍 일어나게 된다.

사실 2006년부터 2007년 상반기까지는 도서관에 꾸준히 가지 않았다. 2주일 공부하면 4~5일 쉬었고, 도서관에서 공부하다 집에 가고 싶을 때는 밤낮을 가리지 않고 아무때나 갔다. 그러다 보니 생활이 자꾸만 흐트러져 공부가 잘 되지 않았다.

나와 같은 오류를 범하지 않으려면 도서관에서 함께 공부하는 친구를 사귀는 것이 좋다. 나 역시 나중에는 친구를 사귀어 같이 밥을 먹고, 이야기하며 스트레스를 풀었다. 또 정보도 나누고 그 친구 때문에 도서관에 꼬박꼬박 나오게 되어 좋았다.

단, 정말 공부를 열심히 하는 친구 한 명을 사귀어야 한다. 세 명 이상이 되면 수다가 길어지거나 밖으로 나돌게 될 수도 있다.

아무 생각 말고, 공부에 재미를 붙여라

나는 2008년부터 생활계획표를 짜서 규칙적으로 공부했다. 하루에 잠자고, 밥 먹고, 씻고, 휴식하고, 화장실 가는 시간을 빼고 순수 공부만 하는 시간이 12~13시간 정도였다. 예전처럼 집에 일찍 가고 싶어도, 생활계획표를 지켜야 한다는 일념으로 꾹 참았다. 그렇게 날마다 밤 10시에 돌아가는 생활을 반복했다.

공부에 집중하지 못할 때는 조바심이 자꾸 나서 비관적인 생각이 들었지만, 일단 공부에 열중하게 되자 아무 생각이 나지 않고 공부만 하게 됐다. 지난번에는 틀린 문제를 이번에는 맞히면서 쾌감을 느끼고, 합격 여부를 떠나 공부하는 자체를 즐겼다.

천재는 노력하는 사람을 이기지 못하고, 노력하는 사람은 즐기는 사람을 이기지 못한다고 한다. 설령 재미를 붙이지 못하더라도 공부를 싫어하지 않기를 바란다. 싫어하는 일을 억지로 하는 것만큼 괴롭고, 고통스러운 일은 없다. 가급적 기본서와 문제집을 애인인 양 손에서 놓지 않고 눈을 떼지 않으며 스스로 공부를 즐기도록 해야 한다.

정보 수집을 완벽하게 해라

공무원 직렬이나 가산점 등에 대해 알아 두면, 유리했으면 유리했지 절대 손해 보지 않는다.

① 공무원 직렬

많은 사람이 공무원이라 하면 동사무소, 구청, 시청 공무원을 주로 떠올려, 멋모르고 일반행정직을 선택하곤 한다. 하지만 일반행정직은 커트라인과 경쟁률이 가장 높기에 가장 힘든 직렬이다. 잘 찾아보면, 공무원에는 다양한 직렬이 있다. 행정직도 일반행정, 교육행정, 세무, 사회복지, 전산, 사서 등 직렬이 있고, 행정직뿐만 아니라 공업, 녹지, 보건, 수의, 간호, 환경 등 기술 직렬도 있다. 별도의 응시 자격이 없는 공개경쟁도 있지만, 대학교 전공과 관련해서 취득할 수 있는 자격증에 따라 응시 자격을 제한한 제한경쟁도 있다. 이런 내용을 면밀히 살펴봐 자기 적성에 맞는 직렬 아니면 보다 수월하게 합격할 수 있는 직렬을 따져 목표를 세워야 한다.

② 가산점 – 가급적 3점을 따고 들어가라

내가 대전시 교육행정직 필기시험을 합격한 다음 가장 후회했던 일이 바로 가산점을 미리 확보하지 않은 일이었다. 필기 합격자 대부분이 가산점 3점짜리 자격증을 갖고 있어서 3점을 무조건 받지만, 나는 가산점이 2점짜리 기능사 자격증이라 남들보다 1점이나 뒤진 상태였기 때문이었다. 혹시 그 1점 때문에 필기시험 커트라인에 걸릴까 봐 얼마나 노심초사했는지 모른다. 아무래도 커트라인에 걸린 점수를 받으면 떨어질 확률도 높다.

공무원 시험에서는 1점 차이를 결코 무시하지 못한다. 1~2점 차이로 울고 웃는 일이 비일비재하다. 나 또한 이번 국가직 시험에서 0.5점 차로 떨어졌다. 대전시 교육행정직에서도 떨어졌다면 심하게 좌절했을 것이다.

실제 시험에서 동점자가 수두룩하고, 커트라인 점수와 커트라인 점수에서 1,2점 더 맞은 사람 비율이 어마어마하게 높다. 물론 1,2점 덜 맞은 사람도 많다. 사실 한 문제 더 맞으면 되겠지만, 실제 시험을 볼 때는 긴장하고 시간에 쫓겨 한 문제 더 맞는 일이 생각처럼 쉽지 않다. 대학교 2학년까지 마치면 가산점 3점인 산업기사를 취득할 수 있으니 미리 준비하는 편이 좋다.

휴학할 바에야 차라리 졸업하고 공부해라

극심한 취업난으로 휴학을 하고 공무원 시험공부를 하려는 대학생들이 늘고 있다. 나 또한 처음에는 1년 정도 휴학하면서 공부하면 합격할 줄 알았다. 하지만 1년이 2년 되고, 3년이 되었다. 혹시 공무원 시험에 떨어지면 회사에 취업할 생각으로 휴학하고 공무원 시험을 준비하려 한다면, 휴학하지 말라고 하고 싶다. 휴학을 한다면 휴학 기간 동안 반드시 합격한다는 마음으로 공부해야 하며, 그러기 힘들다면 아예 졸업을 하고 공부하는 편이 낫다.

공무원 시험공부는 범위가 워낙 넓고, 꾸준히 해야 성과가 나오기 때문에 전공 공부와 병행하기 힘들다. 어설프게 학교생활과 병행하려고 하면, 시험공부도 못하고 전공 공부도 못하게 된다.

나도 시험공부가 너무 힘들 때는 복학을 생각했다. 하지만 다시 학교로 돌아가 취업 준비생이 되기 싫었고, 주변에서 한심하게 볼까 겁이 났다. 그래서 끝까지 버티고 열심히 공부했다.

불가피하게 휴학 기간 동안 합격해야 한다면 겁먹지 말고 도전하라. 내 경우에도 그랬지만, 굳은 마음가짐만 있다면 휴학생도 얼마든지 공무원 시험에 합격할 수 있다. 합격한 다음 2년 동안은 학업상의 이유로 임용유예가 가능하다.

책상 위에 불필요한 것들을 치우라

공부에 지쳤을 때 잠시 잡지나 만화책 등을 보며 기분 전환을 할 수 있다. 이때 읽다 만 잡지나 만화책을 책상 위에 그대로 두면 공부할 때 큰 방해물이 된다. 따라서 공부를 시작하기 전에 책상 위를 깨끗이 정리하는 편이 좋다.

그런데 공부를 하다 보면, 어찌된 까닭인지 내용 파악이 조금도 되지 않거나 지겨워서 공부할 기분이 아닐 때가 있다. 그럴 때는 주저하지 말고 책상에서 일어나자. 창을 열고 하늘을 보든지 좋아하는 음악을 들으며 분위기를 전환하면 한결 기분이 상쾌해진다. 책을 들고 밖으로 나가는 것도 좋은 방법이다. 바깥 풍경을 보면서 새로운 마음으로 책을 펼치면, 지루함을 잊고 즐겁게 공부할 수 있다. 이처럼 공부 환경을 바꾸면 나중에 암기한 내용을 떠올릴 때 도움이 된다. 시험장에서 어디에서 외웠는지 떠올리면 무작정 기억을 더듬을 때보다 훨씬 쉽게 기억해 낼 수 있다.

공무원 시험과 한판 겨루기

 서울시 일반행정직 9급 합격

정 현 자

실직이라는 고통 속에서 새로운 미래를 찾다

내가 공무원 시험을 처음 준비하던 때는 1995년, 벌써 10여 년 전이다. 지금이야 공무원이라고 하면 불안정한 취업 환경에서 최고로 안정적이고 매력적인 직업으로 각광받지만, 10여 년 전만 해도 그렇지 않았다. 대부분 사람이 공무원을 딱딱하고 고루한 직업으로 생각하고, 고액 연봉을 받으며 열정을 마음껏 불사르는 대기업 사원을 선호했다. 나 또한 마찬가지였으니까. 나는 여느 학생들이 그렇듯 대학생활 내내 일반기업에 취업하려고 노력했다. 방학마다 대기업의 인턴으로 들어가 경험을 쌓았고, 취업 설명회 등을 빠짐없이 다녔다. 그 덕분에 졸업하면서 바로 중견 건설회사에 당당히 취업할 수 있었고, 주위의 부러움을 한 몸에 받았다. 정말 그때까지만 해도, 나는 모든 일이 내 뜻대로 술술 풀린다고 믿었다. 내가 바라고 꿈꾸는 미래도 바로 코앞까지 다가온 줄로만 알았다. 내가 다니던 회사가 부도 위기에 처하기 전까지만 해도.

자신의 회사가 부도날 위기에 몰린다는 것은 상상 이상으로 끔찍한 일이었다. 월급을 받기는커녕 하루아침에 직장을 잃어버릴지도 모른다는 불안에 미쳐 버릴 것만 같았다. 결국 나는 회사를 그만두었다.

하지만 회사를 그만두기는 쉬워도, 실직으로 인한 우울과 상실감은 좀처럼 극복할 수 없었다. 새로운 직장을 구하자니 언제 또 부도가 날지 몰라 불안했고, 내 앞날이 오로지 회사의 존망에 달렸다고 생각하니 허탈하기만 했다. 날이 가면 갈수록 나는 의욕을 잃고, 방 안에서 혼자 오도카니 있는 시간이 늘었다. 바로 그때, 부모님이 공무원 시험을 추천해 주셨다.

"공무원은 회사원과 달리 정년까지 안정적으로 일할 수 있는데다 민생을 돕는 일이잖니? 공무원으로 일하는 편이 일반 회사를 다니는 것보다 보람 있고, 즐거울 게다."

부모님의 말씀에 귀가 솔깃했지만 선뜻 결단을 내릴 수 없었다. 그때 나는 이미 서른을 목전에 둔 터라 공무원이라는 전혀 새로운 직업을 준비할 엄두가 나지 않았다. 또한 일반 기업에 취업하기 위해 쏟아 부은 시간과 정성이 아까웠다.

"말씀은 고맙습니다만, 저 조금만 생각해 볼게요."

나는 부모님과 상의한 끝에 며칠 동안 여행을 떠나기로 마음먹었다. 주변을 정리하고, 마음을 추스르고, 새로이 앞으로 나아가기 위해.

내 두 손으로 행복을 움켜쥐다

정말 밑도 끝도 없이 떠난 여행이었다. 어디로 갈지, 어디서 묵을지, 아무 생각을 하지 않고 그저 발 닿는 대로 정처 없이 돌아다녔다. 지금 생각해 보면 여자 혼자 참 용감하게 다녔다 싶지만, 그때는 정말 그럴 수밖에 없었다. 우선 주변의 시선과 쓸데없는 말들에서 도망치고 싶었다. 온전히 혼자가 되어 그 누구의 간섭도 받지 않고, 혼자서 자신의 일을 처음부터 끝까지 곰곰이 생각하고 싶었다. 그러면 무언가 답이 나올 것만 같았다.

어쩌면 나는 속박과 억압에서 벗어나 내 자유의지와 조우하고 싶었는지도 몰랐다. 내내 쫓기듯 앞만 보고 달려온 인생을 차근차근 뒤돌아보고, 앞으로 어떻게 살아야 할지 고민하며, 내 안의 답을 찾으려 한 것이다. 그리고 나는 나름대로 답을 찾았다.

'공무원이야말로 내게 흔들리지 않는 삶의 목표가 되어 줄 거야. 믿고 나아가자.'

일단 결심하자 더 머뭇거릴 이유가 없었다. 공무원 9급 수험서를 사고, 무작정 종합학원부터 등록했다. 그러나 학원에서 시리즈로 판매하는 교재를 구입해 한 달간 수업을 들으며 공부했지만 좀처럼 만족할 만한 결과를 얻지 못했다. 아무래도 직장생활에 익숙해져 있는 터라 수험생활이라는 새로운 생활 흐름에 적응하기 힘들었던 탓이었다. 게다가 적지 않은 나이와 결혼에 대한 압박, 금전적인 문제, 생각보다 형편없이 떨어진 체력, 부모님의 기대 등 주변 상황이 마음을 흐트러뜨리고, 공부에 집중하지 못하게 만들었다.

그렇게 한두 달이 지나고 나니, 생각처럼 진도가 나가지 않았고 결국 시험접수도 못한 채 어영부영 첫해를 보내고 말았다. 그나마 공무원 수험 과목을 간략하게라도 한번 전체적으로 훑어 본 사실만이 공무원 수험 준비생으로 다음 해를 맞이할 때 심리적으로 위안이 되었을 뿐이었다.

새해를 맞이하며 나는 가장 먼저 학습 계획을 새로 짰다. 부족하다고 생각하는 과목들을 선택해 단과반을 등록했고, 집중적으로 공부하기 시작했다. 학습 계획을 세우니 좀 더 체계적으로 공부할 수 있었다. 그렇게 차근차근 수험 준비를 하며 시험 공고를 기다렸다.

시험 공고가 뜬 날은 친한 친구의 결혼식 날이었다. 예쁜 드레스를 입고 행복한 결혼식을 올리는 친구를 보며 나 또한 나만의 행복을 내 손으로 움켜쥐겠다고 다짐했다. 그리고 서울로 올라오자마자 종로구청에 서울시 지방행정공무원 9급 시험 응시 원서를 넣었다. 당시 나는 접수 번호가 1번이었는데, 시험을 치르는 날까지 1번이라는 접수 번호가 마치 1등으로 합격한다는 주문처럼 느껴져서 무척 든든했다. 그 덕분에 비교적 마음 편히 시험을 치를 수 있었다. 그리고 정말 '합격'이라는 행복을 내 손으로 움켜쥐는 데 성공했다.

누구나 저마다 목표를 가지고 공무원 시험을 준비할 것이다. 각자 목표를 이루는 날까지 발걸음을 멈추지 않기를 바라며, 지난 내 수험 준비 과정을 이야기해 보겠다. 부디 공무원 시험을 준비하는 많은 이에게 도움이 되었으면 한다.

교재를 반복해서 읽는다

나는 12개월 동안 9급 행정직을 준비하면서 과목별 단권화 교재를 5번 이상 반복해서 보기를 목표로 삼았다. 종합학원에 등록했지만 제대로 적응하지 못해 별다른 결실을 거두지 못하자 결국 혼자 공부하기로 마음먹었다. 우선 서점에 가서 과목별로 판매부수가 많은 교재들 가운데 가장 마음에 드는 교재와 최근 기출 문제가 많은 문제집을 한권씩 골랐다. 그리고 모든 과목 책을 천천히 꾸준히 읽어 나갔다. 이해가 안 되면 속도를 늦춰서 꼼꼼히 읽었다. 처음에는 이해가 잘 되지 않고, 읽는 시간이 오래 걸려 불안했지만 읽는 횟수가 거듭될수록 이해도 빨라지고 시간도 줄어들었다. 예를 들어, 내가 처음 한국사 교재와 문제집을 사 와서 읽을 때에는 꼬박 45일이 걸렸는데 그다음에는 30일이 채 걸리지 않았다. 세 번째, 네 번째 읽고 다섯 번째 읽을 때에는 마치 내 일기장을 읽는 듯 술술 읽을 수 있어 정말 기뻤다.

메모지로 서브노트를 만든다

교재별로 읽기 중심으로 서브노트를 만들었다. 처음에는 노트를 따로 준비해서 서브노트를 만들었는데, 자꾸 교재를 다시 펼쳐서 적어야 하는 번거로움이 있었다. 귀찮기도 하고, 시간이 아깝기도 해서 메모지를 이용해 서브노트를 만들었다. 교재에 메모지를 탁탁 붙여 놓으면 교재를 펼칠 때마다 서브노트 내용을 함께 볼 수 있어 시간을 줄일 수 있고, 번거롭지도 않아 좋았다.

하루를 3교시로 나누어 활용한다

나는 시립도서관의 열람실에서 공부해서 도서관에 머무르는 시간만 하루에 16시간 정도였다. 당시 나는 하루를 3교시로 나누었는데, 1교시는 오전 7~10시, 2교시는 오후 2~6시, 3교시는 오후 7~10시로 했다. 사이사이 시간에는 신문읽기, 점심 먹은 다음 낮잠, 공무원 시험 합격수기 등을 읽으며 적절히 휴식을 취했다. 오랜 시간 교재만 보는 것은 집중력이 떨어져 공부하기 싫어지기 때문이었다.

남는 시간에는 주로 공무원 시험 과목은 아니지만 수험에 도움이 될 만한 책들이나 정보를 보았는데, 이때 읽었던 책과 정보가 면접 때 크게 도움이 되었다.

기분 전환을 위해 주변과 연락하지 않는다

공부에서 오는 스트레스보다 힘든 스트레스는 바로 주변 사람들에게서 온다. 내 경우, 기분 전환을 위해 일부러 친구들에게 연락해 안부를 묻고 이따금씩 만나기도 했다. 하지만 기분 전환은 한순간이고 오히려 마음이 흐트러져 공부에 집중할 수 없게 되기 일쑤였다.

결국 나는 핸드폰을 끊어 버렸고, 친구들의 연락을 일절 받지 않았다. 친구들이 보고 싶거나 기분 전환을 하고 싶을 때에는 신문을 읽으며 세상 돌아가는 모습을 살폈다. 신문읽기가 지루하면 만화를 읽었고, 그마저도 하기 싫으면 자전거를 타고 주변을 한 바퀴 휙 돌고 왔다. 그러면 어느 정도 기분이 풀리고, 다시 공부할 의욕이 솟았다.

가끔은 유명 인사들의 성공기나 자기계발서 등을 읽으며 다시 한 번 목표를 되새기며 결의를 다지기도 했다.

충분한 수면을 취하고 규칙적으로 식사한다

사람은 마음이 불안하면 쉽게 잠이 들지 못하고 헛된 생각에 마음이 복잡해진다. 내가 오늘 하루 충실하게 보냈다면 불안할 필요가 없다. 그래서 나는 잠이 오지 않을 때면 하루 일과를 되짚어 보고, 부족한 부분을 체크하며 마음을 다잡았다. 심리적으로 안정되면 충분한 수면을 취할 수 있고, 푹 자고 나면 다음 날 머리가 맑아 공부하기 좋았다.

그리고 수험생에게 규칙적인 식사는 무엇보다 중요하다. 규칙적인 식사는 컨디션을 일정하게 유지하는 방법이며, 소중한 휴식의 기회이기도 했다. 단 폭식이나 과식은 졸음을 유발하며 몸과 머리를 무기력하게 하므로 조심해야 한다. 내 경우에는 날마다 영양가 있는 음식을 먹기 힘들기 때문에 비타민과 물을 항상 상비해 다녔다. 그리고 7시 전에 나오면서 간단히 차를 한 잔 마시고, 10~11시 사이에 집으로 돌아가 아침 겸 점심을 먹었다. 몸이 힘든 날에는 식사한 다음 2시까지 낮잠을 자고 다시 공부했다. 저녁은 구내매점에서 간단하게 먹고, 커피 한 잔을 마셨다. 공부하는 틈틈이 영양가 높은 군것질을 하면 영양 보충도 되고 기분 전환도 되었다.

 이렇게 공부하라!

딱 1년만 주변과 연락을 끊어라

친구들과 연락하다 보면 자꾸 놀고 싶은 마음이 든다. 자연히 공부에 집중하지 못하고, 마음이 콩밭으로 날아가기 십상이다. 따라서 최소한 1년에서 2년 정도는 친구들을 만나는 일을 비롯해 자잘한 일에 신경을 뚝 끊어야 한다. 물론 큰 집안일이나 중대한 일이라면 예외지만, 그렇지 않은 경우에는 독하게 마음먹고 외면하기를 권한다. 한번 정신을 빼앗기면 다시 집중하기 어렵다는 사실을 명심해야 한다.

푹 자고 잘 먹어라

온종일 공부하면 엄청난 스트레스와 피로가 쌓인다. 이 스트레스와 피로를 제때 풀지 않으면 건강에 치명적인 결과를 초래할 수도 있다.

스트레스와 피로를 푸는 데 숙면만큼 좋은 방법이 없다. 푹 자고 나면 다음 날 몸과 마음이 가뿐해지면서 집중력이 놀랄 만큼 올라간다. 또한 수험생에게 잘 먹는 일만큼 중요한 일도 없다. 몸이 따라주지 않으면 제대로 공부할 수 없다. 푹 자고 잘 먹으면서 체력 관리에 힘써야 힘든 수험생활을 끝까지 해 낼 수 있다.

자기만의 스트레스 해소법을 마련하라

공부란 결국 자기와의 싸움이다. 이 싸움에서 승리하려면 확실한 목표 의식과 목표에 맞는 노력이 필요하다. 하루하루 반복되는 일과 속에서 마음이 흐트러지는 일이 종종 있기 마련이다. 자기에게 맞는 스트레스 해소법을 찾아 마음의 균형을 유지하기를 권한다.

도서관을 적극 활용하라

지역마다 있는 도서관이 좋은 이유는 다양한 분야의 책을 빠르고 쉽게 빌려 볼 수 있는 데 있다. 또한 학습과 휴식에 필요한 부대시설을 편리하게 이용할 뿐만 아니라 시설 이용 요금이 무료거나 저렴해서 경제적인 부담 없이 공부하기 좋다.

한번쯤 실제 공무원을 체험해 보라

마음이 흐트러질 때면 자신이 바라는 공무원 모습을 머릿속에 떠올려 보면 좋다. 가급적 이미지 연상에서 그치지 않고, 시군구 행정 인턴 제도나 희망공공근로, 대학생 아르바이트, 읍면동 문화센터 자원봉사 참여 등으로 공무원 생활을 체험해 보는 것도 의욕을 북돋우고 공무원에 대한 이해를 높이는 데 도움이 된다.

반드시 시험에 합격해야 하는 절박한 이유를 만들어라

공무원 시험을 준비하기 전에 '왜 공무원을 선택했는지'에 대해 진지하게 고민해 보아야 한다. 그냥 '정기적인 수입'과 '안정된 직장' 같은 막연한 이유는 안 된다. '이것저것 다 해 보고, 이제 더 할 일이 없어서'라는 자포자기 이유도 안 된다. 현재 자신을 냉정하게 파악하고, 자신이 원하는 미래상을 그리면서 적극적이고도 절박한 이유를 만들기를 권한다. 이 적극적이고도 절박한 이유는 길고 힘든 수험생활을 버티게 하는 장기적인 에너지가 되기 때문이다.

시험을 보고 난 다음 이야기

시험이 하루 앞으로 다가오자 나는 가슴이 떨려서 물 한 모금 삼키기 힘들었다. 어떻게든 마음을 추스르기 위해 책을 펼치지 않고 최대한 편히 휴식을 취했다. 지금까지 한 공부를 머리로 한 번씩 떠올려보며 마인드 컨트롤을 했다.

시험날 아침에는 큰 가방 속에 단권화 교재들을 모두 넣었다. 무거워서 낑낑댔지만 정말 유용했다. 가방이 무거울수록 마음이 든든해졌으니 말이다. '내가 지금까지 공부한 책이 이렇게나 무겁구나.'라고 생각하자 천군만마를 얻은 기분이 들었다.

시험장에 도착해서는 단권화 교재들을 한 번씩 빠른 속도로 훑었다. 아마 그토록 집중력이 발휘된 때는 태어나서 처음이었을 것이다.

시험을 마치고 돌아오는 버스 안에서는 삼삼오오 시험 이야기를 하느라 시끌벅적했다. 주로 시험 답안에 대한 이야기였는데, 어쩌면 그렇게 하나같이 나와 다른 답이었는지, 정말 보는 사람이 없다면 목 놓아 울고 싶은 심정이었다.

하지만 결과는 보란 듯이 합격! 내가 직접 공무원 시험에 합격하고 나니 높은 경쟁률이 곧 높은 커트라인이 아니라는 사실을 깨달았다. 같은 과목을 비슷한 교재로 또래 사람들이 모여 치르는 시험이 바로 공무원 시험이다. 내가 어렵게 느끼면, 다른 수험생도 어렵게 느끼는 것이 당연지사. 다른 사람을 신경 쓰지 않고 내 공부를 충실히 하는 것이 공무원 시험을 준비하는 가장 좋은 방법인 셈이다.

면접을 볼 때는 지정 면접일에 서초구 우면동에 있는 공무원연수원에서 대기했다. 대기자 가운데 면접 삼수생이 있어 내심 놀라고 긴장되었지만 최대한 떨리는 마음을 억누르며 침착하게 면접을 보려 애썼다. 당시 내게 주어진 질문은 '서울시 교통정책에 대한 대안'이었다. 나는 평소 이상적으로 생각하는 공직자의 모습을 떠올리며 그동안 공부한 내용을 바탕으로 자유롭게 생각을 이야기했고, 그 덕분에 좋은 결과를 얻을 수 있었다.

공무원 시험을 준비하는 후배들에게 한마디

공무원 시험을 준비하는 후배를 만나면 나는 가장 먼저 "수많은 직업을 가진 사람 가운데 공무원으로 평생 살아갈 자신이 있느냐?"라고 묻는다. 공무원뿐만 아니라 다른 직업도 마찬가지다. 한 직업을 선택할 때는 평생을 건 용기와 각오가 필요하기 때문이다. 특히 공무원은 묵묵히 공무수행을 해야 하며, 치열한 경쟁이나 영리를 위한 사투가 아니라 복지와 민생을 위한 헌신이 가장 중요하다. 따라서 공무원으로서 평생 매진할 수 있는지 스스로에게 진지하게 묻고, 확고한 결론을 얻어야 후회 없는 선택을 할 수 있다.

　나는 1997년 4월 1일 정식으로 발령을 받아 서울지방행정일반직 9급 공무원으로 동작구청에서 근무를 시작했다. 이후 여러 차례 발령을 받고, 근무처를 옮기며 12년이라는 시간이 흘렀지만 나는 단 한 번도 공무원을 선택한 내 결정을 후회하지 않았다. 크게는 국민을 위해, 작게는 이웃을 위해 공무원으로서 자긍심! 그리고 연차가 더해질수록 늘어나는 급여와 공무원을 우호적으로 바라보는 사회적인 인식, 각종 양질의 교육 기회와 자녀 교육비 지원 등 복지 혜택, 어느 하나 만족스럽지 않은 것이 없다.

　물론 공무원이라고 무조건 좋은 점만 있는 것은 아니다. 단순히 '철밥통'으로 불릴 만큼 안일한 직업이 절대 아니기 때문이다. 공무원 역시 꾸준히 자기계발에 힘쓰며 공부해야 하는 것은 물론이며, 각종 민원에 시달리며 엄청난 스트레스와 싸워야 한다. 실제로 화병을 못 이겨 근무처를 옮기거나 스스로 공직을 그만두는 사람도 꽤 있다. 지금은 무조건 공무원 시험에 합격해 자리만 채우고 손쉽게 돈을 받는 시대가 아니라는 사실을 명심해야 한다. 자신이 일하는 분야에 대해 전문가가 되어야 하며, 새로운 정보들을 꾸준히 습득하는 동시에 인격적인 면에서도 성숙해져야 한다.

　위에서 언급한 공무원의 장단점에 대해 한번쯤 깊이 있게 생각해 보고, 공무원을 향한 열정이 변함없다면 그때는 더 두고 볼 필요도 없이 공무원이 천직이다. 공무원 선배이자 인생 선배로서 공무원 시험에 도전하는 후배 여러분들의 선택에 아낌없는 박수를 보내며, 꼭 합격해서 꿈을 이루기를 기원한다.

집중하지 않으면 기억하지 못한다

수험서를 보다 보면 갑자기 생뚱맞은 페이지가 나오기도 한다. 당황해서 앞 페이지를 넘기면 자기도 모르는 새 건성으로 몇 페이지를 넘긴 사실을 깨닫는다. 그 이유는 눈으로는 책을 보고 있어도 마음이 다른 데 가 있었기 때문이다.

이처럼 '방심'한 상태에서 공부하면 아무것도 '기억'하지 못한다. 예를 들어, 집에서 나와 전철을 타러 가는 동안 스쳐 지나간 대상을 일일이 기억하는 사람은 거의 없다. 기억할 만큼 집중해서 상세히 관찰하지 않았기 때문이다.

공부할 때에도 마찬가지다. 막연하게 눈으로 책을 읽으면 책의 내용이 기억에 남지 않는다. 집중해서 읽고, 상세하게 이해한 다음 체계적으로 머릿속에 정리해야 비로소 선명하게 기억할 수 있다.

명심하자. 집중하지 않으면 기억하지 못한다. 대강대강 눈으로 보고 넘어간 내용은 나중에 아무리 기억을 떠올려도 지엽적인 것만 생각나고 중요한 부분은 떠오르지 않는다. 훗날 시험장에서 필사적으로 기억을 더듬으며 후회하기 전에, 지금 집중해서 기억하라.

절실하게 원하고
용기 있게 도전하라

2006년 충북 기술직 9급 합격

막연히 바라기만 해서는 소용없다

내게는 나이 차이가 많이 나는 오빠가 한 명 있다. 오빠는 공무원으로 남부럽지 않은 지위와 명예를 누리고 있었고, 조그만 시골 동네에서 농사를 지으며 사시는 부모님은 그런 오빠를 무척 자랑스러워하셨다. 늘 오빠 이야기를 할 때면 입이 귀까지 걸렸고, 내게도 "너도 커서 너희 오빠처럼 공무원이 되어야지."라고 말씀하셨다. 그래서일까, 나는 어릴 때부터 공무원 말고 다른 직업을 생각할 수 없었다. 당연히 공무원이 되어 오빠처럼 살아가야 하는 줄로만 알았고 대학교에 진학할 때도 주저 없이 행정학과를 선택했다.

그러나 조그마한 논마지기에서 농사를 지어 근근이 먹고 살아가는 부모님에게 내 등록금을 지원해 줄 여력이 있을 리 만무했다. 나는 대학생활 내내 스스로 아르바이트를 해서 학비를 벌어야 했고, 아르바이트로 학비를 벌기 바빠 공무원 시험 준비를 제대로 하지 못했다.

그 결과 대학생활 동안 응시한 공무원 시험에서 모조리 낙방하고 말았다. 하지만 이때까지만 해도 나는 정말 어리석게 배짱을 퉁기고 있었다.

"공부할 시간이 없어서 그런 거야. 내가 마음잡고 공부만 하면, 공무원 시험이야 단박에 붙고말고. 그래도 내가 명색이 행정학도인데 말이야."

그렇게 나는 어영부영 2003년 2월에 대학교를 졸업했다. 일단 대학교를 졸업하자 등록금이라는 무거운 부담에서 벗어나게 되었고, 편한 마음으로 그해 6월에 있는 9급 행정직 시험을 목표로 공부할 수 있었다. 하지만 결과는 2점 차이로 낙방!

당시 나는 행정학이 전공인 만큼 나만 정신 차리고 바짝 공부하면 어렵지 않게 합격할 것이라고 자신만만했다. 그렇기 때문에 2점 차이로 낙방했다는 사실을 좀처럼 순순히 받아들일 수 없었다. 낙방 사실을 받아들인다면 행정학도로서 자존심이 그저 자만에 불과했다는 것을 스스로 인정하는 셈이기 때문이었다.

"컨디션이 나빴나? 뭐, 다음 시험을 잘 보면 되지."

내 실력과 노력이 부족했기 때문이라는 사실을 인정했다면 좋았으련만! 다른 지방직 시험에서 줄줄이 떨어지면서도 차마 인정하기 힘들었다.

마지막 응시 시험에서 보기 좋게 떨어진 다음, 나는 한동안 넋을 잃었다. 비싼 등록금을 내고 대학교를 졸업한 내가 백수가 되었다는 사실이 부끄러웠고, 오빠처럼 나도 번듯한 공무원이 되리라 철썩 같이 믿고 있는 부모님을 볼 면목이 없었다. 정말 쥐구멍에라도 숨고 싶은 심정이었다.

'지금까지 공무원 말고 다른 직업을 생각해 본 적이 없는데……. 앞으로 난 대체 어떻게 해야 하지?'

그야말로 오리무중이었다. 짙은 안개 속에 홀로 덩그러니 남겨져 어디로 어떻게 가야 할지 알 수 없었다. 인생의 키가 있다면 제발 누구라도 내 인생의 키를 잡아 방향을 조정해 달라고 외치고 싶었다.

바로 그러한 때, 한 친구가 기능직사무원 시험에 합격했다는 소식을 들었다. 부러운 마음에 곧바로 기능직사무원 시험을 알아보았는데, 때마침 내 고향에서도 7월 초에 기능직공무원 공채시험을 치른다는 공고가 난 게 아닌가! 하늘이 내려 준 기회다 싶었다.

시험과목은 일반상식과 국사였다. 국사는 공무원 시험 준비를 하며 계속 공부했기에 자신 있었다. 일반상식은 국사에 비해 자신 없었지만 단기간에 집중적으로 공부하며 준비했다. 원서 접수를 하고 시험을 보는데 50:1로 생각보다 경쟁률이 높아 간당간당하겠거니 했는데 운이 좋았는지 합격했다.

지금까지 시험에서 줄줄이 떨어졌기 때문일까. 막상 합격을 확인하자, 믿어지지 않아 몇 번이나 볼을 꼬집었는지 모른다. 가슴 벅찬 감격과 벙어리 냉가슴 앓듯 내내 속으로 삼키던 서러움이 한꺼번에 복받쳐 웃음과 눈물이 동시에 쏟아졌다.

"아버지, 어머니. 드디어 제가 해 냈어요……."

그동안 혼자 끙끙대던 딸을 안타깝게 바라보시던 부모님은 감정을 주체하지 못하는 나를 가만가만 안아주시며 등을 토닥이셨다.

"그래, 고생 많았다. 네가 꼭 해 낼 줄 알았어. 그럼, 그렇고 말고."

꿈을 이루려면 용기가 필요하다

이듬해 나는 읍사무소 민원실에 배치되어 근무를 시작했다. 3월 9일부터 5월 4일까지 기능10급으로 일하고 그해 5월 군청 재무과로 승진했다. 그 뒤로 약 2년 동안은 군청에서 일했다. 그런데 일을 할수록 일반직으로 가고 싶었다. 애초에 나는 일반직 공무원을 원했으니 당연한 일이었다. 주변 공무원 선배들도 일반직으로 옮길 것을 권유했다.

"한 살이라도 어릴 때 공부해서 일반직으로 옮기는 편이 좋아. 더 나이 먹으면 옮기기 쉽지 않으니까."

사실 기능10급 공무원과 일반직 공무원은 근무 환경과 업무, 급여 등에서 많은 차이가 난다. 시간이 지날수록 나는 더욱더 일반직으로 가고 싶어졌고, 결국 나중에 후회하지 말고 지금 도전하기로 결심했다. 당시 내 나이는 스물일곱으로, 더 꾸물거리다가는 영영 기회를 놓칠 것만 같았다.

하지만 어려운 가정형편을 생각하면 쉽게 일을 그만둘 수 없었다. 결국 직장을 다니면서 공부를 하게 되었다. 날마다 아침 10시까지 출근하니까 출근하기 전에 공부하고, 저녁에 퇴근해서 집에 돌아오면 공부할 생각이었다. 그러나 세상일이 어디 내 마음대로 되던가. 예상하지 못했던 야근이 줄줄이 이어졌고, 주말마다 계속 출근을 해야 했다. 공부를 하기는커녕 집에 돌아오자마자 쓰러지기 바빴다.

'에구, 이러다가 일도 공부도 엉망진창이 되겠어. 어떻게 해야 하나.'

몇 날 며칠을 고민했는지 모른다. 지금 눈앞의 생계를 위해 꿈을 미룰 것이냐, 아니면 눈 딱 감고 죽어라 공부해서 꿈을 이룰 것이냐. 온갖 생각이 머릿속을 스치고 지나갔고, 불안과 근심으로 속이 바짝바짝 탔다. 하지만 나는 끝까지 내 꿈을 포기할 수 없었다. 기왕 저지르는 일이라면 화끈하게 저지르기로 마음먹었다. 결국 나는 무모하다 싶을 만큼 덜컥 사표를 내고 말았다.

내 고향은 워낙 작은 시골동네라 무슨 일이든 하루면 동네에 소문이 쫙 돌았다. 내가 일을 그만둔 사실도 반나절 만에 온 동네 사람이 알았으니 더 무슨 말이 필요하랴. 그런데 어떤 영문인지 내가 큰 잘못을 저질러 쫓겨난 것으로 잘못 소문이 나는 바람에 부모님이 몹시 난처해지고 말았다. 나에 대해 묻는 동네 사람들에게 해명하느라 쩔쩔 매는 부모님을 볼 때마다 죄송스러운 마음뿐이었지만, 어렵게 결심한 바를 꺾을 생각은 없었다. 당시 나는 오로지 열심히 공부해서 합격해야 한다는 결의만으로 가득했다.

연이은 낙방, 절망과 체념과 싸우다

나는 시골에서 일하면서 행정직 공무원뿐만 아니라 다양한 공무원에 대해 알게 되었다. 특히 농업직 공무원에 큰 관심을 가졌는데, 내가 만약 농업직 공무원이 된다면 시골에서 농사를 지으시는 부모님에게 많은 도움을 드릴 수 있으리라는 생각에서였다.

나는 닥치는 대로 농업직 공무원에 대한 정보를 모았다. 내가 잘 모르는 식용작물, 재배학 과목을 살펴보고, 벼나 보리, 콩 등 농작물과 관련된 과목이라는 사실을 알고 안도했다. 평생 농사를 지으신 부모님을 보고 자란 덕분에 농작물하면 일가견이 있기 때문이었다.

농업직 공무원이 되기로 마음을 굳힌 나는 서점으로 가서 내게 필요한 책을 쭉 골랐다. 그리고 짐을 바리바리 싸서 오빠가 있는 청주로 갔다.

'오빠가 현 공무원이니까 옆에 있다 보면 뭔가 보고 배우는 게 있을 거야.'

그러나 청주로 간 것은 실수였다. 오빠 집에서 생활하면서 근처 독서실에서 혼자 공부하는데, 일주일도 되지 않아 지쳐 버린 것이었다. 낮에 독서실에서 공부하는 사람이 나뿐이고, 대화 상대도 없이 홀로 공부하자니 고독과 우울을 견뎌낼 수 없었다. 결국 나는 다시 짐을 싸서 고향으로 내려갔다. 그리고 대학시절에 주로 이용하던 군도서관에서 공부하기 시작했다. 부모님과 생활하며 내가 익숙한 곳에서 공부하니 마음도 편하고 공부도 더 잘 됐다. 게다가 나 외에도 군도서관에서 공부하는 사람들을 보면 지친 마음을 다독이며 의욕을 불사를 수 있어 공부하는 데 많은 도움이 되었다.

나는 공무원 시험을 준비하는 틈틈이 자격증 시험공부를 했다. 1점이라도 아쉬운 터라 자격증으로 받는 가산점은 포기하기에 아까운 점수였다. 두 가지 공부를 병행하여 먼저 사무자동화 자격증을 취득했고, 2005년 10월 충북 공무원 시험에 응시했다. 그런데 이번에도 2점 차이로 낙방한 게 아닌가!

'좀 더 노력하면 합격할 수 있을 거야. 그래, 조금만 더 힘을 내자.'

나는 다시 공부하며 이듬해 4월 시험에 응시했다. 시험을 본 다음에는 본적지를 경북으로 옮겼는데, 한번이라도 시험을 더 보기 위한 궁여지책이었다. 8월에 있는 경북 농업직 시험을 준비하며 나는 또 한 차례 고배를 마셔야 했다. 4월 시험에서 식용작물 과목이 55점이 나오는 바람에 1점 차이로 떨어지고 만 것이었다. 믿었던 식용작물 과목에서 발등을 찍히고 나자 허탈함이 극에 달했다. 도대체 지금까지 나는 몇 번이나 1~2점 차이로 떨어졌는지……. 정말 눈물도 나오지 않았다.

설상가상으로 8월 경북 농업직 시험을 열흘 앞두고 어머니가 쓰러지셨다. 연로하신 어머니가 병실에 힘없이 누워 계시는 모습을 보자 목이 메어서 말을 못했다. 잘 다니던 10급 기능직 공무원을 스스로 그만두고 나와 부모님 속만 태우는 게 아닌가 싶어 죄송했고, 정말 얼굴을 들 수 없었다. 다행히 어머니는 일주일 뒤에 퇴원하셨다. 나는 어머니

간병을 하며 집과 도서관을 오가며 공부했다. 편찮으신 어머니를 집에 두고 나올 때마다 마음이 더없이 무거웠지만 차마 여기서 포기할 수 없었다.

'내가 어떻게 공부해 왔는데……. 안 돼, 조금만 더 하자. 이번에는 꼭, 반드시, 기필코 붙겠어!'

공무원에 대한 열망이 점차 절실해지면서 불안과 초조도 극한으로 치달았다. 살이 5kg 가까이 빠졌고, 밤에 잠을 이루기 힘들었다. 오로지 합격에 대한 절실한 열망만이 나를 간신히 지탱하고 있을 뿐이었다. 그러나 8월 경북 농업직 시험에서도 3점 차이로 낙방! 방통대 교재에서 낯선 문제가 많이 나왔고, 기존 수험서에 없는 문제도 출제되었기 때문이었다. 정말 그때는 쓴웃음밖에 나오지 않았다. 이제 남은 시험은 10월 충북 시험 달랑 하나였다.

'10월 충북 시험마저 떨어지면 어쩌지? 과연 부모님께서 공무원 시험을 계속 공부하라고 허락해 주실까? 아니, 그보다 계속 공부할 힘이 내게 남아 있을까?'

마치 천 길 낭떠러지에 몰린 기분이었다. 이번에도 낙방하면 절벽에서 뛰어내릴지도 모른다는 생각이 들었다. 당시 나는 정말 극한의 스트레스로 앞뒤 분간도 할 수 없을 만큼 절박했고, 하루하루가 전쟁이나 마찬가지였다.

절실하게 바라던 합격의 꿈을 이루다

2006년 10월 나는 기다리고 기다리던 충북 농업직 공무원 시험을 보았다. 시험이 끝나고 시험장을 나오면서 정말 펑펑 울었다. 자신 없던 영어 문법 문제가 많이 나왔고, 전공과목에서도 헷갈리는 문제가 많았다. 합격을 확신할 수 없었고, 열흘 뒤 시험 발표가 두렵기만 했다. 이번이 마지막 기회다 생각하니 잠도 이루지 못할 만큼 초조하고 긴장됐다. 더군다나 합격한 사람들이 말하기로는 합격자는 발표 전날 미리 연락이 온다던데 전날이 되어도 연락이 없자, 또 떨어졌다는 생각에 마음이 괴로워 아침까지 울었다.

"아, 나는 왜 만날 이 모양일까? 이제 앞으로 어떡한담."

나는 퉁퉁 부은 눈을 훔치며 컴퓨터를 켰다. 대체 몇 점 차이로 떨어졌는지 궁금했다. 그런데 이게 웬일인가! 합격자 명단에 내 이름이 떡 들어가 있었다. 나는 눈이 휘둥그레져서 바들바들 떨리는 손으로 수험표를 찾아 확인했다.

"오! 세상에, 이럴 수가! 하느님, 감사합니다!"

나는 나도 모르게 두 손을 번쩍 들고, 펄쩍펄쩍 뛰었다. 영문을 몰라 어리둥절하시던 부모님은 합격 이야기를 듣고 함박웃음을 지으셨다. 비록 세 명 모집에 1차 합격자가 네 명이었지만, 합격 사실이 기뻐서 불안도 초조도 몰랐다. 정말 힘들게 1차 관문을 돌파했지 않았는가. 이 기세를 몰아간다면 그 어떤 관문도 뚫을 자신이 있었다.

나는 인터넷 공무원 카페에서 면접 기출문제들을 뽑아 한 달 동안 집중적으로 공부했다. 그리고 침착하게 면접에 임했다. 잘 모르는 한자성어가 나와 내심 걱정이 되었지만, 애써 마음을 다스리며 최종합격자 발표를 기다렸다.

이제야 고백하지만 최종합격자 발표 전날, 나는 긴장이 되어 뜬눈으로 밤을 샜다. 떨리는 마음으로 확인하자……, 커트라인보다 2점이 높은 87점! 드디어 내가 그토록 원하던 공무원 시험에 합격했다!

마지막으로 내가 합격했을 당시 취득 점수와 공부하며 느낀 바를 적으며 이 수기를 마무리하겠다. 합격을 갈망하는 수험생들에게 내 수기가 조금이나마 도움이 되기를 바란다.

나는 이렇게 공부했다!

자기에게 꼭 필요한 책을 골라 공부한다

수험공부에 가장 중요하고 기본이 되는 것은 바로 교재가 되는 책이다. 나는 농업직 공무원이 되기로 마음먹고, 가장 먼저 서점으로 가서 책을 샀다. 시중에 나와 있는 책을 꼼꼼하게 비교한 다음 내가 보기 편하고 내게 필요하다고 생각되는 책을 위주로 구입했다. 다음은 내가 구입했던 책 목록이다.

> 국어 – 재정국어9급, 똑똑한 국어
> 영어 – 스파르타, EBS수능영어강의
> 한국사 – 정재준 맥락한국사7급용, 민주국사
> 재배학 – 정경석 선생님의 재배학, 이테크 재배학 개론
> 식용작물 – 서준한 선생님의 식용작물학, 이테크 식용작물

그 밖에 초가사랑 카페에서 각종 시험 기출문제, CNT고시학원 지방직 기출문제, 각종 농업관련 기사, 기능사 기출문제, 방송대 교재 기출문제집을 참고했다.

모든 과목의 책을 분책한다

두꺼운 책을 보고 있노라면, 언제 이 책을 다 보나 싶어서 한숨이 절로 나온다. 그래서 나는 모든 과목의 책을 4~5개로 분책했다. 그러면 1권 분량이 하루에 다 볼 수 있을 정도라 훨씬 부담 없이 공부할 수 있는데다 그만큼 가방도 가벼워져서 어깨가 덜 아팠다. 또한 분책한 책으로 공부하면 모든 과목을 한 번씩 훑는 데 4~5일이 소요되어, 공부 시간 안배에 유효했다.

날마다 30분 정도는 한자와 영단어, 숙어 등을 공부한다

한자와 영단어, 숙어 등은 한 번에 시간을 많이 투자해 공부하기보다 날마다 반복적으로 공부하는 편이 좋다. 내 경우에는 날마다 30분 정도 한자와 영단어, 숙어 등을 외웠는데 반복적으로 외우다 보니 크게 무리하지 않아도 자연스럽게 암기할 수 있었다.

자기에게 꼭 맞는 공부 시간표를 짠다

나는 아침 8시에 공부를 시작했다. 하루를 오전, 오후, 저녁으로 나누고 오전 공부 시간은 8시~12시, 오후 공부 시간은 1시 30분~5시 30분, 저녁 공부 시간은 7시~9시 30분으로 잡았다. 나는 50분 공부하고, 10분 쉬는 방식이 가장 잘 맞았다. 가장 공부에 집중이 잘 되는 시간이 4시간 단위이기 때문이었다. 각 공부 시간이 끝나면 1시간 30분씩 휴식 시간을 취했다. 중간 휴식 시간이 너무 짧으면 졸음이 오거나 집중력이 떨어져 좋지 않다. 공부할 때는 확실히 공부하고, 쉴 때는 확실히 쉬는 패턴을 시험보기 한 달 전까지 유지했다. 시험 한 달 전부터는 실제 시험 시간에 맞추어 각 과목의 기출문제를 풀며 시간 안배 훈련을 했다.

인터넷을 적극적으로 활용한다

공부를 하다 보니 서점에서 구입한 교재만으로는 부족하다는 생각이 들었다. 그래서 인터넷의 초가사랑 카페에 가입했다. 고시학원의 지방 직 기출문제, 각종 농업 관련 자격증 기출문제, 방송대 교재 기출문제 등 온갖 기출문제 정보를 얻을 수 있었다. 그뿐만 아니라 공무원 시험 을 준비하는 사람들의 공부법과 노하우, 합격생들의 생생한 조언들을 접할 수 있어 시골에서 생활하는 내게 아주 유용했다.

2006년 10월 충북 보은군 농업행정직 합격 당시 점수

국어 85, 영어 75, 한국사 95, 재배학 85 ,식용작물 80

총 87점(가산점 3점 포함)

과목별 정복 비법!

✚ 국어

《재정국어》와 《똑똑한 국어》를 번갈아가며 공부했다. 이처럼 두 교재 를 비교해서 공부하면 각각 부족한 부분을 상호보완해 줄 수 있기 때문 에 아주 유효하다. 또한 4~5권으로 분책해서 보면 분량에서 오는 부담 감을 줄일 수 있어 한결 공부하기 수월했다. 날마다 1시간 30분씩 분책 을 보고, 현대문법과 한문은 이틀마다 한 번씩 반복학습했다.

✚ 영어

《스파르타 영어》를 4~5권으로 분책해서 공부했다. 날마다 오전 8시에 도서관에 와서 1시간 30분씩 공부했고, 서울고시각에서 나온 《7급 기출문제집》과 각종 시험에서 출제된 단어어휘를 중심으로 날마다 30분씩 꼬박꼬박 보았다.

영어는 독해가 비중이 높은 만큼 저녁을 먹은 다음에는 꼭 수능 독해집을 10문제씩 풀었다. 각 문제를 푸는 시간을 체크하며 날마다 연습했더니 독해 실력 향상에 매우 도움이 되었다. 독해에서 이해가 잘 되지 않거나 미흡한 부분은 EBS수능 인터넷 강의를 통해 확인하고, 보완했다.

✚ 국사

《통합한국사》 7급용을 기본으로 삼아 날마다 1시간 30분씩 꾸준히 보았다. 국사도 다른 과목과 마찬가지로 5권으로 분책하여 한 번에 1 챕터를 보았고, 《민주국사》 9급용도 5권으로 분책하여 번갈아 보았다.

✚ 재배학

정경석 선생님의 재배학 책과 이테크의 재배학을 각각 4~5권으로 분책하여 1시간 30분 정도 돌아가며 공부했다. 그리고 방통대 교재의 기출문제 및 초가사랑 카페에 올라온 각종 시험 기출문제를 받아 출력하여 저녁을 먹은 다음 1시간씩 집중적으로 공부했다.

✚ 식용작물

서준한 선생님의 식용작물과 이테크의 식용작물을 기본서로 삼았다. 각각 4~5권으로 분책하여 날마다 2시간 정도 돌아가면서 보았다. 식용작물은 가장 쉽게 느끼면서도 정작 점수가 잘 나오지 않는 과목이라 각별히 신경 써서 공부했다. 방통대 교재의 기출 문제 및 초가사랑 카페에 올라온 각종 시험 기출 문제를 출력해 저녁마다 1시간씩 공부한 것이 많은 도움이 되었다.

이렇게 공부하라!

절실하게 원하라

수험생활이 길어질수록 몸과 마음이 힘들고 지치기 마련이다. 그럴 때면 자신의 목표를 떠올리며 다시 한 번 절실하게 원해 보라. 극한의 절실함은 스트레스를 넘어선 기폭제가 되어 집중력을 높이고, 성취욕을 고취시키는 데 매우 유용하다.

규칙적으로 운동하여 체력을 안배하라

수험생활은 자기와의 싸움이나 다름없다. 이때 체력 관리는 무엇보다 중요하다. 체력이 받쳐 주지 않는다면 공부하고 싶어도 할 수 없다. 공부할 때는 집중해서 공부하되 규칙적으로 운동하여 체력 관리에 각별히 신경 써 두어야 막판 스퍼트까지 컨디션을 유지할 수 있다. 내 경우 아침, 저녁으로 줄넘기를 500개씩하며 체력 관리를 했다.

졸릴 때는 15분 정도 단잠을 자라

졸음이 쏟아질 때 억지로 책을 붙잡고 있어 봤자 소용없다. 오히려 졸릴 때는 15분 정도 눈을 붙이는 편이 집중력 회복에 좋다.

모의고사나 기출문제는 실제 시험 시간에 맞춰 풀어라

많은 사람이 실제 시험을 칠 때, 시간 안배에 실패해서 시험을 망치곤 한다. 시험을 치기 한 달이나 보름 전부터는 모의고사나 기출문제를 실제 시험 시간에 맞춰 풀며 효율적인 시간 안배에 익숙해지도록 해야 한다. 그래야 시간 안배에 실패해서 시험을 망치는 불상사를 막을 수 있다.

가산점을 받을 수 있는 자격증을 미리 따 두어라

공무원 시험을 준비하다 보면 1~2점 차이가 생각보다 크다는 사실을 깨닫게 된다. 나 또한 1~2점 차이로 수차례 떨어졌다. 그렇기 때문에 1점에서 3점까지 가산점을 받을 수 있는 자격증은 귀중한 밑천이 된다. 시간이 날 때 미리 자격증을 따 두면 남보다 한 발자국 앞서 갈 수 있다.

각종 기출문제를 철저히 분석하고 공부하라

기출문제만큼 시험 유형을 파악하고, 정확히 준비하는 데 좋은 자료가 없다. 인터넷에서 공무원 카페 및 자격증 카페에 가입해 각종 공무원 시험 기출문제와 기능사 시험 기출문제를 철저히 분석하고 공부할 것을 권한다. 내 경우, 농업직 시험을 준비하며 각종 국가 및 지방직 시험 기출문제, 유기농업기사, 식물보호산업기사, 종자기사, 원예기능사, 유기농업기능사 시험 문제에서 농업직 공무원 시험과 겹치는 문제를 따로 체크해서 공부했던 것이 실제 시험에서 크게 도움이 되었다.

공무원시험을 준비하는 후배들에게 한마디

나는 2006년 12월 15일 첫 발령을 받아 농업직 공무원으로 첫발을 내딛었다. 그리고 2007년 7월에 같은 곳으로 발령받아 온 시설직공무원과 사랑에 빠져 2009년 3월에 많은 사람의 축복을 받으며 행복한 결혼식을 올렸다.

연이은 낙방으로 절망의 수렁까지 떨어지기도 했지만, 나는 결코 포기하지 않았다. 힘들면 힘들수록 절실하게 원했고, 눈물과 오기로 꿋꿋하게 버티며 마지막까지 도전했다. 그 용기의 보답이 오늘날 내 자신이 아닐까 싶다.

누군가 내게 "너 지금 행복하니?"라고 묻는다면, 나는 주저 없이 고개를 끄덕이며 "네, 행복하고말고요."라고 대답하리라.

누군가 내게 "넌 다음에도 공무원이 되겠느냐?"라고 묻는다면, 그때도 미소 지으며 "백 번을 다시 태어나도 나는 백 번 모두 공무원이 될 것입니다."라고 말하리라.

이 수기를 읽는 수험생도 훗날 "난 공무원이 진심으로 행복하다."라고 말할 수 있는 공무원이 되기를 바라며 이만 마친다.

한 번 틀린 문제는 확실하게 자기 것으로 만든다

시험이란 수험생이 얼마만큼 알고 모르는지 측정하기 위한 수단이다. 그리고 스스로 깨닫지 못하는 부족한 부분이나 실수를 객관적으로 파악하는 방법이기도 하다. 따라서 시험은 점수만큼이나 사후 점검이 중요하다.

대부분 수험생은 틀린 문제를 반복해서 틀리는 경향이 있다. 그러므로 시험에서 틀린 문제를 꼼꼼히 정리하고 완벽하게 풀이해 두어야 한다. 시험 문제에서 틀린 부분만 뽑아 과목별로 스크랩을 하거나 오답노트를 만들어 왼쪽 페이지에는 오답을 쓰고 오른쪽 페이지에는 정답을 써서 시간 날 때마다 복습하는 방법을 추천한다.

틀린 문제란 자신이 취약한 부분이나 다름없다. 따라서 틀린 문제를 확실하게 공부해서 자기 것으로 만들면 두 번 다시 똑같은 실수를 하지 않을 뿐더러 실제 시험에서 보다 나은 점수를 획득할 확률이 높아진다.

가까스로 오른 정상에 서서

2008년 서울시 소방직 합격

세계적인 바이올리니스트를 두고 한 비평가가 말했다.

"그는 정말 천재다!"

그러자 바이올리니스트가 대답했다.

"나는 네 살 때 처음 바이올린을 잡은 뒤로

34년 동안 하루도 거르지 않고

날마다 14시간씩 연습했다.

그런데 그는 나를 천재라고 부른다."

등반대원 소개

이름 : 이솝아이

나이 : 만 32세(1977년 생)

등반 기간: 2006년 1월~2008년 5월

대상지: 소방공무원(서울공채)

득점: 국어 90 / 영어 75 / 국사 90 / 소방학 90 / 행정학 85(가산점 5

점 포함)

등반 스타일: 극지법 – 8000M급 원정에서 캠프 1, 캠프 2, 캠프 3, 캠프 4식으로 캠프간 식량과 장비를 올리며 고소 적응을 겸해 정상 가장 가까운 지점까지 캠프를 구축했다. 이 방법은 정상 정복을 위해 모든 힘을 짜내는 스타일로 많은 시간과 노력이 필요하나 정상 정복 가능성이 가장 높은 방법이다.

등반 일지

원래 내 목표는 소방공무원이 아니었다. 2년 10개월 동안 해 오던 사시 공부를 접고, 스물아홉의 나이에 무얼 해야 할지 많이 고민하며 두 달 가까이 내 성격과 적합하며 내가 가장 잘할 수 있는 일을 찾은 끝에 발견한 목표다. 이 두 달 동안 나는 지인들의 조언을 들으며, 각종 자료를 수집했고, 내 스스로를 냉정하게 바라보는 시간을 가졌다.

사시 공부의 실패를 교훈 삼아 또다시 시행착오를 겪지 않기 위해 일주일 동안 소방공무원과 관련된 합격수기를 모두 읽었다. 그리고 소방공무원 합격이라는 등반에 도전하기로 마음을 굳혔다. 나는 먼저 등반에 꼭 필요하기로 정평이 난 책을 모두 구입하여 베이스캠프를 구축하기 시작했다.

신림동 생활에서 많은 자금과 체력을 소비한 관계로 일단 고향 집에 내려가기로 결정했다. 실제로 어머니가 해 주시는 밥과 보약 등이 체력 회복에 많은 도움을 주었다. 거의 10년 만에 찾은 고향이라 친구도 없고 오직 공부만 하면 되었다. 이로써 베이스캠프 구축 완료!

 ### 2006년 여름 경기도 소방공무원 시험

경기도 시험을 향한 캠프 1 구축은 순조롭게 진행되었다. 정상을 향한 구체적인 등반 계획을 세웠고, 계획대로 잘 이루어졌다. 오전 7시쯤 기상하여 도서관에 갔다. 8시 개관부터 10시 폐관까지 집중해서 공부했고, 집에 와서 잠깐 쉰 다음 새벽 2시까지 공부했다. 이렇게 거의 하루에 14시간씩 6개월을 공부했다. 그러나 합격을 확신했던 경기도 시험에서 평균 2점 차이로 떨어지고 말았다. 대형 운전면허증이 없어 토익 700으로 가산점 3점을 확보했으나, 대형 운전면허증 가산점 2점이 있어도 떨어졌을 시험이었다. 이로써 캠프 1 구축 완료!

 ### 2006년 경북 소방공무원 시험

캠프 1을 구축하느라 에너지를 많이 소비했기 때문에 캠프 2를 구축하기 쉽지 않았다. 게다가 캠프 2로 가는 길에 고등학교 동창과 초등학교 동창을 만나 함께 온라인 게임을 하는 바람에 한두 달이나 시간을 허비하고 말았다. 다시 정신을 차렸을 때는 이미 경북 시험이 코앞으로 다가왔다. 결국 경북 시험에서 낙방. 캠프 2의 환경은 열악하기만 했다.

 ### 2007년 봄 서울 소방공무원 시험

겨울을 맞이하여 캠프 3을 구축하기 시작했다. 친구들을 멀리하고 서울 시험에 집중하기로 마음먹었다. 캠프 2에서 고생하느라 등반이 더디게 진행되었지만 조금씩 전진하는 기분으로 공부했다. 그러나 전국에서 모여드는 서울 시험은 커트라인이 95점으로 예상 외로 높았다. 당

시 내 성적은 90이었다. 나쁜 성적은 아니었지만, 5점 차이는 적은 차이가 아니었다. 앞이 캄캄하고 거센 눈보라가 휘몰아치는 듯했다. 그러나 이대로 물러설 수는 없었다. 다시 캠프 4를 구축하기 위해 전진해야 했다. 가을에 있는 경기도 시험을 위해 한 걸음, 한 걸음을 내딛었다.

2007년 여름 경기도 소방공무원 시험

경기도 시험에서 뒤통수를 호되게 후려 맞았다. 각 과목당 3~4문제가 공부해도 알 수 없는 문제들이 나왔다. 심한 고소증세로 머리가 지끈거리고 속이 뒤집어졌다. 결국 경기도 시험에서 또다시 낙방했다. 이제 식량이 다 떨어지고, 장비가 턱없이 부족한데……. 앞으로 어떻게 남은 등반을 해 나갈지 막막했다. 게다가 기다리던 경북 시험이 없다는 청천벽력과도 같은 소식이 떨어졌다. 악천후도 이런 악천후가 없었다.

그때, 친구가 서포트를 자청해 50만 원이라는 식량과 장비를 가져다 주었다. 캠프 4까지 혼신의 힘을 다하라는 뜻이었다.

"합격하면 갚지 말고 떨어지면 갚아!!"

"그래. 고맙다, 친구야!"

8,000미터의 위와 아래에서 나 홀로 악전고투다. 하지만 포기할 수 없었다.

2008년 서울 소방공무원 시험

주변을 온통 눈과 얼음, 구름으로 뒤덮여 한치 앞도 보이지 않는다. 무엇을 하는지도 모른 채 그저 묵묵히 길을 걷는다. 조금만 더 오르면 정상일 것이라는 믿음을 가지고 한 걸음, 한 걸음……. 지난 일들이 주마등처럼 뇌리를 스치고 지나갔다. 2년 반 동안 난 구슬땀을 흘리며 힘

껏 노력해 왔다. 그 노력의 대가를 이제 되돌려 받을 때가 되었다.

차가운 공기가 폐 속까지 스며들고, 온 몸의 힘이 빠질수록 의식은 더욱 선명해진다. 저기 저 앞에 눈부신 공간이 보였다. 바로 정상이었다. 드디어 나는 정상에 올랐다. 당당히 2008년 서울시 시험에서 합격했다.

하산 베이스캠프로 하산

잠시 정상에 머물며 많은 생각을 했다. 그간 고생하신 부모님과 신경 쓰지 못했던 친구들이 차례로 떠올랐다. 이제 조심조심 하산하여 사랑하는 그들을 꼭 안아주면 된다. 고맙고 미안하다는 말과 함께.

하산할 때는 자칫 마음을 놓기 쉬운데 한발 잘못 디디면 끝없는 나락으로 떨어지고 만다. 나는 희미해져가는 의식을 바로 잡으려 애쓰며, 조심조심 걸음을 옮겼다. 다행히 면접이라는 크레바스(빙하의 갈라진 틈이다. 한 번 크레바스에 빠지면 나오기 힘들다.)도 내 하산 길을 가로막지 못했다. 그렇게 나는 꿈에도 그리던 베이스캠프로 돌아왔다. 맑은 하늘 사이로 따뜻한 햇살이 비쳤다. 기분 참 좋다. 나는 내가 좋아하는 신영복 선생님의 글을 떠올렸다.

작년 여름비로 다 내렸기 때문인지 눈이 인색한 겨울이었습니다.

눈이 내리면 눈 뒤끝의 매서운 추위는 죄다 우리가 입어야 하는데도 눈 한 번 찐하게 안 오나, 젊은 친구들 기다려 쌓더니 얼마 전 사흘 내리 눈 내리는 날 기어이 운동장 구석에 눈사람 하나 세웠습니다. 옥뜰에 서 있는 눈사람. 연탄 조각으로 가슴에 박은 글귀가 섬뜩합니다.

"나는 걷고 싶다."

있으면서도 걷지 못하는 우리들의 다리를 깨닫게 하는 그 글귀는 단단한 눈

다음은 내 등반일지에 기초하여 성공적인 등반을 위한 내용을 정리했
다. 나처럼 등반을 준비하는 사람들이 읽고 참고하여 꼭 등반에 성공하
기를 기원한다.

등반 방법론

공무원 시험은 정확한 지식을 요구한다. 지식의 양보다 질이고, 공부
의 양보다 집중력이 필요하다. 애매한 지식은 쓰레기나 다름없다. 애매
한 부분은 서브노트로 만들든, 색칠을 하든 반드시 선명하게 정리해서
꼭 내 것으로 만들어야 한다.

나는 모든 수험생이 공부의 양에서는 비슷하다고 생각한다. 공부의 양
에서 차이가 난다면 그 사람은 이미 불합격자다. 공부의 양이 비슷하다
면, 결국 합격과 불합격의 차이는 집중력 즉 '공부의 수단'에서 비롯된다.

나는 공부 방법론을 많이 고민하고 변형하면서 공부했다.

① 수많은 수험생이 왜 커트라인 근처에서 맴돌까?

② 왜 항상 각 과목당 세 문제 정도가 발목을 잡을까?

③ 이 세 문제를 잡으려면 어떻게 해야 할까?

나는 이 부분을 신중히 고민하며 내 공부 방법을 수정해 나갔다. 여기서 내가 소개하는 공부법은 상대적인 내용이므로 어디까지나 참고하고, 자신에게 가장 잘 맞는 공부 방법을 찾아 묵묵히 밀고 나가기를 권한다. 그것이 바로 성공으로 이르는 등반 방법론이다.

✚ 국어라는 산

장비

2006년 재정국어, 07년 재정기출문제집, 07년 이재현 서울 경기대비 문제집

보고내용

국어는 《재정국어》를 보았으며 동영상 강의를 연속 3번 정도 들었다. 말이 느리기 때문에 1.5배 속으로 들었고, 첫 번째는 필기를 다 하고, 두 번째는 대충 외우고, 세 번째는 확실히 외웠다. 그렇게 3번을 끝내기 전에는 문제를 풀지 않았다.

나는 어떤 과목이든 이론이 확실히 정립되기 전에는 문제를 풀지 않았다. 이론이 확실해지지 않으면 문제를 풀어 봤자 진도가 나가지 않고 스트레스만 받기 때문이었다. 그래서 과목별로 80점 정도가 나올 때쯤 문제를 모두 풀었다. 80점 가량 나오기 시작하면 정리할 문제도 적어지고 문제풀이가 재미있어진다.

내 경험상 《재정국어》 한 권을 확실히 외워야 한다고 본다. 나는 파트 1과 파트 4를 병행하여 읽었고, 파트 2와 파트 3을 병행했다. 국어는 양이 방대해 집중력이 떨어지기 쉬우니 파트별로 1회(3~4강)씩 돌려서

보는 것도 좋은 방법이다.

한자는 한 자, 한 자를 옥편을 찾아가며 공부했다. 파트 1은 가급적 철저히 암기할 것을 권한다. 한자어 사자성어 부분이 가장 시간이 많이 걸리기 때문에, 틈날 때마다 실력이 다져 놓아야 한다. 맞춤법도 마찬가지다.

파트 2와 파트 3은 몇 차례 읽으면 안 봐도 내용을 꿸 수 있게 된다.

《이재현 문제집》을 푼 다음에는 《재정국어 기출문제집》을 풀었다. 반복할 시간이 없어 틀린 부분만 빨간 펜을 그어 다음에 볼 때 시간을 줄일 수 있게 했다.

사실 국어는 회독수보다 내용을 얼마나 잘 기억하느냐가 더 중요하다. 잘 외워지지 않는 부분을 수차례 반복해서 외워서 누구나 맞히는 문제 이상을 맞혀야 한다. 파트 4인 지식국어는 지자체별로 전년 기출문제를 보고 판단해서 공부하도록 한다. 기출문제 유형 분석은 합격의 당락을 결정할 만큼 중요하니 꼭 하는 게 좋다.

나는 공부할 때 한 과목만 죽어라 파는 타입이다. 각 과목을 정복할 때까지 기간에 상관없이 죽도록 보았다. 보통 두 달 정도면 이론이 정립되고, 이 단계를 지나면 서너 달 동안 보지 않아도 기본 문제를 맞힐 수 있기 때문에 70~80점을 너끈히 유지한다.

✦ 영어라는 산

정비

문법서 - 이성철 문법연습, 강수정 뉴그래머, 신성일 유형별 영문법
독해 - 이성철 독해비법, 성기근 리딩스킬

어휘 – 이성철 Voca 22000, 강수정 파워워드, MD 33000

문제집 – 이성철 9급예상문제집, 강수정 7,9급 실전모의고사, 그 외 다수

보고내용

① 어휘 부문

어휘 실력이 턱없이 부족했기 때문에 처음에 《Voca 22000》을 연속 7회 정도 보았다. 그리고 《파워워드》와 《MD 33000》으로 어휘를 늘려갔다. 《파워워드》가 《Voca 22000》보다 어휘가 30% 많고, 《MD 33000》이 《파워워드》보다 30% 정도 많다고 보면 된다.

웬만한 시험은 《Voca 22000》으로 충분히 80점 정도 나오지만, 모르는 어휘는 어느 시험이나 항상 나오기 마련이다. 그러다 보니 공부를 하면 할수록 어휘집이 자꾸 늘어났다. 내 경험상 어휘 공부는 절대로 많이 쓰거나 외우려 하면 안 된다. 덩어리로 묶어서 많이 보고, 눈에 익히는 것이 중요하다. 나는 형태나 음성, 의미로 유사한 단어 집단을 만들어 보았다. 《파워워드》와 《MD 33000》이 그런 식으로 만들어진 책이다. 그러나 《Voca 22000》은 그런 부분이 적기 때문에 어휘집 자체를 하나의 연습장이라 생각하고 동의어군을 만들어 나가야 한다. 예를 들면, '비난하다', '비판하다', '경멸하다', '욕하다' 는 유사한 의미를 가진 단어다. 그러나 형태나 음성으로는 완전히 다른 단어다. 이러한 차이를 발견해 나가는 과정에 재미를 붙이면 한결 수월하게 어휘 공부를 할 수 있다.

나는 어떤 어휘집이든 100페이지 정도를 2시간 안에 다 보려고 했다. 《Voca 22000》은 28강, 《파워워드》는 56강, 《MD 33000》은 60강쯤

된다. 배속을 빨리 해서 보면, 《MD 33000》을 거의 3일 안에 한 번 볼 수 있다. 나머지도 3~4일에 한 번 볼 수 있다.

영어는 지속적으로 반복학습을 하지 않으면 애써 공부한 내용이 희미해진다. 그러니 하루에 1시간이라도 꾸준히 공부하는 게 중요하다. 어휘집 세 권을 다 보아도 좋다. 어차피 기본 실력이 쌓이면 어휘 덩어리가 늘어나는 차이밖에 없다. 내 경우에는 단어장을 따로 만들려고 했으나 공부의 양이 늘고, 번거로울 뿐 별다른 효과를 보지 못했다.

②문법 부문

《이성철 문법연습》으로 시작해서 4번 정도 보았지만, 정작 문제풀이에서 적용할 수 없다는 한계를 발견하고 《강수정의 뉴그래머》로 바꾸었다. 그러나 《강수정의 뉴그래머》로 3~4회 돌려도 잘 풀어지지 않았다. 그래서 최종적으로 선택한 교재가 바로 《신성일의 유형별 영문법》이다.

내가 생각하기에, 《신성일의 유형별 영문법》이 문제 적응성이 가장 뛰어났다. 문법 문제는 왜 맞고 틀리는지 명확하게 설명할 수 있어야 한다. 그런 면에서 《이성철 문법연습》과 《강수정의 뉴그래머》는 큰 도움이 되지 못했다. 반면 《신성일의 유형별 영문법》을 정확히 암기한다면 문법 문제를 거의 맞힐 수 있을 정도로 아주 유용했다. 그렇다고 신성일의 요약집을 볼 필요는 없다. 그냥 기본서에 정리해도 충분하다. 처음에는 속도가 느려도 자꾸 하다 보면 빨라지니까 염려하지 마라.

문법 문제는 감으로 풀어서는 안 된다. 주요문장을 외워서 문장을 보자마자 맞고 틀리고를 알아내야 한다. 시험에서 문법 문제의 비중이 줄어든다고 해도, 문법 실력이 부족하면 고득점이 힘들거니와 독해에서도 어려움을 겪는다. 독해에서 문장 구조를 빨리 파악하기 위해서라도 문법 실력이 필요하다.

③ 독해부문

《이성철의 독해비법》을 3회 정도 돌리며 공부했다. 독해는 하루에 3~4문제를 꼬박꼬박 푸는 것이 중요하다. 내 경우, 문단의 구조를 파악하고, 미괄식과 두괄식, 독해 요령 정도만 익히고 따로 독해 공부를 하지 않았던 탓에 영어 과목을 푸는데만 35분이나 소요되었다.

④ 생활영어 부문

생활영어는 아침에 EBS 라디오에서 하는 'Easy English' 나 'Power English' 를 청취하며 공부했다. 생활영어는 주로 관용어구가 나오기 때문에 뜻을 잘 모르면 풀기 어렵다. 쉬운 문장인 듯 보이나 해석이 안 되는 경우가 많으니 신성일 선생님의 생활영어 대비 문제나 기출문제 위주로 공부하기를 권한다. 공부 범위를 더 넓히면 분량이 너무 방대해진다.

영어는 결코 실력이 단기간에 늘지 않는다. 평소 많이 보고, 생각하고, 이야기해야 한다. 나 역시 노력한 것에 비해 실패한 과목이 영어다. 만약 다시 공부한다면, 《신성일 유형별영문법》, 《이성철 독해비법》, 《MD 보카 33000》 이 세 권을 집중적으로 공부하겠다.

✚ 한국사라는 산

정비

2006년 통합한국사, 2006년 맥락한국사, 2007년 심국사 요약집, 이

투스 참고서, 심국사 9급 예상문제집, 박민주 9급 예상문제집, 정재준
7급대비 문제집

중·고등학교를 졸업한 뒤로 국사를 거의 공부하지 않았기 때문에, 대
부분 내용이 가물가물했다. 그래서 처음부터 다시 공부하는 기분으로
전체 흐름 파악을 위해 《이투스 참고서》를 7회독했다. 그런데 막상 7회
독을 해 보니, 3회독으로도 충분하겠다는 생각이 들었다. 굵은 뼈대만
세우면 전체 흐름을 쉽게 파악할 수 있기 때문이다.

그리고 《맥락한국사》를 3~4회독했다. 그 덕분에 시험마다 점수가 80
점 밑으로 떨어진 적이 없었다. 하지만 모든 수험생이 국사를 쉽게 접
근하므로 90점 이상 받는 경우가 대부분이다. 80점 넘게 받는다고 만
족해서는 안 되고 좀 더 욕심을 내야 한다.

그래서 《통합한국사》를 봤지만 9급 시험에 필요 없는 내용이 많아 《맥
락한국사》와 같이 보기를 권한다. 《통합한국사》의 내용은 대부분 7급
이라 생각하면 된다.

같은 책을 계속 보려니 지루해서 정재준 선생님의 동영상 강의와 《맥
락한국사》 동영상 강의, 《민주국사》 동영상 강의, 《심국사》 동영상 강
의를 다 들었다. 나중에는 동영상 강의를 진도 빼기로만 활용하여 보통
1.5~1.7배속으로 들었다.

수험 기간 후반에는 《통합한국사》 한 권으로만 내용 정리를 했다. 서
브노트를 따로 만들지 않았는데, 과도한 시간과 노력이 들어가기 때문
이었다. 물론 만들어 두면 좋기야 하지만, 들어가는 공에 비해 효율이
떨어져 차라리 오답노트를 만드는 편이 더 효과적이다.

국사는 지속적으로 내용을 확인해야 헷갈리지 않는다. 내 경우, 《통합한국사》를 한 번 정독하는데 5일 정도 걸렸는데, 연도보다 흐름에 주의해서 공부했다. 예를 들어, 고려와 조선은 항상 비교해서 문제가 출제된다. 공부할 때 고려와 조선을 비교하면서 제도나 사회문화가 어떻게 변했고 어떤 차이가 있는지 철저하게 외워야 한다. 현대 제도와 비교하여 외우면 한결 수월하게 외울 수 있다. 단, 근현대사는 연도가 중요하기 때문에 반드시 중요한 사건이 일어난 연도를 외워야 한다. 사건 순서 배열 문제는 어렵게 나오면 난이도가 껑충 올라가니 주의해야 한다. 자주 나오는 삼국의 항쟁시기, 고려의 건국까지 흥망성쇠, 동학 농민운동의 추이와 일제강점기 등 테마별로 순서를 잘 정리해 두어야 애먹지 않는다.

내 경험상 정재준 선생님의 두문자 암기법은 사실 인식을 정확히 한 다음에 해야 효과적이다. 처음부터 두문자 암기법에 매달리면 더 헷갈린다.

국사 공부는 가급적 날마다 꾸준히 하되, 하루에 두 과목을 공부한다면 국어와 국사, 행정학과 영어를 공부하기를 권한다. 서로 궁합이 잘 맞는 과목이라 공부하기 편하다. 과목끼리 관련성도 있어 관련 파트를 찾아가며 공부하면 좋은 성과를 얻을 수 있다.

✚ 행정학이란 산

정비

2006년 김중규 선 행정학, 2007년 최첨단 행정학, 07년 9급 예상문제 행정학

행정학은 처음에 생소한 용어가 많이 나와 헷갈리므로 동영상 강의로 3번 정도 듣는 편이 좋다. 용어가 익숙해지면 혼자 교재를 읽으며 공부하기를 권한다. 동영상 강의는 1.5~1.7배속으로 진도를 빼는 용도로 활용해도 충분하다.

내 경우, 모든 과목의 동영상 강의를 처음 공부할 때나 공부가 잘 안 될 때에만 보았다. 동영상 강의는 휘발유와 같아 일주일만 지나면 내용이 가물가물해진다. 내용을 잊어버리기 전에 반드시 복습하여 휘발유 뚜껑을 확실히 닫아야 한다.

행정학은 앞부분 300페이지 가량이 총론이다. 처음에는 개념 정립을 하고, 동영상 강의로 기초를 다진 다음 총론 부분과 각론 부분을 연결하며 읽어 나가야 한다. 많은 이론과 개념이 쏟아져 나오기 때문에 기초가 탄탄히 다져지지 않으면 나중에 내용이 뒤죽박죽 섞인다.

총론이 큰 톱니바퀴라면 각론은 작은 톱니바퀴다. 재무행정 정책론, 예산 집행론, 지방자치 등 총론 부분에 애매한 용어가 나오면 각론 부분을 찾아 확인하기를 권한다.

✚ 소방학이라는 산

장비

정경문 소방학개론, 정경문 예상문제 소방학, 정경문 기출문제 소방학, 조동훈 예상문제, 구조 구급 특채 승진시험대비 문제집

보고내용

정경문 선생님의 동영상 강의가 대략 32강쯤 된다. 연속 3회를 보며 공부하자 용어가 어느 정도 익숙해져서 훨씬 편하게 들을 수 있었다.

그다음에는 기출문제를 풀었다. 기출문제를 중심으로 7번 정도 보며, 내용을 정확히 외우는 데 주력했다. 아직 소방학은 초기 단계이므로 문제가 어렵게 나오지 않고, 기출문제에서 크게 벗어나지 않는다. 따라서 중요한 내용을 확실히 다지면 보통 90점 넘게 나온다.

조동훈 선생님은 정재준 선생님이랑 강의 스타일이 비슷하다. 물론 동영상 강의를 재미있게 하는 편은 아니지만, 책 자체가 두문자식이다. 개인적으로 정경문 선생님의 동영상 강의는 말이 느려서 보기 힘들었지만, 꾹 참고 고배속으로 빨리 돌려 보았다.

소방학은 서론 관련성이 많으니 서론과 연결해서 공부하는 편이 좋다. 불을 끄려면 어떤 요소가 필요하고, 어떤 물질이 잘 타는지 등등 논리를 연결해서 공부하면 머릿속에 전체적인 내용이 그려진다. 나는 주로 그림을 그리며 공부했다. 워낙 수치나 물질이 많이 나오기 때문에 그림으로 그리는 편이 잘 잊어버리지 않는다.

생활을 단순화 시켜라

공부 외에는 아무것도 하지 않아야 한다. 오직 공부만 하고, 공부를 위해 주변 환경을 조정하기를 권한다. 게임, 친구, 술이 합격을 도와주지 않는다. 오로지 공부하고, 또 공부하라. 대부분 합격수기에서는 일주일에 하루를 쉬라고 하는데, 나는 쉬는 시간마저 아까워 공부했다. 이따금씩 족구를 하거나 산에 다녀오는 등, 가벼운 기분 전환을 했을 뿐이었다. 하루를 놀면 다음 날 공부하기 힘들다. 다만 너무 앉아서 공부만 하면, 몸이 지치니 산책이나 등산 등으로 체력 관리에 신경 쓰는 편이 좋다.

잠은 충분히 자라

나는 계절에 따라 수면 시간이 다르다. 여름에는 5시간, 가을이나 봄에는 6시간, 겨울에는 7시간을 자야 머리가 맑아져 공부가 잘 된다. 몽롱한 상태로 공부해 봤자 제대로 공부가 될 리 만무하다. 졸리면 차라리 잠을 자고 맑은 정신으로 공부하라.

적당한 계획을 세워라

지나치게 빠듯한 계획은 스트레스를 유발한다. 나는 대략적인 계획을 세워, 가급적 마음의 여유를 가지고 공부하려 했다.

충분한 자금을 확보하라

공부할 때도 자금이 필요하다. 어느 정도 자금을 확보하지 않으면 경제적 압박으로 스트레스를 받게 된다. 만약 자금이 부족하면 빌려서라도 충당하기를 권한다. 나 또한 공부하면서 400만 원 정도 빚이 생겼지만, 개의치 않았다. 나중에 갚으면 된다고 생각했기 때문이다.

공부를 하지 않고는 못 견디는 성격이 되도록 하자

어떤 시험이든 합격하고 싶다면 '공부를 하지 않고는 못 견디는 성격'이 되어야 한다. 하다 못해 식사를 할 때에도 정보를 습득하려고 노력하자. 예를 들어, 점심 식사를 하려고 혼자 식당에 들어갔다고 하자. 식사를 하는 동안 한 손에 책을 들고 읽거나 바로 전에 공부한 내용을 떠올리며 공부할 수 있다. 그러나 대부분 사람은 식사하는 동안 오로지 먹는 데에만 집중한다. 지하철에서도 마찬가지다. 목적지까지 가는 동안 책을 보며 공부할 수 있다. 그러나 대부분 눈을 감고 하릴없이 시간을 보내지 않는가.

다시 말하지만 어떤 시험이든 합격하려면 아무것도 하지 않는 시간이 없어야 한다. 밥을 먹을 때에도, 화장실을 갈 때에도, 길을 걸을 때에도, 잠들기 전에도, 공부하지 않고는 못 견디는 성격이 되어야 남들보다 한 발 앞서 합격할 수 있다는 사실을 명심하자.

무한도전! 안 되면 될 때까지 하라

2008년 국가직 일반행정직 7급 합격
2008년 서울시 일반행정직 7급 합격

사전 준비기

2003년 6월 30일, 나는 중위 계급장을 달고 전역했다. 당시 내 나이 스물일곱. 초등학교, 중학교, 고등학교와 대학교를 거쳐 군대에 들어가는 바람에 그제야 사회에 첫 발을 내딛은 것이다. 그런데 서해 최북단 백령도에서 나라를 지킨다는 자부심에 취해 미래 준비를 너무 소홀히 했나 보다. 아무런 준비 없이 덜컥 사회로 나와 보니 마땅히 할 일이 없었다. 여러 회사에 지원서를 냈지만 번번이 서류 심사에서 탈락! 하기야 그도 그럴 것이 그동안 나는 세상 물정 모르고 나라만 지키느라 흔한 토익 시험 하나 변변히 준비하지 못했고, 대학교 학점은 평점 2.5점을 넘지 못했으며, 이렇다 할 이력도 경력도 없었다. 지금 생각해 보면 그런 나를 순순히 뽑아줄 회사가 있을 리 만무했다.

'앞으로 난 대체 뭘 해서 먹고 살지? 아, 이럴 줄 알았으면 공부를 제대로 해 둘걸.'

몇 날 며칠을 후회 섞인 고민을 했는지 몰랐다. 실제로 지금 내가 할 수 있는 일이 무엇일지, 평생 어떤 일을 하고 싶은지…… 고민에 고민이 꼬리를 물고 이어졌다.

　대부분 동감할 테지만, 이러한 고민에 정답은 없다. 자신이 내린 결정에 확고한 신념을 가지고 행동하는 것이 최선이자 최고다. 나는 보름 남짓 고민한 끝에 짐을 싸들고 노량진으로 갔다. 내 손으로 돈을 벌어본 적은 나라의 녹을 받은 군인이었을 때가 전부이니, 사회에서도 나라의 녹을 받는 공무원이 내게 적격인 듯했다. 학벌, 나이, 경력이 아닌 노력으로 인한 합격만이 인정받는 공무원이야말로 내가 가야 할 길 같았다.

　나는 2년 안에 7급 합격을 목표로 삼고, 화끈하게 앞만 보고 달려가겠다는 결심을 했다. 그렇게 내 수험생활이 본격적으로 시작됐다. 하지만 세상일이 어디 내 마음대로 되든가. 결론부터 말하면, 나는 5년 동안 온갖 시행착오를 겪으며 실패와 좌절을 반복했다. 정말 끝을 모를 나락까지 떨어졌지만 그때마다 정말 칠전팔기의 정신으로 악으로 깡으로 기어올랐다.

1차 도전기

　나는 노량진에 입성하고 가장 먼저 독서실을 등록했다. 그러나 공무원 시험에 대해 아무것도 모르는 내가 혼자서 제대로 공부할 리 없었다. 물론 당시에는 나름대로 열심히 공부한다고 생각했지만, 지금 돌이켜 보면 참으로 어리석기만 했다. 무엇이 중요하고 우선인지 모르는 채 무작정 덤볐으니 말이다. 걷지도 못하면서 뛰겠다고 덤비는 꼴이니, 제

자리만 빙글빙글 돌 수밖에. 그렇게 처음 6개월 동안 감도 잡지 못하고 헤매기만 했다. 결국 나는 공부 도우미가 필요하다고 판단했고, 학원 수업을 선택했다. 사실 많은 수험생이 노량진에 자리 잡고 공부하는 까닭은 전국에서 내로라하는 학원들 때문인데, 나는 그 사실을 간과하고 으레 사람들이 신림이나 노량진에서 공부하니까 덩달아 노량진에 자리 잡은 것이었다. 정말 내가 생각해도 바보처럼 순진했다.

그래서 2004년 8월이 되어서야 나는 종합반 2개월을 등록해 수업을 들었다. 그 뒤로는 2~3과목씩 골라 단과 수업을 위주로 들었다. 수업을 들어 보니 내가 그동안 얼마나 '무식하게' 공부했는지 여실하게 드러났고, 나는 부끄럽고 민망한 마음에 더욱더 열심히 학원 수업을 들었다. 시간이 흘러 겨우 공부하는 방법과 감이 잡힐 즈음이 되자, 시험 날짜가 코앞으로 다가왔다. 어느새 해가 바뀌어 2005년 첫 시험을 앞두게 된 것이었다. 결과는 당연히 불합격. 물론 기대를 전혀 하지 않았다면 거짓말이다. 하지만, 나 스스로 시험 준비가 불충분했다고 느끼던 차라 가볍게 미련을 버리고 다음 시험을 위해 공부에 박차를 가했다.

나는 마음을 다잡고 공부에 몰두하기 위해 삭발을 했다. 추운 겨울에는 군대에서 고생한 기억과 '안 되면 되게 하라!' 라는 군대식 가르침을 되새기기 위해 깔깔이를 입고 공부했다. '이번에는 반드시 합격한다!' 라는 내 나름대로 자기 최면이었다. 공부하는 틈틈이 각종 고시신문에 실린 합격 수기를 보며 '나도 곧 합격 수기를 쓸 거야!' 라는 다짐을 수 없이 했다. 당연히 공부하느라 고향에도 내려가지 않았다. 그렇게 정말 미친 듯이 공부했다.

드디어 스물아홉 여름, 나는 고향 경남의 지방직 7급 시험을 쳤다. 응시 원서 접수를 낼 때만 해도 참 고민이 많았다. 목표는 9급이 아닌 7급 시험으로, 국가직보다 지방직이 더 전망이 좋으리라 생각했다. 비록 시/군마다 1명밖에 뽑지 않는, 경쟁률이 치열한 시험이었지만 나는 자신만만했다. 내 나름대로 최선을 다해 열심히 준비했고 가채점 결과도 86점으로 흡족하게 나왔기 때문이었다. 그러나 막상 뚜껑을 열어보니 이게 웬일! 86점인데도 불합격이었다. 알고 보니 92점을 받은 사람이 있었다. 아마 국가유공자가 아닐까, 조심스레 짐작해 보지만 어쨌거나 떨어진 건 떨어진 거다. 다른 시/군 시험에서 능히 합격할 수 있는 86점이라는 괜찮은 점수를 받고도 떨어지니 배알이 뒤틀리고 공부할 맛이 뚝 떨어졌다. 더군다나 서른 전에 직장을 잡아야 한다는 압박감, 몇 차례 불합격으로 인한 심리적인 불안감이 나를 강하게 짓눌렀다. 결국 나는 더 참지 못하고 경기도 9급 행정직 시험을 치렀다. 9급 행정직 시험은 다행히 합격! 비록 목표했던 7급은 아니지만 9급이라도 합격해 놓으니 어느 정도 마음이 놓였다. 일단 9급 행정직 근무를 하면서 7급 시험 준비를 다시 준비하면 되지 싶었다.

그러나 일을 하며 공부하기란 여간 어려운 일이 아니었다. 퇴근하고 몇 시간 남짓 공부하는 것만으로도 벅찼고, 간혹 야근이나 회식이 있는 날이면 책 한 번 펼치지 못하고 하루가 훌쩍 지나가 버렸다. 거기다 몸은 9급 행정직일지라도 마음은 7급 공무원에 가 있으니 생활이 불만족스러울 수밖에. 자연히 직원들과 관계가 어색하고 서먹서먹해졌다. 결국 나는 9급 행정직 근무를 시작한 지 딱 6개월 만에 현실을 인정하고 사표를 제출했다. 내가 목표했던 고지에 오르지 못하고 7부 능선쯤에서 안주하려고 한 자신을 자책하며, 7급 시험에 합격하지 못할 바에야 차라리 공무원 생활을 하지 않겠다고 굳게 결심했다.

2차 도전기

9급 행정직을 그만두고 나는 다시 노량진으로 돌아왔다. 9급 행정직 생활을 하며 느슨해진 몸과 마음을 다잡고, 바로 합격을 향한 열혈 공부태세에 돌입했다. 다시 학원을 다니며 부족한 과목들을 보충하고, 스스로를 부지런히 채찍질하며 달렸건만 2007년도 시험은 모조리 불합격. 아직 공부의 감이 제대로 돌아오지 않은 탓이었다.

와신상담(臥薪嘗膽)의 마음으로 맞은 2008년, 나는 국회8급 시험에 도전했다. 경쟁률이 500:1로 매우 치열한 시험이었는데, 과연 난이도가 어마어마하게 높았고 만만한 지문이 하나도 없었다. 시험을 치르고 나오면서 그렇게 착잡한 때는 정말 처음이었다. 노량진으로 돌아와 가채점해 보니 아니나 다를까 합격권과 거리가 먼 점수가 나왔다. 씁쓸하기도 하고, 허탈하기도 해서 헛웃음만 나왔다.

'조만간 서울시 7급 공무원 시험이 있는데……. 국회 8급 점수가 이래서야 서울시 7급 시험을 치르기나 하겠어?'

걱정이 태산 같았다. 가뜩이나 서울시 7급 시험은 어렵고, 정보가 별로 없어 준비하기가 막막한데 자신감마저 사라지니 정말 어찌할 바를 몰랐다. 그렇다고 피할 수도 없고, 놓치고 싶지도 않았다. 어떻게든 합격하고 싶다는 생각으로 머릿속이 꽉 찼다.

나는 마치 막다른 골목에 몰린 생쥐마냥 미친 듯이 공부에 매달렸다. 밥을 먹으면서도 손에서 책을 놓지 못했고, 잠을 자면서도 공부 생각에 깊이 잠들지 못했다. 공부를 하지 않으면 불안과 초조에 깔려 죽을 것만 같았다.

그렇게 시간이 흘러, 서울시 7급 시험을 보던 날. 시작부터 징조가 좋지 않았다. 아침부터 폭우가 쏟아지고 바람이 거세게 부는 꼴이 영 찜찜했다. 나는 불안한 마음을 겨우겨우 누르며 버스를 타고 동작구 성남고등학교 시험장으로 갔다. 가는 내내 흔들리는 버스 안에서 최종 암기 노트를 외우며 마인드 컨트롤을 하는 등 노력했으나 결과는 국회 8급 시험 때보다 훨씬 참담했다. 잔뜩 긴장한 상태에서 영어와 행정학 5문제를 마킹 실수를 해 버렸고, 허겁지겁 수정하느라 정신없이 시험을 보았다. 시험이 끝나자 나는 어이없는 실수가 후회스러워 견딜 수 없었다. 그날, 터덜터덜 노량진으로 돌아오며 나는 얼마나 울었는지 모른다.

그렇게 서울시 7급 시험을 보고, 어찌나 우울했던지 나는 책도 쳐다보기 싫었다. 하지만 국가직 시험이 바로 코앞으로 다가온지라 마냥 손 놓고 있을 수 없었다. 어떻게든 마음을 추스르고 다시 시험공부를 해야 했다.

사실 내가 처음 공무원 시험 준비를 할 때에는 어느 직종이 비전 있고, 대우가 좋은지 등을 따졌다. 하지만 여러 차례 낙방하고 나니 조건 등을 따질 처지가 아니었다. 합격만 하면 어떤 부서든지, 어느 지역이든지 상관없었다. 그저 합격만 한다면.

쓸데없는 욕심을 버리고, 절실하게 소망하고 노력한 덕분일까. 국가직 시험을 치르고 나올 때, 왠지 모르게 기분이 좋았다. 평소와 다른 예감이 들었다.

'나, 드디어 합격하는 거 아냐?'

역시나! 가채점을 해 보니 가장 어렵다고 느꼈던 국사가 만점이 아닌가. 보나마나 필기 합격이라는 생각이 스치고 지나갔다.

학원 수업 100% 활용하기

내 기상 시간은 아침 일곱 시다. 워낙 성격이 부지런한데다 군대에서 일찍 일어나는 습관이 몸에 밴 탓이다.

아침에 눈을 뜨면 책을 챙겨 학원으로 달려가 아침 특강을 들었다. 나는 동영상 강의를 거의 듣지 않고 학원 수업을 위주로 공부했는데 비좁은 강의실에서 경쟁자들과 함께 공부하니 절로 긴장감이 유지되었다. 강의가 끝나면 강사에게 질문을 해서 궁금증을 바로바로 풀었다. 궁금한 부분이 없어도 강의실에 남아 다른 사람들이 질문하는 내용을 들었다. 내가 미처 생각하지 못한 부분을 체크할 수 있기 때문이었다.

이처럼 나는 철저히 학원 수업 의존도가 매우 높았다. 학원에서 열리는 강의를 모조리 수강하고, 모르거나 이해가 안 되는 부분을 꼭 강사에게 물어서 해결했다. 그 덕분에 바로바로 학습한 내용을 복습하고, 부족한 부분을 보충할 수 있었고 동영상 강의나 혼자 공부할 때보다 공부 효과가 몇 배나 높았다.

그러나 비싼 학원비를 제값 다 주고 수강하려면 재정적으로 부담이 갈 수밖에 없다. 나는 가급적 학원비와 교재비에만 돈을 쓰고, 다른 일에는 일절 쓰지 않았다. 그리고 노량진 학원들이 학생을 유치하려고 경쟁하는 틈새를 노렸다. 바로 장학생 선발고시다.

학생들은 학원을 결정할 때, 얼마나 많은 학생이 어느 시험에서 가장 많이 합격했는지 중요하게 본다. 그래서 학원들은 장학생 선발고시를 통해 좋은 성적을 거둘 만한 학생들을 미리 뽑아 둔다. 이 장학생 선발고시를 잘 활용하면, 학원비를 많이 면제받을 수 있다. 나는 공무원 수험생 2년차일 때부터 학원 장학생 혜택을 받았다. 학원 장학생에 대해 보다 자세히 말하자면, 장학생도 등급이 있고, 등급에 따라 대우가 다르다. 내 경우, 처음에는 C등급 장학생이었다가 B등급으로 올랐고, 마침내 A등급 장학생까지 되었다. 그러자 학원비 부담이 크게 줄어들어서 한결 마음 편히 학원 수업을 들을 수 있었다.

장학생 선발고시의 또 다른 장점은 실제로 경쟁자들과 경쟁할 수 있다는 점이다. 공무원 수험생들은 거의 혼자 공부하고 스스로 자기 실력을 평가한다. 그래서 다른 수험생이 어느 정도 수준인지 알 길이 없다. 따라서 실제 학원 장학생 선발고시를 치르면 워낙 경쟁률이 치열하고 문제 난이도가 높기 때문에 자기 현재 실력을 객관적으로 남들과 비교할 수 있어 좋다. 특히 공부를 열심히 해서 장학생 등급이 올라가면 어찌나 뿌듯하던지! 그 희열을 지금도 잊을 수가 없다.

학원을 다니며 공무원 시험 준비를 하고 싶지만, 경제적 부담 때문에 망설이는 수험생이 있다면 나처럼 학원의 장학생 선발고시를 활용하기를 바란다. 장학생 선발고시는 학원마다 조금씩 차이가 있으니 사전에 꼭 확인해야 한다.

학원을 이용할 때 또 하나 장점이 있다면 모의고사다. 나는 학원에서 실시하는 모의고사뿐만 아니라 다른 학원에서 치르는 모의고사까지 빠짐없이 봤다. 한창 모의고사를 볼 때에는 아침 8시에 9급 모의고사를 보고, 잠깐 쉬었다가 7급 모의고사를 봤다. 모의고사를 보면 남들과 비교해 내 현재 실력을 객관적으로 평가할 수 있고, 실제 시험을 경험하고 연습할 수 있어 매우 유용하다. 그러나 지나치게 자주 모의고사를 보면 기본 공부에 방해가 되니 계획을 세워 적절히 응시해야 한다.

나는 2003년 처음 학원을 등록한 뒤로 늘 학원 수업을 위주로 공부했다. 2008년에 최종합격했으니 근 5년 동안 학원을 다닌 셈이다. 이쯤 되면 여러 학원의 강사들과 친분이 두터워져 개별적으로 가르침을 많이 받기도 했다. 또 오래 공부하다 보니 꼭 들어야 할 수업이 몇 개 되지 않고, 장학생 특혜를 이용하면 학원비가 거의 들지 않았다. 마지막 2008년에는 학원비를 아예 쓰지 않을 정도였다.

이런 수험생에게 학원 수업을 추천하고 싶다

혼자 공부하면 장시간 집중하지 못하고 딴 짓하는 수험생

⇨ 학원에서 공부하면 강사가 수업을 이끌기 때문에 집중이 더 잘 된다. 또 여러 사람과 함께 공부하므로 긴장감을 유지할 수 있고, 경쟁심을 북돋울 수 있다.

혼자 공부하면 불안감을 느끼는 수험생

⇨ 시험에서 떨어져 본 적이 있는 사람은 잘 알 것이다. 혼자 공부하다 보면 시험일이 다가올수록 마음이 불안하고 초조해진다. 그럴 때는 학원에서 단기 특강을 들어라. 불안과 초조가 가시며 공부에 보다 집중할 수 있다.

각 과목의 최고 전문가에게 지도받고 싶은 수험생

⇨ 누가 뭐라 해도 역시 각 과목의 최고 전문가는 학원 강사들이다. 공무원 시험의 출제 경향과 중요 내용 등 시험에 관련해 학원 강사만큼 빠르고 정확하게 분석하는 사람은 없다. 수험생 개인이 최신 이론이나 각 지방의 수험 자료를 찾으려면 많은 시간이 걸리고, 시

행착오를 겪는다. 그럴 때, 강사들을 찾아가면 한 번에 해결할 수 있을 뿐만 아니라 알짜배기 노하우를 빠르게 습득할 수 있다. 내 경우, 학원 수강을 하지 않을 때에도 시험일이 다가오면 강사를 찾아가거나 수업을 들으며 마지막 정리와 핵심 포인트 점검을 했다.

면접 도전기

국가직 시험이 끝나면 8~9월이다. 이 시기는 참 애매한 시기인데, 필기 합격자 발표가 나지도 않았는데다 몇몇 시도에서 실시하는 지방직 시험에서는 소수 인원만 뽑는다. 그래서 대부분 7급 수험생이 8~9월에는 다소 여유 있게 공부하며 그동안 쌓인 피로를 풀며 재충전하는 시간을 갖는다.

그러나 나는 그럴 만한 여유가 없었다. 국가직 필기시험에 합격한다고 해도 블라인드 면접이라는 난관이 기다리고 있었다. 블라인드 면접에서만 80명 정도가 탈락한다. 손 놓고 마냥 국가직만 바라보고 있을 수 없어 9월에 경기도 7급, 10월에 경상남도 7급 시험에 응시했다. 모두 열 명 안팎을 뽑기에 결코 만만한 시험이 아니었다. 남은 시간이 고작 1개월이라 서울 7급과 국가직 7급을 준비하며 모은 자료와 정리 노트를 반복해 보며 공부했다. 참 신기하게도 분명 여러 차례 본 자료인데도 볼 때마다 새로운 내용이 눈에 띄었다.

경기도 필기시험이 며칠 앞으로 다가왔을 때, 서울시와 국가직 필기시험 합격자가 발표됐다. 그런데 이게 웬일인가! 두 시험 모두 합격자 명단에 내 이름이 있었다. 나는 깜짝 놀라 몇 번이나 명단과 수험표를 대조하며 확인했다. 국가직 시험이야 어느 정도 예상했지만, 망쳤다고 생각한 서울시 시험에서 합격할 줄은 정말 꿈에도 몰랐다.

그때 번뜩 부모님 생각이 났다. 부모님에게 전화를 걸어 필기 합격 소식을 전하는데 갑자기 목이 메었다. 내가 울먹울먹 말을 잇지 못하자 부모님은 "장하다. 정말 장하다!"라며 따뜻하게 축하해 주셨다. 그리고 그만 고생하라며 남은 시험의 응시를 만류하셨다.

"이제 면접이 남았다면서? 시험 공부하느라 고생하지 말고 면접을 잘 준비해 보렴."

하지만 나는 내가 계획했던 대로 경기도와 경남 시험을 다 보았다. 경기도 7급 시험은 비교적 쉬운 느낌이었다. 53대 1이라는 높은 경쟁률에도 능히 합격할 수 있을 듯했다. 마지막 경남 7급 시험은 서울시와 국가직 면접일정과 비슷한 시기라 다소 곤혹스러웠지만, 포기하지 않고 치렀다. 다른 시험은 몰라도 몇 년 동안 나를 무릎 꿇게 했던 경남 7급 시험만큼은 꼭 보란 듯이 합격하고 싶었다. 그러나 창원에서 치른 경남 7급 시험은 서울시 7급 시험과 달리 다소 황당하고 지엽적인 문제가 많이 나와 합격하기는커녕 면접 준비 시간만 깎아먹은 꼴이 되어 뒤늦게 후회했다.

하지만 이미 지난 시험은 지난 시험! 나는 서울에 돌아오자마자 학원으로 갔다. 학원에서 이틀 동안 PT(프레젠테이션)면접 특강을 수강하고 PT면접에 대한 감을 잡았다. 다른 필기 합격자들은 면접 스터디그룹을 만들어 조인스터디까지 하며 PT연습을 했다던데, 그에 비하면 나는 참 정보도 모르고 추세에도 둔했다. 그저 학원에서 준 자료와 내가 직접 스크랩한 신문기사만 보고 올림픽공원에 있는 면접장으로 갔다.

당시 나는 오전반으로 면접을 봤다. 먼저 주어진 시간 안에 논술을 작성해야 했다. 주제는 '검은 양복들의 무리 속에 섞여 살아온 경력'이었다. 그다음에는 면접관 세 명 앞에서 PT를 했다. 사실 나는 내로라하는 악필이다. 그래서 먼저 정중히 양해를 구했다.

"제가 글씨를 정말 못 씁니다. 죄송합니다만, 부디 양해해 주십시오."

다행히도 면접관은 웃으며 나를 격려해 주었다.

"요즘 시대에 글씨체 때문에 떨어지는 경우는 없네. 마음 놓고 발표하게나."

면접관의 말에 나는 안심하고 발표를 시작했다. 지금까지 내가 살아온 인생을 솔직하게 이야기했다. 9급 공무원 생활을 하다가 사표를 내고 다시 7급 공무원에 도전한 이야기까지 숨김없이 발표했다. 그리고 PT의 주제는 정보화 관련 내용과 고령화 사회 노인 복지였는데, 나는 고령화 사회 노인 복지를 선택했다. 평소 내 생각을 솔직하고 조리 있게 발표하는 것이라 그리 어렵지 않았다. 하지만 어떤 수험생은 도중에 발표를 저지당하기도 하고, 꼬투리를 잡혀 얼굴이 발갛게 달아오른 채 물러나기도 했다.

국가직 시험은 면접 비중이 높아 필기 성적이 높아도 면접에서 떨어지는 경우가 허다하다. 따라서 국가직 시험은 필기 합격한 다음에 체계적이고 지속적으로 면접을 준

비해야 한다. 내 경우는 지극히 운이 좋았고, 나처럼 정보가 부족해서 준비가 서투른 수험생은 좀처럼 합격하기 힘들다는 사실을 명심하기를 바란다.

국가직 면접을 마친 다음에는 서울시 면접이었다. 서울시 면접의 경우, 영어 면접 준비가 가장 어렵고 힘들었다. 주제 5가지를 제한 시간 안에 영어로 발표하는 일은 여간 어려운 일이 아니었다. 나는 학원에 가서 영어면접특강 수강을 했고, 특강에서 배운 대로 먼저 문장을 만들고 달달 외웠다. 꾸준히 발음 교정을 하면서 강사와 수강생 앞에서 발표 연습을 했다. 발표 시간은 딱 정해져 있어 항상 초시계로 시간을 재며 다섯 가지 주제의 문장을 입에 침이 마르도록 외웠다. 어느 정도 주제 암기가 끝난 다음에는 간단한 자기소개를 영어로 암기했다. 영어면접 외의 일반면접은 스터디에 참여해 사람들과 함께 면접 관련 서적을 공동구매해 공부했다.

그러나 실제 면접은 예상과 딴판이었다. 달달 외운 주제와 상관없는 질문들이 이어졌고, 결국 나는 단어 몇 개만 띄엄띄엄 열거하다 얼굴이 발갛게 달아올라서 면접장 밖으로 나왔다. 일반면접은 공부했던 내용과 달랐지만 영어면접에 비해 평이하게 치렀다. 비록 영어면접에서 실패했지만, 서울시 7급 시험은 면접보다 필기시험 비중이 커서 그나마 다행이었다.

모든 시험을 끝내자 온몸에 힘이 쫙 풀렸다. 5년여에 걸친 길고 긴 수험생활이 드디어 끝났고, 나는 국가직과 서울시 시험에 최종합격했다. 경기도 필기시험과 경남 필기시험 역시 합격했다. 경기도와 경남은 면접을 보지 않았는데, 이미 내가 목표한 바를 모두 이루었기 때문이다.

다른 합격생들이 쓴 합격 수기나 공무원 시험 관련 사이트, 신문 등을 보면 과목별 수험 전략과 수험서에 대한 다양한 정보를 얻을 수 있다. 그래서 나는 따로 그러한 내용을 다루지 않았다. 나 역시 수험생들이 많이 보는 수험서를 보았고, 유명 강사들의 수업을 들으며 공부했다. 나만이 내세울 만한 노하우가 딱히 없다.

다만 일반적인 합격생과 다른 점은 오로지 긴 시간 동안 공부했다는 점이다. 나는 남들보다 오랫동안 공부하면서 유명 서적과 유명 강사가 합격의 묘약이 아니라는 사실을 깨달았다. 공무원 수험서는 대부분 비슷한 내용을 다루고 있으며, 강사들도 실력이 엇비슷했다. 한 가지 예를 들면 서울시 국어시험 문제 가운데 학원 수업에서 배운 문제가 그대로 출제된 적이 있었다. 이 문제를 강의한 강사는 사람들이 잘 알지 못하는 소위 무명 강사였다.

내가 생각하기에 공무원 시험에서 가장 중요한 요소는 유명 서적이나 유명 강사가 아니라, 수험생 개인의 마음가짐이다. 과연 수험생활을 즐겁게 하는 수험생이 있을까? 아무리 합격자나 강사들이 즐겁게 공부하라고 해도, 실상 즐겁게 공부하는 사람은 거의 없다. 나 또한 공부가 지겹고 힘들어서 몇 번이나 포기하려고 했다. 하지만 오기와 자존심 때문에 차마 포기하지 못하고, 악으로 깡으로 끝까지 견디고 버텼다. 그 덕분에 나는 합격이라는 자랑스러운 마침표를 찍을 수 있었다.

내가 수험생활을 하는 동안에 여자친구를 사귀는 등 놀 거 다 놀아가며 공부하는 수험생을 여럿 보았다. 얼핏 즐거워 보였지만, 그들이 과연 합격했을지는 모르겠다. 대부분 중간에 포기하고 소리 없이 사라지곤 했다.

수험생은 공부만 생각해야 한다. 현실적으로 불가능할지라도 공부만 생각하려고 노력해야 한다. 그리고 수험생활을 하는 동안은 최대한 단순히 지내는 편이 좋다. 교우관계는 소수정예로, 공부가 아닌 일은 합격한 다음으로 미루어야 한다. 힘들고 지칠 때에는 합격한 자기 모습을 떠올리며, 다시 결의를 다져라. 나는 포기하고 싶을 때마다 내가 원하는 7급 공무원이 되어 양복을 반듯이 차려입고 출근하는 모습을 떠올렸다. 그러면 다시 힘과 용기가 불끈불끈 솟았다.

이제 나는 그토록 바라던 서울시 7급 공무원이 되었다. 서울시 인재개발원에서 한 달 동안 교육을 받고, 동기 70여 명과 천만 서울시민을 위한 봉사자로 살고 있다.

꿈을 이룬 내가 자신 있게 예비 후배들에게 말한다. "합격만 하면 인생이 바뀐다. 그러니 마음 독하게 먹고, 공부만 죽어라 해라."

먼저 합격한 선배로서 내 말을 믿고 공부에 정진하라. 나는 지금 내가 원하는 공직자 생활이 몹시 행복하고, 나와 같은 꿈을 꾸는 후배들이어서 내 뒤를 좇았으면 한다.

내가 군생활을 할 때, 이런 표어가 있었다.

"안 되면 될 때까지 악으로, 깡으로!"

예비 후배들에게 말한다. 지레 포기하지 말고 도전하라. 악으로 깡으로 꿈을 이루는 그 날까지 무한도전!

수많은 공무원 수험생의 빠른 합격을 기원한다.

TIP

모의고사를 꼭 활용하자

중요한 행사는 대부분 예행연습이나 리허설을 실시한다. 시험도 마찬가지다. 실제 시험을 치기 전에 모의고사로 예행연습을 충분히 해 두면, 긴장해서 실수할 확률이 줄어든다. 특히 모의고사는 자기 실력을 객관적으로 파악해 수험 전략을 효과적으로 짜는 데 도움이 된다.

가능하면 기회가 닿는 대로 모의고사를 많이 보는 것이 좋다. 모의고사는 실제 시험을 분석해 만들기 때문에 실제 시험과 비슷한 문제가 나올 확률이 높다. 모의고사를 본 다음에 틀린 문제를 반복해서 공부하여 자기 것으로 만들면 그만큼 실제 시험에서 문제를 맞힐 확률이 높아진다고 볼 수 있다. 또한 모의고사를 통해 시간을 배분하는 전략, 문제를 푸는 순서 등 실제 시험에 대한 적응력을 높이고, 모의고사 점수를 바탕으로 부족한 부분을 보강하고 공부 의욕을 고취하는 효과를 거둘 수 있다.

시간을 잡는 사람이
승리를 거머쥔다

2006년 국가직 일반행정직 9급 합격

이 재 우

　시간을 잡는 사람이 승리를 거머쥔다. 2004년 12월 어느 겨울날, 나는 학교 선배와 친구들을 만나러 갔다. 모두 공무원을 준비하는 사람들이라 자연스레 공무원 이야기를 많이 했다. 그러다 보니 나 또한 공무원에 관심이 생겼다.

　사실 나는 대학을 졸업하고 바로 취직하지 못했었다. 그러다 '쿠쿠' 밥솥을 만드는 회사의 자재과에 취직했는데, 제법 규모가 있는 회사라 연봉 수준과 근무 여건이 꽤 괜찮아 처음에는 상당히 만족스러웠다. 하지만 시간이 지날수록 마음 한구석이 허전했다. 업무가 싫다기보다 의욕이나 보람을 느끼지 못하는 것이 문제였다. 점점 일하기 싫어졌고, 결국 나는 회사를 그만두기에 이르렀다.

　내가 정말 하고 싶은 일을 찾아 헤매다 알게 된 것이 공무원 시험이었다. 나는 직감적으로 공무원이야말로 내가 꼭 해야 하는 일이라고 느꼈다. 그래서 약 보름 정도 고민한 끝에 공무원 시험을 준비하기로 결심했고, 2005년 1월 1일부터 본격적으로 공부하기 시작했다.

처음 공부를 시작하면서 나는 시간이 합격의 열쇠라고 생각했다. 보통 공무원 시험을 준비하는 수험생들이 하루에 공부하는 시간이 보통 10시간~12시간 정도다. 아침 9시에 공부를 시작하면 밤 9시나 10시에 공부를 마친다. 점심시간과 저녁시간, 화장실을 가는 등 자투리 시간을 빼면 대략 10시간~12시간 정도다. 그렇다면 12시간 이상 공부한 사람은 그보다 덜 공부한 사람보다 합격할 확률이 높지 않을까. 여기까지 생각한 나는 내 자신에게 물었다. '그럼 나는 하루에 몇 시간을 공부할 수 있을까?'

최대한 수면 시간과 씻고 밥 먹고 쉬는 시간을 줄이면 하루에 최대 18시간을 공부할 수 있을 듯했다. 나는 스스로 내린 결론에 만족하며 '공무원 시험을 볼 때까지 하루에 18시간 공부하자!' 라고 생각했다.

정말 무식하다면 무식하고, 터무니없다면 터무니없는 결론이지만 당시 내게는 18시간 공부가 합격의 보증수표처럼 느껴졌다.

첫 번째 공부 시간표와 공부법 (2005년 1월)

다음은 하루에 18시간을 공부하는 계획 아래 짠 공부시간 분배표다.

과목	총 공부시간	동영상강의	복습	혼자독학
국사	5	2	3	
행정학	5	2	3	
행정법	5	2	3	
국어	2	0		2
영어	1	0		1

　나보다 시험 준비를 먼저 시작한 선배와 친구들이 국사, 행정학, 행정법은 최소한 동영상 강의를 한 번 들어야 한다고 충고했다. 나 역시 학원을 따로 다닐 생각이 없었기에 동영상 강의를 망설임 없이 선택했다. 대부분 동영상 강의가 5~60강으로 구성되어 있으므로, 날마다 과목당 2강씩 본다면 한 달이면 다 볼 수 있다는 계산이 나왔다. 물론 처음에는 내 계산이 맞아떨어지는 듯했다. 동영상 강의를 보는 자체는 아주 쉬웠다. 유명한 강사는 괜히 유명한 강사가 아니었다. 쉽게 설명하는 덕에 이해가 빨랐고, 특히 행정학과 행정법은 처음 배우는 과목이라 흥미가 붙어 더욱 열심히 보았다.

　그러나 변수가 생겼다. 바로 복습이었다. 나는 동영상 강의를 들은 다음에 곧바로 복습했다. 그런데 중요한 내용을 정리하고 암기하다 보니 복습 시간이 생각보다 오래 걸렸다. 처음 1회독이라 암기할 내용이 산더미였고, 생소한 용어 때문에 진땀을 빼야 했다.

　동영상 강의를 듣지 않는 국어와 영어는 독학했다. 국어는 기본서를 30일 분량으로 나누어 꾸준히 읽었고, 영어는 대학교 때 취업 준비를 하며 공부한 토익과 토플을 바탕으로 부족한 독해를 중점적으로 했다.

　때마침 집 근처 대학교 도서관이 24시간 운영제라 거의 도서관에서 살다시피 했다. 잠이 오면 도서관 의자 3개를 붙여 간이침대를 만들어 잠깐씩 눈을 붙였다. 그리고 몇 시에 잠이 들었든 아침 7시에는 반드시 일어나 공부했다. 그때면 학생들이 공부하러 오기 때문에 더 자고 싶어도 잘 수 없었다.

　사실 공무원 시험 준비 기간 1년 3개월 가운데 가장 힘들었던 시기였다. 다행히 공부를 시작한 지 얼마 되지 않아 가장 열정적인 시기였고, 열정으로 힘든 과정을 독하게 버텨낼 수 있었다. 하기야 당시 나는 좋은 회사를 그만두고, 새로이 공무원 시험에 도전하는 만큼 무조건 열심히 해서 빨리 합격해야 한다는 생각뿐이었다.

그러나 잠을 거의 자지 못해서 심신이 피로한 것은 어쩔 수 없었다. 다시 그렇게 공부하라면 죽어도 못하겠다.

두 번째 공부 시간표와 공부법 (2005년 2월~6월)

혹독한 1개월을 마치자 나는 완전히 파김치가 되었다. 아무래도 계획표의 수정이 필요하다고 느꼈다. 동영상 강의는 한 번씩 보았기에 다시 듣지 않아도 된다고 판단했다. 동영상 강의는 이해가 목적이지, 암기가 목적이 아니기 때문이다.

과목	총 공부시간	혼자자습
국사	4	4
행정학	4	4
행정법	4	4
국어	3	3
영어	3	3

나는 동영상 강의를 빼고, 오로지 책만 보기로 마음먹었다. 이때도 역시 18시간씩 공부한다는 계획에는 변함이 없었다. 나는 이렇게 2005년 2월부터 6월까지 공부했다. 동영상 강의를 들을 때와 달리 혼자 공부하기 위한 교재들이 필요했다. 다음은 내가 구입한 교재 목록이다.

과목	수험서	문제집	특징
국사	민주국사	×	서술보다 표 위주로 간결하게 정리되어 있다. 암기하기에 최적의 교재다.
행정학	선행정학	×	최고의 행정학 수험서로 말이 필요 없다.
행정법	행정법총론(김윤조)	×	9급 시험에 딱 맞는 난이도와 자세하고 쉬운 설명이 강점이다.
국어	재정국어	×	자세한 설명과 풍부한 내용으로 다른 수험서와 비교가 안 된다.
영어	스파르타	×	특별한 특징이 없어 다른 수험서를 보아도 상관없다.

당시 나는 문제를 많이 풀기보다 기본서를 충실히 보는 편이 효과적이라고 생각했다. 두 번째 공부 시간표로 공부하던 도중에 부산시 지방직 시험이 있었다. 아예 이번에 합격하자고 마음먹고 기본서를 중심으로 열심히 공부했다. 하지만 결과는 1점 차이로 낙방이었다. 정보처리기사 필기를 합격하고 실기만 남겨둔 상황이라 아쉬움이 컸다. 공무원 준비를 시작한 지 얼마 되지 않아 아직 가산점이 하나도 없을 때라 가산점만 있어도 합격했으리라는 생각에 속이 쓰렸다.

그러나 인정할 것은 인정해야 했다. 나는 첫 공무원 시험에 불합격했다. 마음을 추스르고 다시 공부를 시작했다. 한 번 불합격했다고 다음 시험까지 망칠 수는 없지 않은가. 하지만 좀처럼 공부에 집중할 수 없었다. 낙방으로 의욕이 한풀 꺾인 데다 6개월 동안 무리를 한 탓에 체력이 많이 약해져 있었다. 무엇보다 잠이 부족해서 신경이 굉장히 날카로웠다. 그래서 다시 곰곰이 생각했다.

'왜 대부분 수험생이 하루에 10~12시간 공부할까? 나는 하루에 18시

간을 공부하는데……'

때마침 이제 막 공무원 시험 준비를 시작한 친구가 나를 찾아와 물었다.

"하루에 몇 시간이나 공부해?"

"18시간."

별생각 없이 대답했는데, 친구는 깜짝 놀라며 말도 안 된다고 손을 휘휘 내저었다. 아무리 하루를 쪼개도 18시간이나 공부할 수 없다 했다. 그래서 나는 친구와 함께 종이를 펴고, 내 일과를 정리해 보았다.

시간	한 일	비고
07:00~09:00	도서관도착, 국어 공부	·식사 – 하루 저녁식사 한 끼와 간식.
09:00~09:10	커피 한잔, 간식	
09:10~11:10	국사 동영상 강의 시청	
11:10~11:20	커피 한잔, 간식	·공무원 시험공부를 시작하기 전에 A4용지 1박스 정도 준비.
11:20~13:20	행정학 동영상 강의 시청	
13:20~13:30	휴식	
13:30~15:30	행정법 동영상 강의 시청	·손으로 쓰면서 암기를 하므로 샤프는 가장 가벼운 것으로 선택.
15:30~15:40	휴식	
15:40~18:40	국사 복습	
18:40~19:00	저녁식사	·기본서 5권을 다 들고 다니기 힘드니까 분철해서 가지고 다님. 내 경우, 기본서가 단권으로 나와서 임의로 분철함.
19:00~22:00	행정학 복습	
22:00~22:10	커피 한잔, 간식	
22:10~01:10	행정법 복습	
01:10~01:20	휴식	·혼자 공부하면 외롭기는 해도 시간 관리와 효율성 면에서 더 좋다고 생각하여 남들과 함께 공부하지 않음.
01:20~02:20	영어 공부	
02:20~06:00	취침(도서관)	
06:00~07:00	귀가	

막상 정리하니 나조차 경악을 금치 못했다. 당시만 해도 1분 1초도 아깝고, 어떻게든 빨리 합격하고 싶어 잘 몰랐는데 내가 남들보다 더 많이 공부할 수 있었던 이유는 필수 시간의 차이였다. 씻고, 먹고, 자고, 쉬는 시간은 사람에게 필수적인 시간이다. 애초에 줄일 생각을 하지 않을 뿐더러 오랫동안 습관처럼 굳어져 줄이기도 쉽지 않다.

물론 시간보다 집중력이 더 중요하지 않느냐며 집중력이 높을 때 효율적으로 공부해도 된다고 할지 모른다. 그러나 내가 생각하기에 공무원 시험 준비는 시간 싸움이나 다름없다. 정말 어려운 문제가 나와서 풀지 못하는 경우는 거의 없다. 단지 내가 공부하지 않은 부분에서 문제가 나와서 풀지 못할 뿐이다. 그렇기에 나는 다른 수험생보다 더 많이, 더 오래 공부해서 차등을 두어야 한다고 생각했다.

부산시 시험이 끝난 다음, 나는 선관위 시험에 도전했다. 선관위 시험을 치르고, 나는 거의 합격을 확신했다. 시험도 잘 봤고 예상 커트라인보다 점수가 높았기 때문이다. 하지만 정작 뚜껑을 열어 보니 0.5점 차이로 낙방이었다. 그때 좌절감과 아쉬움은 이루 말할 수 없었다. 나는 선관위 시험의 충격에서 쉽게 벗어나지 못했다. 공부할 의욕을 잃었고, 밥을 먹을 때조차 0.5점이란 점수가 아른거려 제대로 먹을 수 없었다. 그렇게 한 달이나 호되게 앓은 뒤에야 겨우 예전 모습을 찾았다. 만약 0.5점의 슬럼프가 더 길었다면, 나는 공무원 시험을 아예 포기했을지도 모른다. 그나마 옆에서 격려하고 응원해 준 부모님과 친구들 덕분에 회복하고, 다시 공부할 수 있었다.

세 번째 공부 시간표와 공부법 (2006년 1월~4월)

부산시 시험에 이어 선관위 시험까지 연달아 낙방하자 나는 체력적으로나 정신적으로 큰 타격을 받았다. 사실 처음 시험공부를 시작한 이래 내가 공부한 시간과 양은 어마어마했다.

> 2005년 1월~6월 : 하루 18시간 공부
>
> 2005년 7월~12월 : 하루 15시간 공부

일 년 동안 제대로 쉬지 못하고 공부만 한 내게 2006년 4월에 있을 제48회 국가직 공채시험은 유일한 희망이었다. 하지만 잔뜩 지친 심신이 공부하기를 거부했다. 아니, 공부할 수 있는 상태가 아니었다. 4월 시험까지 남은 시간은 달랑 3개월뿐이었다.

나는 재충전을 위한 시간이 필요하다고 생각하여 과감히 한 달 동안 휴식하기로 결심했다. 그리하여 2006년 1월은 내 수험 기간에서 가장 느슨한 시간인 동시에 가장 유익한 시간이었다. 그동안 거들떠보지 않았던 TV와 만화를 실컷 보고 친구들을 많이 만났다. 극장도 자주 갔고, 며칠 동안 여행을 다녀오기도 했다. 책을 보다가 집중이 잘 되지 않으면 PC방에서 게임을 하면서 스트레스를 풀었다. 그렇다고 아예 공부를 안 할 수는 없으니 기본서를 가볍게 읽으며 요약을 하는 정도로 하루에 5~10시간 정도 공부했다. 그렇게 주5일제를 공부하니 몸과 마음이 충전되면서 2월부터 시험공부에 매진할 수 있었다. 물론 그전처럼 무식하게 하루에 18시간을 공부하지 않았다. 남들처럼 10~12시간 정도 공부하며 꾸준히 기본서를 읽었다.

4월 8일 시험을 일주일 앞둔 4월 1일, 나는 모의고사 문제집을 하나 구입해 날마다 1회씩 모의고사를 풀었다. 전국 공무원 모의고사를 모아 놓은 문제집으로 학원 근처 서점에서만 구할 수 있는 책이었다. 나는 모의고사를 풀 때 항상 시계를 옆에 두고 실제 시험처럼 10시에 문제를 풀기 시작했다. 그리고 정확히 85분이 지나면 문제 풀기를 멈췄다. 당연히 실제 시험과 똑같이 답안지와 컴퓨터용 사인펜을 사용했다. 이처럼 최대한 실제 시험과 비슷한 환경 속에서 모의고사를 푸는 연습을 하면 실제 시험에 큰 도움이 된다. 예를 들면, 실제 시험을 보면 마킹 실수를 하거나 시간 안배에 실패해 문제를 다 풀지 못하는 경우가 있다. 또한 배가 아프거나 컨디션이 좋지 않아 시험을 망치는 때도 있다. 지나치게 긴장한 탓에 작은 소음에도 집중력이 흐트러질 수도 있다. 실제 시험에서 발생할 수 있는 여러 상황을 반복해서 시뮬레이션해서 익숙해져야 당황하거나 실수하지 않는다. 내 모의고사 문제 풀이의 첫 번째 목적은 바로 이러한 실제 시험에 대한 적응도를 키우는 것이었다.

두 번째 목적은 생체리듬을 실제 시험 날에 맞춰 조정하는 것이었다. 시험 전날 밤을 새서 공부하는 것은 정말 미련한 짓이다. 시험 당일 컨디션이 최악이 될 뿐, 아무 소용이 없다. 나는 생체리듬이 깨지지 않도록 시험 일주일 전부터 실제 시험 시간에 맞추어 컨디션을 조절했다. 공무원 시험 시간은 아침 10시에 시작해서 11시 25분이면 끝이 나므로 아침 시간에 집중력을 최대한 발휘할 수 있도록 생체리듬을 조절해야 한다. 최상의 컨디션으로 아침을 맞이하려면 충분한 수면이 가장 중요하다. 숙면을 취하고 일어나면 머리가 맑고 컨디션이 좋다. 하지만 단순히 시험 전날에 일찍 잔다고 바로 효과를 볼 수 없으므로 일주일 정도 시간을 가지고 서서히 생체리듬을 조절하기를 권한다. 잘못하면 오히려 컨디션이 더 나빠지기도 하고, 빨리 잠자리에 들어도 뒤척이다 평소보다 더 늦게 잠들 수도 있기 때문이다. 공무원 시험에 합격하려면 이렇게 사소한 부분도 꼼꼼히 챙겨야 한다.

마지막 목적은 과목별 효과적인 시간 배분이다. 공무원 시험은 85분 동안 5과목을 풀어야 한다. 그렇다면 어떻게 시간을 배분하는 것이 가장 좋을까? 나는 모의고사를 풀면서 과목당 소요 시간을 체크해서 과목별 문제 유형과 내 스타일에 잘 맞는 시간 배분을 찾았다. 이 과목별 시간 배분이 내 마지막 시간표다.

과목	국사	행정학	행정법	국어	영어	계
배분시간	10	10	10	25	30	85

사실 과목별 시험 시간 배분은 정답이 없다. 각자 자신에게 가장 잘 맞는 시간 배분을 찾아야 한다. 과목 순서는 내가 문제를 푸는 순서와 동일하다. 나는 주어진 시간 내에 주어진 문제를 모두 풀기에 가장 적합한 시간 배분을 찾은 덕분에 시간이 남는 경우는 있어도 모자란 경우는 없었다. 이러한 시간 배분은 평소에 실제 시험 시간에 맞춰 문제 푸는 연습을 통해 찾을 수 있다. 단 수험생활 초기부터 하라는 말이 아니다. 기본서를 10회독하고, 기본적인 내용을 다 암기하고 나서, 기본서와 문제집 등에 있는 문제를 시간을 정하고 풀면 된다. 물론 처음에야 쉽지 않겠지만 반복해서 연습하면 자기도 모르게 익숙해지기 마련이다. 이때 반드시 실제 시험처럼 연습해야 한다.

"어떻게 공부했고, 합격의 비결은 뭡니까?"

공무원 시험에 합격한 사람들이라면 누구나 받았을 질문이다. 나 또한 이 질문을 참 많이 받았다. 나는 그때마다 "무조건 열심히 하면 된다."고 대답한다. 얼핏 듣기에는 시건방지고 막연한 대답일지도 모른다. 하지만 공무원 시험에는 정말 왕도가 없다. 만약 합격의 비결을 내가 따로 알았다면 두 번이나 불합격하지 않았을 터. 결국 공무원 시험에 합격하려면 자기에게 잘 맞는 기본서를 선택해 꾸준히 공부하는 수밖에 없다.

"얻는 것이 있으면 잃는 것도 있다."

공무원 시험공부를 시작하기 전에 합격을 위해 무엇을 포기할 수 있을지 생각해 보라. 만약 공무원 시험 합격한 다음에도 할 수 있는 일이라면 집착하지 않고 포기하는 편이 좋다. 그래야 마음이 홀가분해져서 공부가 더 잘 될 테니까. 남들 하는 것, 내가 하고 싶은 것 다 해가면서 합격할 수 있다면 어느 누가 불합격하겠는가. 공부 외에 다 포기하고 죽어라 공부해도 떨어지기 십상인 시험이 공무원 시험이라는 사실을 명심하자.

수험생은 친구가 없어야 할까?

나는 공무원 시험공부를 시작할 때 친한 친구들에게 시험공부를 하니까 6개월 동안 연락하지 말라고 엄포를 놨다. 하지만 공무원 시험을 같이 준비하는 친구 한 명은 예외였다. 공부하다 이해 안 되는 부분을 그 친구에게 물을 때와 시간을 확인할 때만 핸드폰을 사용했다. 하지만 친구들과 연락을 하지 않는다고, 공부가 잘 되는 것은 아니었다. 그저 자신의 의지를 확인하는 방법 정도라고 생각해야 할 듯하다.

필기시험 수석 합격자가 되려면 어떻게 해야 할까?

2005년 국가직 필기시험 수석 합격자가 이런 말을 했다. "저는 합격하기 위해 숨도 안 쉬고 기본서 100번을 봤습니다." 나는 그의 말에 200% 공감한다. 난 숨도 쉬었고 기본서 100번을 보지 못했다. 약간 과장한다면 50번쯤 보았으리라. 공무원 시험공부를 시작하면서 처음 산 기본서 5권을 합격할 때까지 봤는데, 기본서가 너덜너덜해질 때까지 봤더니 책 안에 있는 문제들을 답까지 줄줄 외울 수 있었다. 몇 년도에 어느 시험에서 나왔던 문제인지도 알게 된다. 결국 수석 합격자가 되려면 기본서를 충실히 반복해서 봐야 한다.

공무원 면접자료 (2006)

끝으로 내가 면접을 보기 위해 정리한 면접 자료를 추가한다. 2006년도 기준으로 이전 면접 자료를 바탕으로 작성한 자료라 적중률이 떨어질 수도 있으나 면접에 대한 방향을 잡는 데는 문제없을 것이다.

공무원 면접시험은 크게 개인 신상, 상황 제시, 기본 상식으로 분류할 수 있다. 점점 개인 신상과 상황 제시의 비중이 높아지고 기본 상식을 거의 물어보지 않는 추세이므로 개인 신상과 상황 제시 질문에 대한 답변 준비에 각별히 신경 써야 할 듯하다. 기본 상식은 최근 상식을 위주로 준비하면 충분할 것이다. 물론 순전히 내 생각이기에 좀 더 자세히 조사해서 판단하기를 권한다.

다음은 면접 질문과 내가 작성한 답변이다. 단, 개개인마다 현격한 차이가 나는 질문은 따로 답변을 작성하지 않고 간략한 방향 제시만 했다. 2006년도 국가직 면접 문제는 인터넷에서 쉽게 찾을 수 있기에 2004년도와 2005년도 국가직, 지방직 자료 가운데 중요하다고 생각한 내용을 가려 뽑았다. 기본 상식 문제야 그대로 써도 무방하지만, 개인 신상과 상황 제시는 내 답변을 참고로 자신의 답변을 준비해야 한다. 면접 시간이 생각보다 길지 않으므로 적당히 분량을 줄여 준비하도록 한다.

개인 신상 질문

지원 동기

가장 중요한 부분이다. 압박하는 스타일로 물어볼 수 있으므로 과도하게 자기를 포장하지 말고 솔직하게 답하기를 권한다.

가족관계

부모님 두 분 모두 생존해 계십니다. 아버지는 ○○하시고 현재 어머니 ○○을 하고 계십니다. 제 위로 형/누나 ○명 있고 현재 ○○하고 있습니다.

장단점

이 질문도 많이 물어보는 질문이다. 지나치게 솔직하게 답하기보다 적당히 포장해서 말하는 게 좋다. 특히 자신의 경험과 장점을 연계시켜서 답하면 좋은 평가를 받는 데 유리하다.

생활신조

제 좌우명은 "시련은 있어도 실패는 없다"입니다. 인생을 살면서 힘든 일에 부딪히거나 실패한 경험이 없는 사람은 거의 없을 것입니다. 그러나 역경과 시련을 딛고 일어서지 못하고, 좌절하고 포기한다면 그건 정말 끝장이지요. 힘들고 괴로울 때는 숨 한 번 크게 들이쉬고! 심기일전해서 도전하면 어떠한 역경과 시련도 능히 극복할 수 있다고 생각합니다.

최근 읽은 책

고승덕 변호사의 《포기하지 않으면 불가능은 없다》라는 책입니다. 제 좌우명과도 일맥상통하여 읽게 되었습니다. 저는 이 책을 공무원을 준비하는 수험생에게 훌륭한 길잡이 역할을 할 뿐만 아니라 삶을 살아가는 데 밑거름이 되는 책이라고 생각합니다.

감명 깊게 읽은 책

위 질문의 답변과 유사한 맥락이다. 자기가 감명 깊게 읽은 책 가운데 하나를 골라 어떤 부분에서 왜 감명을 받았는지에 초점을 맞추면 된다. 사전조사서에도 적으니 곰곰이 생각해서 답하기를 권한다.

특기 사항

자신이 특별히 잘하는 내용을 솔직하게 적도록 한다.

서클활동

저는 대학시절 ○○동아리에서 활동했습니다. 학교 축제 때 작품을 만들어 전시했고, 선배가 되어서는 제가 신입생 때 배웠던 내용을 후배에게 가르쳐주며 ○○뿐 아니라 인간관계를 넓히는 데도 힘썼습니다.

필기합격소감

물론 최종관문인 면접시험이 남았지만 필기시험을 합격해서 면접시험을 볼 수 있어서 정말 기쁩니다. 아직 시험이 다 끝나지 않았기 때문에 마지막까지 긴장의 끈을 놓치지 않고 최선을 다하겠습니다.

발령이 날 때까지 계획하고 있는 일

공무원 임용시험의 합격은 곧 새로운 시작이라고 생각합니다. 따라서 발령이 나기 전까지 그동안 수험 준비하느라 급격히 떨어졌던 체력을 보강하고, 공무원으로서 마음가짐을 다지는 데 힘쓰겠습니다. 또한 새롭게 시작하는 첫 단계로 한자와 영어회화 공부를 체계적으로 할 생각입니다.

자기소개

자신을 솔직하게 소개하면 된다. 이번 2006년도 면접시험에서는 물어보지는 않았지만 언제 나올지 모르는 질문이므로 답변을 꼭 준비해두어야 한다. 만약을 대비해 영어로도 준비하도록 한다.

전공

자신의 대학교 전공에 대해 언급하면 된다.

학교생활

자신의 학창시절(중, 고등학교, 대학교)을 전반적으로 얘기하면 된다.

최종합격부서, 원하지 않는 부서

저는 보건복지부에서 일하고 싶습니다. 복지란 빈민층에 대한 국가의 최소한의 배려이며 더불어 사는 사회의 초석이 된다고 생각합니다. 행정학을 공부하면서 국민 복지를 향상시키는 방안에 대해 여러모로 구상해 보았습니다. 이를 제안제도를 통해 건의하고 싶습니다. 또한 공직생활을 하면서 대학원에 진학해 복지를 더 자세히 공부하고 싶습니다. 그래서 제가 국민 복지 향상에 조금이나마 이바지할 수 있다면 그보다 기쁠 일이 없겠습니다.

만약 원하지 않는 부서에 발령이 나도 실망하거나 불평하지 않겠습니다. 제 자신을 시험하고 적성을 파악해 볼 수 있는 계기로 삼아 어떤 일이든 최선을 다하겠습니다. 다만 어느 정도 경력을 쌓은 다음, 가장 적정한 업무로 조정이 가능하다면 그때 다른 부서로 이동을 고려해 보겠습니다.

전공이 이공계인데 일반행정직에 지원한 이유

솔직한 자신의 생각을 답하면 된다.

봉사활동 유무

자신이 했던 봉사활동에 대해 답하면 된다. 내용이 많으면 많을수록 좋다.

맡은 일을 완수한 경험

지금까지 자신이 맡은 일을 끝까지 했던 경험을 한 가지 답하면 된다.

의사소통이 안 되어 힘들었던 경험

해외연수나 여행에서 외국인과 의사소통이 잘 되지 않아 애를 먹었던 경험이나 학교나 회사 등에서 서로 다른 오해를 하는 바람에 난처했던 경험 등을 이야기하면 된다.

자신의 장점이나 성격 중 공무원 사회에 적합한 것

이 질문은 앞으로 가장 중요하게 평가될 만한 질문이다. 답변을 세 가지 정도 준비해서 면접을 대비하기 바란다.

조직생활에서 일어나는 갈등의 경험

군대는 개인 책임을 묻는 일반 사회조직과 달리 연대책임을 묻는 경우가 많습니다. 그러므로 갈등이 빈번히 일어납니다. 제가 군대생활을 할 때도 단 한 사람의 잘못 때문에 중대 전체가 얼차려를 받은 경우가 종종 있었습니다. 그럴 때마다 잘못을 한 군인과 잘못이 없는 군인들 사이에 갈등이 발생하고, 중대 전체 분위기가 서먹해졌습니다.

물론 갈등이란 언제 어디서나 발생할 수 있습니다. 중요한 것은 갈등을 최소화하며, 보다 현명하고 조속하게 해결하는 것입니다. 이는 비단 군대라는 특수조직뿐만 아니라 일반 사회조직, 공직사회도 마찬가지라고 생각합니다.

아르바이트 시 고객이 만족/불만족을 느꼈던 사례

이 질문도 요즘 부쩍 많이 물어보는 질문이다. 자신의 사례를 솔직하게 답하면 된다.

자신이 생각하는 자신의 조직 적응력

인간은 모든 환경에 적응할 수 있을 뿐더러 환경에 적응하려고 노력합니다. 제가 다른 사람들보다 조직 적응력이 뛰어나다고 생각하지 않습니다. 다만 내 생각도 중요하지만, 상대의 의견에 귀를 기울이는 개방적인 마인드를 가졌다고 생각합니다. 그리고 이 개방적인 마인드가 조직 적응력의 핵심이라 생각합니다.

전공과 관련된 공무원에 대한 관심

전혀 고려하지 않은 바는 아닙니다만, 공무원을 준비하기 전부터 복지에 관심이 있었습니다. 그래서 공무원이 되면 국민 복지에 관한 일을 하고 싶었습니다. 그렇기에 일반행정을 지원했고 지금도 그 생각에 변함이 없습니다.

공직생활을 어떻게 할지 각오 한마디

내가 면접 때 마지막으로 받았던 질문이다.

제가 춘향전을 공부하면서 짧은 한시를 한편 알게 되었습니다. 내용은 대략 이렇습니다.

> 금 술잔에 아름다운 술은 천백성의 피요, 옥쟁반에 맛있는 안주는 만백성의 기름이라 술잔에서 술이 떨어질 때 백성의 눈물이 떨어지고 음악소리 높은 곳에 원성이 높더라

물론 조선시대 관리와 지금 공무원은 양적으로나 질적으로나 차이가

많이 납니다. 그러나 관리자가 지녀야 하는 본연의 마음가짐, 자세에는 변화가 없다고 생각합니다. 저는 제가 공직에 머무는 한 이 시를 마음 속 깊이 새기고, 항상 국민의 입장에서 성실히 봉사하는 마음으로 최선을 다하겠습니다.

역사상 존경하는 인물

제가 존경하는 인물은 충무공 이순신 장군입니다. 이순신 장군은 임진왜란 도중 억울하게 누명을 쓰고 파면 당하였습니다. 그러나 나라가 위기에 처했을 때 이순신 장군은 개인의 감정이나 안위에 집착하기보다 나라의 부름을 따라 위기에 빠진 나라와 백성을 구하기 위해 목숨 걸고 전쟁터에 나갔습니다. 이야말로 제가 생각하는 진정한 공직자의 모습입니다. 저는 충무공 이순신 장군의 정신을 본받아 국가와 국민을 위해 헌신하는 공무원이 되고 싶습니다.

어려운 문제에 직면했을 때 해결책

먼저 문제를 정확하게 파악하기 위해 정보를 수집합니다. 정보가 모이면 큰 틀을 짜고, 세부계획을 작성하고 하나씩 실천합니다. 어려운 문제일수록 차분한 마음과 침착한 대응이 중요합니다. 그리고 예상치 못한 일을 대비하여 본래 계획보다 좀 더 진도를 나가는 편이 현명하다고 생각합니다.

누군가를 설득해 본 경험

거의 모든 사람이 받은 질문이다. 꼭 답변을 준비해야 한다.

자신의 장점이 드러난 경험

이 질문도 마찬가지다. 꼭 답변을 준비하라.

자신만의 인간관계 관리 방법

저는 인간관계를 잘 유지하려면 사이가 가까운 사람일수록 더 잘해야한다고 생각합니다. 보통 가족과 친구, 선배나 후배를 대할 때는 친하다고 생각해서 예의를 지키지 않는 경우가 많습니다. 그렇게 행동해도현재 관계가 변하지 않으리라고 믿기 때문입니다. 하지만 결코 그렇지않습니다. 가까운 관계일수록 예의를 지켜야 하며, 상대를 존중하고 배려하는 마음이 필요합니다. 그래야 비로소 인간관계를 잘 유지할 뿐만아니라 더욱 진전시킬 수 있습니다.

수험기간을 어떻게 보냈나?

단조롭고 반복적인 수험생활이 지루하고 힘들기는 했지만, 공무원 시험을 준비하는 수험생이면 누구나 겪는 일이라 생각하고 열심히 공부했습니다. 초심을 잃지 않기 위해 합격수기를 읽으며 동기 부여를 지속적으로 해 주었고 규칙적인 생활을 유지하며 체력 관리에 각별히 신경썼습니다.

군대생활은 어떠했나?

여느 사람과 크게 다르지 않고 평범했습니다. 선임병을 잘 따르고 후임병을 이끌며 2년 2개월의 군대생활을 성공적으로 마쳤습니다. 제가군대생활을 하며 가장 인상 깊었던 점은 군대 특유의 연대책임입니다.군대에서는 단 한 사람의 낙오도 연대책임으로 이어지기 때문에, 서로

협력과 양보를 해야 합니다. 자연히 연대책임을 통해 공동체의식을 함양할 수 있습니다.

귀하는 사람을 볼 때 어떤 것을 보고 평가하는가?

서로 다른 살아온 환경과 방식에 따라 사람마다 여러 기준이 있을 것입니다. 제 1순위 평가요소는 마인드입니다. 그 사람이 어떤 생각을 하고 있으며, 어떤 마음가짐으로 사느냐가 가장 중요하다고 생각합니다. 마인드는 오랜 시간 서서히 만들어지고 다듬어진 부분이므로 쉽게 고쳐지지 않습니다. 그렇기에 마인드를 보면, 그 사람이 지금까지 살아온 과정을 유추할 수 있으며, 앞으로 살아갈 모습을 예측할 수 있습니다.

가까운 분 중에 공직에 계신 분이 있나?

정직하게 얘기하면 된다.

본인의 외국어 실력

제 영어 실력은 여느 수험생과 별반 차이가 없다고 생각합니다. 독해와 문법, 작문에 자신 있고 상대적으로 말하기와 듣기 즉 회화가 부족합니다. 그래서 공무원이 된다면 회화를 집중적으로 꾸준히 공부할 생각입니다. 또한 모자란 한자 실력을 키우기 위해 한자 공부를 병행할 예정입니다.

결혼관

자신의 생각을 솔직하게 이야기한다.

합격해서 공직에 있을 때, 일 이외의 다른 하고픈 일

대학원 진학이나 취미생활 그리고 현재하고 있는 일 정도를 답하면 된다.

공무원이 되면 어떤 비전을 가지고 생활할 생각인가?

경쟁력 있는 공무원이 되려면 전문성을 확보해야 합니다. 저는 공직 생활을 하면서 대학원에 진학해 복지 관련 공부를 할 것이고 국제화 시대에 대응하기 위해 영어 공부를 병행할 생각입니다. 그리고 지금하고 있는 봉사활동도 계속 해 나갈 것입니다. 마지막으로 행정학 공부를 하면서 생각해 둔 국민 복지 향상을 위한 방안을 제안제도를 통해 건의해 국민 복지 향상에 이바지하고 싶습니다.

공직수행 중 아파트 값이 오른다는 내부정보를 접했을 경우

요즘 일부 고위공직자의 터무니없는 재테크 이야기에 국민들은 배신감과 분노를 동시에 느끼고 있습니다. 현재 계속되는 경제 불황으로 국민들은 생활고에 시달리고 있는데, 정작 국민들을 위해 헌신해야 할 공직자는 제 배만 불리고 있으니 분노할 수밖에요.

저는 나라의 녹을 먹는 공직자가 국민에게 등을 돌려서는 안 된다고 생각합니다. 내부정보를 이용해 부동산 투자로 차익을 남기거나 개발예정지 땅에 투자하는 등 파렴치한 행위를 절대 하지 않을 것이며, 청렴의 의무를 임용때부터 정년퇴직할 때까지 지켜나가겠습니다.

퇴근 후 친구와 중요한 약속과 상관의 야근 지시가 겹칠 때

제가 최근에 읽은 책에 이런 내용이 있습니다. 't1t2판단법'에 대한 내용입니다. 예를 들어, A와 B 두 가지 일이 있습니다. A를 하면 B를 할 수 없지만 B를 해도 A를 할 수 있을 때는 A가 더 중요하게 생각되더라도 B를 먼저 해야 된다는 논리였습니다.

이 또한 t1t2판단법에 적용할 수 있다고 생각합니다. 친구와의 약속은 야근을 하더라도 나중에 지킬 수 있지만, 친구와 약속을 지키면 야근을 할 수 없습니다. 물론 상황에 따라 달라질 수는 있습니다만, 저는 야근을 먼저 하고 친구와의 약속을 지키는 것이 올바른 순서라고 생각합니다.

동료의 비리를 목격했을 때

먼저 동료와 대화를 통해 비리에 대한 인식유무를 확인해 보고 자수를 권유할 것입니다. 만약 시정조치가 없다면 상관에게 보고하고 조치를 기다리겠습니다. 그래도 해결되지 않을 시에는 클린센터에 신고하거나 내부고발자제도를 이용하겠습니다.

연고가 없는 지방으로 발령 났을 때

물론 가족이나 친척들, 친구들과 멀리 떨어진 지방으로 발령이 나면 다소 불편하고 불안한 점이 있을 것입니다. 하지만 공무원이라면 어디로 발령이 나더라도 능히 감수하고 따라야 한다고 생각합니다.

민원인이 법에 위배되는 일을 요청할 때나 막무가내로 시비나 행패를 부릴 때

이 질문은 내가 면접시험에서 가장 당황했던 질문이다. 이론적인 해결책보다 가급적 실질적인 해결안을 생각해서 준비해 가도록 한다.

이론적인 해결책: 민원인은 자신이 요청한 일이 법에 위반된다는 사실을 모를 수 있습니다. 따라서 먼저 민원인에게 그 부분을 인지시키고, 다른 해결방안을 제시하며 올바른 상황으로 유도하겠습니다.

퇴근시간 후에 상사가 퇴근을 하지 않을 때

상사의 눈치를 살피기보다 자신이 맡은 바 소임을 다했다면, 정중히 퇴근을 알리고 퇴근하겠습니다. 상사 역시 특별한 일이 없는 한 이해하실 거라고 생각합니다.

상사와의 의견 충돌이 생겼을 때

먼저 상사가 제시한 의견에 대해 다시 한 번 생각해 보겠습니다. 제가 미처 생각지 못한 부분이 있는지, 그렇게 생각한 이유가 있는지를 곰곰이 생각해 보고 극단적으로 불합리한 의견이 아니라면 상사의 의견에 따르겠습니다.

민원인과의 마찰 해결

앞에서 언급한 민원인 문제와 비슷한 맥락이다. 원론적인 답변보다 실질적인 답변을 준비하는 편이 좋다.

원론적인 답변: 먼저 민원인을 진정시키고 마찰이 생긴 원인을 다시 한 번 이야기하겠습니다. 제 잘못으로 생긴 마찰이면 정중히 사과하고 민원인의 요구를 수용하며, 민원인의 부주의로 생긴 마찰이면 민원인에게 다시 설명해 상황을 이해할 수 있게 노력하겠습니다.

업무 종료 후 민원인의 요청이 들어온다면 어떻게 하겠는가?

긴급성의 유무와 해결가능성 면에서 민원인의 요청을 생각해 보고 업무처리를 해야 한다고 생각합니다. 만약 제가 민원인의 요청을 해결할 수 있다면 긴급성의 유무를 따지지 않고 공복으로서 당연히 처리해야 할 것입니다. 그러나 몹시 긴급한 일인데 제가 해결할 수 없다면 곧바로 다른 담당 공무원을 찾거나 다른 방법을 알려주겠습니다. 긴급하지 않을 경우는 민원인에게 정중히 사과하고 잘 설득해 돌려보내겠습니다.

앞으로 계속 일하려면 힘든 일이 많을 텐데 어떻게 하겠는가?

어디에서 어떤 일을 하든 쉬운 일은 없다고 생각합니다. 물론 정도의 차이는 있겠지만, 힘든 일 자체가 문제되지는 않는다고 생각합니다. 중요한 것은 일이 힘든지 쉬운지가 아니라, 일을 통해 얻는 보람과 기쁨의 유무입니다. 보람과 기쁨은 힘든 일을 극복하게 하는 힘이 된다고 생각합니다.

임용된다면 몇 급까지 승진할 것인가?

아직 몇 급까지 올라가야겠다고 생각해 보지는 않았습니다. 그저 제 본분을 다해 열심히 공직생활을 하면 부수적으로 승진이 따라온다고 생각합니다. 급수에 얽매이지 않고 맡은 바 소임에 충실하고, 자기계발을 꾸준히 하면서 한 계단, 한 계단 차근차근 올라가겠습니다.

근무 중 상사가 폭언을 한다거나 못할 소리를 한다면 어떻게 하겠는가?

일단 참고 제 스스로를 돌아보며 곰곰이 생각하겠습니다. 그리고 상사에게 이유를 정중히 여쭙고, 다시는 같은 일이 발생하지 않도록 대화로 해결하겠습니다.

본인이 야근 준비를 하는데 마침 퇴근하려던 동료가 자신도 야근한 것으로 처리해 달라고 부탁하면 어떻게 하겠는가?

공직자는 공과 사를 명확하게 구분해야 합니다. 정당하지 못한 부탁이므로 곤란하다는 입장을 설명하고 이해시켜 정중히 거절하겠습니다. 물론 이런 경우, 자칫 인간관계를 망칠 우려가 있습니다만, 그렇다고 부당한 일을 눈감아줄 수는 없습니다.

주말부부가 된다면 어떻게 하겠는가?

근무지를 옮길 수 있는 기회가 생길 때까지 다소 불편하겠지만 감수하겠습니다.

친구가 민원인을 데려와 업무와 관련된 점심식사를 대접한다면 어떻게 하겠는가?

아무리 친구라도 업무와 관련된 일이라면 주의를 기울여야 한다고 생각합니다. 식대를 각자 부담하고 공정하게 업무를 처리하면 문제가 없겠지만, 오해의 소지를 없애기 위해 친구와 민원인을 잘 설득해 정중히 돌려보내겠습니다. 그 뒤에 친구를 따로 만나 공무원으로서의 현재 내 위치와 역할에 대해 설명하고 다시는 같은 일이 반복되지 않도록 이야기하겠습니다.

생소한 업무를 맡게 되었을 때 어떻게 하겠는가? 인수인계를 받지 못했다면?

생소한 업무라고 해서 당황할 필요는 없다고 생각합니다. 어떤 업무를 하든 세부적 사항이 다를 뿐이지 전반적인 일의 진행과 방법은 비슷합니다. 먼저 업무를 파악하고, 이 일과 관련된 일을 했거나 하고 있는 선배들의 조언과 상사의 의견을 종합해 일을 처리하면 어렵지 않게 업무를 소화할 수 있으리라 생각합니다. 마지막으로 일의 시작과 진행, 종결 시 상사에게 꼭 보고하며 독단적으로 일처리를 하지 않도록 주의할 것입니다.

본인의 일이 아닌데 민원인에게 전화가 왔다면 어떻게 하겠는가?

민원인에게 용무를 여쭙고 제가 일을 맡기보다 담당 공무원이 일을 맡아 처리하는 편이 더 효율적이라고 말씀드리겠습니다. 그리고 담당 공무원을 연결시켜 드리겠습니다. 그러나 거기서 끝나면 안 된다고 생각합니다. 민원인이 만족할 때까지 제가 도울 수 있는 한 힘껏 도와드리겠습니다.

자신보다 나이 어린 상사와의 근무를 어떻게 생각하는가?

대부분 건장한 성인 남자들은 군대를 갑니다. 저 또한 심신 건강한 청년으로 군대생활을 끝마쳤습니다. 군대에서는 말씀하신 상황과 비슷한 상황이 비일비재합니다. 계급적 위계조직인 군대에서는 나이가 별로 중요하지 않습니다. 공직사회도 마찬가지라고 생각합니다. 나이가 아니라 상사로서 모시고, 처음부터 배운다는 마음가짐으로 임하겠습니다.

열흘 뒤에 한 시간 복습하는 것보다, 아홉 시간 내에 십 분 복습하는 것이 효과적이다

암기할 내용은 많은데 진도가 좀처럼 나가지 않을 때, 대부분 수험생은 한 번 외운 내용을 넘어가고 진도를 좀 더 나가고 싶어 한다. 효과적인 기억법은 반복 암기지만, 처음부터 끝까지 한 번 훑은 다음 며칠이 지나고 다시 한 번 복습하면 된다고 생각하는 수험생이 의외로 많다. 그러나 이것은 오산이다.

1885년에 독일의 심리학자 헤르만 에빙하우스 (Hermann Ebbinghaus)는 '에빙하우스 망각 곡선' 이라는 이론을 발표했다. '에빙하우스 망각 곡선'에 따르면 우리는 공부하고 30분이 지나면 기억한 내용의 40%를 잊고, 24시간이 지나면 66%, 3일이 지나면 75%, 30일이 지나면 80%를 잊어버린다고 한다. 즉 한 달이 지나면 공부한 내용을 대부분 잊어버리고, 달랑 20%밖에 기억하지 못한다는 말이다.

힘들게 공부했는데 거의 잊어버린다면 얼마나 아까운가. 그렇기 때문에 우리는 자주자주 복습해야 한다. 기왕 복습을 하려면 시간이 지나서 잊어버린 내용을 새로 공부하는 것보다 어렴풋하지만 기억하는 내용을 떠올리며 공부하는 것이 훨씬 능률적이다. 따라서 암기한 내용이 머릿속에 많이 남아 있는 아홉 시간 이내에 복습을 꼭 해야 한다. 닷새나 열흘이 지난 다음에 복습하면 한 시간은 족히 걸릴 테지만, 아홉 시간 내에 복습하면 십 분으로 충분하다.

스트레스 덜 받는
나만의 공부법을 찾아라

2008년 국가직 일반행정직 7급 합격
2008년 서울시 일반행정직 7급 합격
2008년 충 남 일반행정직 7급 합격

이 해 중

수험생활의 시작과 끝

내가 공무원 시험 준비를 본격적으로 시작한 때는 2007년 11월이지만 사실 이전에도 공무원 시험공부를 쉬엄쉬엄 하고 있었다. 다만 공부에 열중하지 못하고, 그냥 틈날 때마다 한 번씩 책을 들춰보는 정도였다. 이를테면, 《풀어쓴 한국사》는 1년 동안 취미도서처럼 한 번 읽고, 《2005년판 JK 영어》는 문법 파트를 1/3 정도 풀고 만 상태였다. 열심히 공부해서 합격한 지금 기준으로 보면 딱 일주일치 공부 분량이다. 그것을 일 년 동안 질질 끌었으니 내가 얼마나 해이한 마음으로 설렁설렁 공부했는지, 부끄럽기 그지없다. 이처럼 부끄러운 이야기를 굳이 하는 까닭은, 수험생이 마음을 잡지 못하면 하나마나한 공부를 하느라 시간만 낭비한다는 말을 하고 싶어서다. 공부의 시작은 결국 마음가짐이다. 확고한 의지와 목표의식을 가지고 공부하면, 설렁설렁 일 년 동안 공부할 내용을 단 일주일 만에 끝낼 수 있다.

나 역시 2007년 11월에서야 발등에 불이 떨어졌고, 반드시 합격해야 한다는 강한 의지가 꿈틀댔다. 그리고 그제야 비로소 본격적으로 공부에 매진할 수 있었다. 어중간한 마음으로 공부를 시작할 것이라면 그냥 책을 덮어라. 그리고 마음의 확신이 생겨 모든 열정을 쏟을 수 있다고 생각 될 때 책을 다시 펴기 바란다.

나는 해이해진 정신 상태를 바로잡기 위해 독서실을 이용했다. 오전 시간과 밤 시간은 독서실에서 공부했고, 오후에는 집에서 동영상 강의를 들었다. 그렇게 독서실과 집만 오가는 생활은 자칫 단조롭고 지루해서 매너리즘에 빠지기 쉽다. 특히 고3 수험생활을 마친 뒤로 13년 만에 시작하는 공부가 제대로 될 리가 없다. 그러다 보니 인터넷 동영상 강의를 보다가 나도 모르게 게임을 슬금슬금 하게 되었다. 그리고 익숙하지 않은 공부를 하느라 피곤했는지 아침 일찍 일어나기가 정말 힘들었다. 9시나 10시가 되어야 겨우 슬슬 일어났다. 오랜 시간 몸에 배인 느슨한 생활태도. 내가 공무원 시험을 준비하면서 맞닥뜨린 첫 번째 난관이었다.

두 번째 난관은 자금이었다. 모든 수험생이 그렇겠지만, 나 또한 경제적 어려움이 곧 커다란 심리적 압박으로 다가왔다. 당장 한 달에 들어가는 돈만 해도, 독서실비 8만 원, 휴대폰 요금 2만 원, 책값 5만 원 정도가 필요했다. 이처럼 기본적인 비용만 15만 원이었고 밥을 먹거나 강의를 듣거나 기타 잡비가 들어가는 것을 생각하면 손발이 절로 후들거렸다. 그때 나를 도와준 사람이 바로 내 동생이었다. 2008년 3월에 취직한 동생이 달마다 10만 원씩 지원해 주기로 하면서, 나는 한숨 돌릴 수 있게 되었다. 때마침 아버지가 하시는 일도 안정이 되어서 간혹 용돈을 쥐어 주시기도 하면서, 심리적인 부담감을 덜 수 있었다. 마음이 편해지자 공부도 차츰차츰 잘 되었다. 나는 집에서 세끼를 챙겨 먹고, 밥 먹고 쉬는 동안 동영상 강의를 보았다. 그리고 다시 독서실로 돌아가 공부하다 잠드는 생활을 반복했다.

지갑을 들고 다니지 말자

나는 지갑을 아예 두고 다녔다. 지갑을 가지고 있으면 쓰지 않아도 될 곳에 돈을 쓰게 되기 때문이다. 자잘한 곳에 돈을 자꾸 쓰다 보면 알음알음 지출이 늘어나고, 지갑이 텅 비게 된다. 그리고 돈이 있으면 자꾸 다른 짓을 하고 싶어져 공부에 방해가 된다. 그래서 나는 거의 지갑을 놓고 다녔고, 꼭 돈을 써야 하는 날에만 챙겼다. 예를 들면, 책을 사야 하거나 독서실 비를 내거나 할 때만 지갑을 챙겨 다녔다. 이처럼 공부할 때는 될 수 있으면 돈과 멀어지자.

   세 번째 난관은 자격증 시험이었다. 자격증은 수험생들에게 생명의 동아줄과도 같다. 알다시피 공무원 시험 합격은 등수가 아니라 커트라인 통과에 달렸다. 그리고 실제 시험에서 당락을 결정하는 건 1~2점 차이! 가산점이 있다면 손쉽게 뒤집을 수 있는 점수 차이다. 그렇기 때문에 자격증은 만약의 사태에 나를 불합격에서 받쳐 올려줄 든든한 보루가 되어 준다. 나 또한 가산점은 무시하기 힘든 점수였고, 결국 3월에 정보처리기사 필기시험을, 4월에 실기시험을 보고 6월에 자격증을 받았다. 자격증이 나오기 직전인 5월 말에는 경험 삼아 충남지방직 9급 시험을 치렀는데 보기 좋게 낙방했다. 원래 7급 공무원 시험을 목표로 하고 있었고, 어디까지나 경험 차원으로 치른 시험이었지만 어이없게 너무 긴장한 탓인지 답안지 작성 미숙으로 실패했다. 답을 밀려서 엉뚱한 번호에 마킹하고, 가채점보다 7문제나 더 틀렸다. 결국 74점으로 불합격! 나는 큰 충격을 받았다. 그래서 이를 악물고 답안지 마킹 연습을 철저히 한 다음, 7월 서울시 공무원과 국가직 7급에 응시했고 9월에는 충남지방직 7급에 응시했다. 결과는 3곳 모두 필기 합격! 서울시는 커트라인보다 1문제를 더 맞혔고, 국가직은 커트라인과 동점, 충남은 커트라인보다 3문제를 더 맞혔다. 이는 답안지 작성에서 실수하면 등락이 바뀔 수 있는 점수 차이다.

실제 시험을 경험해 보자.

내가 목표로 하는 직급이나 주관사가 아니라도 시험에 응시를 해 보는 편이 좋다. 자주 응시하지 말고, 경험 삼아 가끔씩 쳐 보면 모의고사를 풀 때와는 다른 경험을 할 수 있다. 실제 시험장에서 시험을 보는 것은 긴장과 압박의 차원이 다르다. 나 역시 9급 시험에서 잔뜩 긴장한 탓에 엉뚱한 실수를 했고, 결국 떨어졌지 않았던가. 오랜 시간 준비하고도 실수로 떨어진다면 안타깝고 억울하기 그지없다. 그러니까 평소에 실제 시험을 경험하므로 실전 경험을 쌓아둔다면, 본 시험을 칠 때 백 번 유리하다. 또한 답안지 작성이 불안한 사람은 나처럼 미리 마킹 연습을 해 두면 좋다.

나는 국가직 합격자 발표가 난 다음에야 면접 준비를 시작했다. 사실 나는 예전에 공기업 취업 준비할 때 면접을 본 적이 있었다. 그러나 거의 통과해 놓고서 마지막 면접에서 보기 좋게 미끄러졌다. 그때 기억이 자꾸 떠올라 공무원 면접 준비를 하는 내내 불안했다. 고생 끝에 이루어 낸 필기 합격이 면접으로 날아갈지도 모른다는 생각을 하면 가슴이 떨려서 숨도 못 쉴 지경이었다. 나는 우선 도서관에서 면접 관련 책을 닥치는 대로 읽었다. 하지만 책에 실린 내용은 어디까지나 이론일 뿐, 실전 경험이나 면접 전문가들의 생생한 조언이 필요했다. 나는 인터넷을 뒤져 집에서 가까운 대전 면접특강 학원을 찾아 수강했다. 수험생활 동안 학원비로 돈을 쓴 적이 없었지만, 면접만은 달랐다. 마지막 관문인 면접을 통과하지 못하면 겨우겨우 붙은 필기합격마저 무용지물이 될 테니까.

2008년 10월 24일 국가직 면접, 11월 3일 서울시 면접, 11월 6일 충남직 면접……. 불과 2주 사이에 면접 3개가 몰려 있었다. 나는 불안감과 싸우며 면접을 보았고, 내 면접 특훈의 성과를 톡톡히 보았다. 결과는 3곳 모두 최종합격했다.

나만의 공부요령

사람마다 각자 공부하는 스타일이 다르다. 내 경우, 이해력과 분석력이 뛰어나지만 암기력이 턱없이 모자랐다. 그렇기 때문에 공부할 때 무조건 남을 따라하지 않고, 나에게 맞게 공부 계획을 짜는 데 주력했다. 한 과목 강의를 듣고 그 과목의 수험서를 볼 때도 한 번에 내용을 터득하려고 무리하지 않았다. 같은 내용을 반복해서 보도록 계획을 잡고, 간격을 조정해 2~3회 보는 효과를 노렸다. 이를테면, 오늘 1장과 2장을 봤다면 내일은 2장과 3장을 보는 식으로 계획을 짰다. 그 결과 책 한 권을 다 보면, 1번이 아니라 2번 이상 보게 되는 반복학습으로 암기력이 모자란 나도 자연스럽게 내용을 암기하게 되었다.

> 한 과목을 하루에 끝내지 말자.
>
> 오후 시간 : 강의 수강 / 밤 시간 : 기본서 학습
>
> 다음 날 오전 시간 : 요약집 또는 문제 풀이
>
> 이처럼 한 과목을 나눠서 공부하면 하루에 몰아볼 때보다 효과가 좋다. 특히 다음 날 요약집이나 문제를 풀면서 다시 한 번 내용을 떠올리게 되니 암기력 보완에 효과만점! 다만 전날 오후에 공부한 강의 내용을 잊어버릴 수 있으니 주의해야 한다. 조금만 유념해서 정리를 하고 공부를 한다면 하루에 몰아서 공부할 때보다 훨씬 능률적이다.

빨리 합격한 사람들은 남보다 효율적으로 공부했다

공무원 시험을 준비하는 사람은 누구나 열심히 공부한다. 모두 똑같이 열심히 공부한다면 당연히 더 효율적으로 공부한 사람이 합격할 것이다. 요는 "효율적으로 공부하는 방법"을 찾는 것이다.

나는 자신에게 맞는 공부법 찾기를 권하고 싶다. 남이 세워 놓은 공부 계획이나 공부법을 무리하게 따라하다 보면 스트레스만 받고, 몸과 마음이 지쳐버린다. 자기에게는 자기만의 리듬이 있는 법이다. 그 리듬을

살릴 수 있는 계획과 공부법을 스스로 찾아야 한다.

내 경우를 예로 들어보자. 최종 합격을 확인한 나는 독서실에서 짐을 쌌다. 집으로 옮기기 위해서였다. 그 모습을 본 독서실 아래층 식당 아저씨가 물었다.

"이번에 합격한 거야?"

"네, 그동안 고마웠습니다."

그때 아저씨가 씩 웃으며 한 말이 아직도 기억에 남는다.

"합격할 줄 알았어. 여기서 오래 장사를 하다 보니 합격할 사람들이 눈에 딱 들어오는데 자네가 그랬어. 자네는 언제나 같은 시간에 물통을 하나 들고 가더군. 그처럼 시간을 정확히 딱딱 지킬 정도면 자기관리가 얼마나 철저하겠어? 그런 사람이 합격하지 않을 리 없지. 그동안 수고 많았네. 축하해!"

사실 나는 공부할 때 시간을 정확히 지켜 움직이지 않았다. 단지 내게 맞는 방식으로 공부를 했고, 자연스럽게 내 생활로 만들었다. 그것이 나도 모르는 새 규칙적인 생활 리듬으로 완성된 것이었다. 의식하지 않는 자연스러운 생활 리듬은 날마다 같은 공부를 해야 하는 수험생이 스트레스를 덜 받으면서 공부 성과를 높일 수 있는 방법이라고 생각한다.

한 가지 예를 들어보자.

> 공부하면서 큰 목표가 있고 세부 목표가 있다. 큰 목표는 시험 합격이고, 세부 목표는 대략적인 공부 분량이다. 공부를 하다 보면 몸이 안 좋거나 주변에 무슨 일이 생길 때가 있다. 그런 경우, 아직 생각했던 목표량을 채우지 못했는데 어떻게 해야 할까? 평소대로 목표량을 채울 때까지 공부할지 아니면 그날 본 내용만 마무리하고 다음 날로 넘길지 결정할 때 여러분이라면 어떻게 하겠는가?

나는 항상 후자를 택했다. 일찍 자고 일찍 일어나 어제 마무리하지 못했던 책을 펼쳤다. 이것이 바로 스트레스를 덜 받고 좋은 성과를 올린 내 방식이다. 하루로 보면 세부 목표 미달이지만, 장기적으로는 큰 목표를 이루었다. 사람의 몸과 머리는 항상 똑같은 상태로 유지되지 않는다. 그런데 무조건 날마다 계획한 공부량에 연연해 몸을 혹사하면 스트레스만 쌓일 뿐이다. 다시 한 번 말하지만, 본인의 성격과 공부 스타일을 잘 파악해 "가장 효율적인 맞춤 공부법을 찾으라"고 강조하고 싶다.

공부시간과 과목 배분을 어떻게 해야 할까

나는 공부하는 시간이 때에 따라 달랐다. 11월~2월은 하루에 6~9시간 정도, 3월~7월은 하루에 11~14시간 정도 공부했다. 그 뒤에는 하루에 10시간 정도 공부했다. 공무원 수험 준비 초기에는 새로운 생활에 적응하느라 힘들었기 때문이었다. 그러다 경제적으로나 심적으로나 안정된 3월부터는 공부 시간과 공부 분량이 비약적으로 늘었다. 내 경험상 초기부터 자신을 극한으로 내몰면 금방 지칠 수 있으니 최대한 자연스럽게 시간과 분량을 늘려가는 편이 좋을 듯하다.

나는 하루에 2~3과목을 주력으로 공부하고, 공부 시간의 80% 이상을 투자했다. 그리고 나머지 과목은 다음 날 잊어버리지 않을 정도로만 보았다. 내 경우 2007년 11월에 본격적으로 공부를 시작해 다음해 7월까지 공부했으니 대략 7~8개월 정도 투자한 셈이다. 그다지 길지 않은 공부 기간이었기에 남들보다 기본서를 많이 보지 못했다. 국어와 경제학이 기본서를 가장 많이 본 과목으로, 약 4회 정도 정독을 했다. 다른 과목은 기본서를 2~3회 정도 정독했다. 그리고 나는 기본서보다 문제집과 모의고사에 시간을 더 많이 투자해 공부했다. 문제를 풀면서 중요한 부분과 부족한 부분을 찾아 보완했다. 이 방법은 모든 사람에게 추천할 만한 방법이 아니다. 다만 준비 기간이 부족한 수험생이라면 효과를 톡톡히 볼 수 있을 것이다.

과목별 채택한 수험서와 문제집

나는 전문가가 아니라 공무원 시험 합격자일 뿐이다. 그러므로 객관적인 평가를 내릴 수 없다. 바라건대 내가 본 교재를 절대적인 교재 선정의 기준으로 사용하지 않았으면 한다. 하나의 참고로 활용해 자신에게 꼭 맞는 교재를 선택하기를 바란다.

내가 교재를 선택할 때 가장 큰 도움을 받았던 곳은 인터넷 서점이다. 인터넷 서점에 있는 목차와 구매 평가를 보고 교재를 선택했다. 오프라인 서점에서 직접 보고 골라도 좋겠지만, 시간이 아까워서 인터넷 서점을 이용했다.

✚ 국어 │ 재정국어, 임전무퇴 최종 모의고사, 재정국어 6월 특강

《재정국어》는 수험생들이 가장 많이 찾는 교재고 그럴 만한 가치가 있는 책이다. 다만 각 장마다 내용이 빽빽하고 두께가 워낙 두꺼워 부담스러운 것이 흠이다. 하지만 무조건 양이 적고 가벼운 책을 고르면 나중에 또 책을 사야 하므로 처음부터 내용이 충실한 책을 고르는 게 좋다.

《임전무퇴 문제집》은 여러 유형의 문제들을 한 번에 접할 수 있어 아주 유용하다. 기본서를 잘 보는 것도 중요하지만, 정작 시험에서 필요한 것은 문제 푸는 능력이다. 내 경우, 《임전무퇴 문제집》에서 지문으로 나왔던 '효빈'이라는 고사성어가 실제로 서울시 7급 시험에 출제되어 기쁜 마음으로 풀었던 적이 있다.

✚ 영어 | JK영어, 코아 실전 모의고사, Voca Bible, 스타르타 영어단어장, 기출문제로 매일 영어 1,2

《JK영어》는 조금 오래된 책이다. 문법 쪽이 정리가 잘 되어 있어 문법 실력이 많이 늘었다. 《코아 실전 모의고사》는 내가 본 시험의 영어 출제 경향과 그다지 부합하지 않았지만, 중요한 내용을 확인하고 정리하는 데 좋았다.

《Voca Bible》은 서울시와 국가직 시험을 본 다음인 7월에 구입해 2달 동안 본 어휘교재였다. 수록된 어휘 양이 어마어마하니 꼭 서문에 있는 공부법 부분을 잘 읽고 활용해야 한다. 내 경우에는 기출문제로 나온 예문이 단어 공부하는 데 유용했다. 소단원별로 정리된 숙어도 기출빈도가 꽤 높다.

강수정 강사의 기출 문제집은 감을 유지하는 정도로 활용하면 좋다. 10년간의 기출문제를 모아 놓았기에 해당 연도의 경향을 많이 반영하지 않지만 여러 유형의 문제와 예문을 볼 수 있어 좋다. 사실 7·9급 공용이라 7급 준비생인 내게는 메리트가 적었지만 9급 준비생들에겐 상당히 좋다고 생각한다.

✚ 한국사 | 풀어쓴 한국사, 통합한국사, 기막힌 9급 모의고사, 서울시 기출문제집 (9급)

《풀어쓴 한국사》 2005년판은 예전 책이라 글자 크기도 작고 한 번에 쭉 읽기에 불편했다. 그래도 한국사의 기본 흐름을 잡기에 좋은 교재였다.

《통합한국사》는 내용정리보다 문제풀이에 도움이 되는 책이었다. 내 경우에는 교재보다 정재준 선생님의 강의가 암기법이나 한국사 접근 방식이 잘 맞았다.

한국사를 공부할 때는 교재에 없는 문제가 출제되는 경우가 많으므로 인터넷 등을 활용해 다양한 정보와 자료를 얻어야 한다.

✚ 헌법 | 황남기 헌법, 맥 객관식 헌법

헌법 수험서의 대표 저자로 황남기 선생님과 채한태 선생님이 있다. 두 선생님은 서로 스타일이 다른데, 황남기 선생님이 최대한 중요한 부분 위주로 강의하려고 한다면 채한태 선생님은 모든 내용을 꼼꼼하게 짚고 넘어간다. 각각 장단점이 있으므로 자기에게 맞는 교재를 선택해서 공부하는 편이 좋겠다.

《맥 문제집》은 문제집이라고 하기에는 지나치게 문제가 많고 지엽적인 부분이 있었다. 나는 가급적 공부할 때 지엽적인 부분에 중점을 두지 않고 했다. 물론 어느 것이 좋고 나쁘다고 딱 잘라 단언하기 힘들다. 단적인 예로 나는 국가직과 수탁이었던 시험에서는 100점과 90점을 받았지만 지엽적인 부분이 많이 출제되는 서울시 시험에서는 65점을 받았다. 황남기 선생님 방식에 맞춰 공부했기 때문이었다. 따라서 한쪽으로만 치우쳐 공부하기보다 적절히 교재의 장단점을 이용하기 바란다.

＋ 행정학 | 알파플러스 행정학, 김중규 첨단행정학(3권 중 기출빼고 2권), 알파행정학 최종모의고사

기본서 2005년판을 아는 형에게 물려받아 공부했다. 최신 내용이 부족한 것은 저자인 위계점 선생님의 홈페이지에서 추록 등을 다운받아 보충했다. 추록에 있는 모든 문제를 다운받아 출력할 수 있어 다행이었다.

《첨단행정학》은 쟁점 부분을 자세히 정리해서 기본서의 보조 교재로 좋았다. 첨단행정학 모의고사 파트는 중복된 문제들이 많이 눈에 띄었지만, 반복학습 측면에서 유용했다.

《알파행정학 최종모의고사》는 OX문제와 모의고사 문제 등이 과목의 내용을 전체적으로 정리하는 데 도움이 되었다. 새로운 문제들도 많고 난이도도 높아 수험 준비에 좋았지만, 다른 교재들이 B5크기인데 반해 두 배나 커서 휴대하거나 볼 때 불편하다. 그래서 나는 7급 모의고사(위계점 저)를 대신 추천하고 싶다.

＋ 행정법 | 신월행정법, 김윤조 행정법 예상문제집, 마인드맵 행정법 판례집, 신월 판례 특강

《신월행정법》은 단권화를 목표로 한 책이라 문제 부분에 유사 문제들이 꽤 많다. 물론 2007년까지의 경향에 맞추었기 때문이겠지만, 판례형 문제가 유독 적어서 《신월행정법》만으로 공부한 수험생은 2008년도 시험에서 진땀깨나 뺐을 것이다.

내 경우, 5월에 9급 시험 등을 보고 판례의 중요성을 느껴 판례집과 특강 교재 등을 추가로 본 것이 합격에 많은 도움이 됐다. 그리고 《김윤조 예상문제집》도 매우 유용했다.

✚ 경제학 | 정병렬 7급 경제학, 정병렬 경제학 모의고사, ALL PASS 경제학 기출예상문제집

경제학은 원체 접근이 쉽지 않은 과목이다. 하지만 기본서와 강의를 같이 보면서 천천히 이해하다 보면 큰 어려움이 없으니 겁먹지 말고 차근차근 공부하는 게 관건이다.

《ALL PASS문제집》은 《정병렬 경제학 모의고사》가 나오지 않아 구매한 책이지만, 생각보다 단원별로 문제가 잘 정리되어 보충교재로 훌륭했다. 하지만 개인적으로는 뒤늦게 나온 《정병렬 경제학 모의고사》는 OX문제와 알짜 문제들로 구성되어 《ALL PASS문제집》보다 더 도움이 되었다. 두 문제집 가운데 하나를 고르라면 나는 단연 《정병렬 경제학 모의고사》를 추천한다.

✚ 모의고사 | 혼 7급 일반행정직 최종모의고사, 남부고시학원 모의고사모음집 3권, 이그잼 모의고사 3회

《혼 모의고사집》은 최신경향에 부합하지 않고, 문제의 질적인 부분도 전문학원 모의고사집에 비해 떨어진다. 다만 OMR 마킹 연습이 있어 마킹으로 낭패를 본 내게는 꽤 도움이 된 책이었다. 그리고 활자가 실제 문제 크기라 실제 시험 문제에 익숙해지는 데 좋고, 난이도가 높지 않아 자신감을 가질 수 있게 한다.

나는 7월초부터 9월 중순까지 모의고사를 총 30여 회 풀며 실전연습을 많이 했다. 그 덕분에 실제 시험에서 긴장하지 않고 실력을 제대로 발휘할 수 있었다. 내가 충남 7급 필기시험을 볼 때 있었던 일이다. 보통 세 번째 과목인 한국사부터 풀기 시작해 마지막으로 국어, 영어를 푼다. 그런데 그만 한국사 마킹을 1교시인 국어에 한 것을 다음 과목을 풀면서 마킹하려다 발견했다. 순간 등골이 서늘해졌다. 얼른 답안지를 다시 받아 잽싸게 다시 마킹했지만 4~5분 정도 시간을 손해 보았다. 공무원 시험에서 4~5분은 절대 적은 시간이 아니다. 만약 내가 평소에 실전 시험에 맞춰 시간 안배 훈련을 철저히 하지 않았다면 당황해서 시험을 망쳐버렸을지도 모른다. 다행히 수많은 모의고사를 풀면서 시간을 조절하는 방법을 익혔기에 행정학, 행정법 과목에서는 평소보다 못한 점수를 받았을지언정 다른 과목은 평소와 비슷한 점수를 받을 수 있었다. 실전 시험에서는 정확한 마킹이 중요하므로 모의고사를 풀 때 마킹 연습을 부지런히 해 둘 것을 권한다.

✚ 기타 │ 헌법, 행정학, 행정법, 한국사 요약집

합격 수기들을 보면 대부분 여러 교재의 단권화나 서브노트의 작성을 강조한다. 나 역시 그렇게 생각하지만 나처럼 단기간에 준비해야 하는 수험생이라면 단권화와 서브노트를 다하기 힘들다. 그래서 나는 요약집을 이용해 정리했다. 요약집은 짧은 시간에 비해 효율성이 좋아 시간이 절대적으로 부족한 수험생들은 요약집을 잘 이용해야 한다.

면접 3종 세트(국가직, 서울시, 충남) 비교 체험기

국가직 - 프레젠테이션 + 사전조사서

준비과정

혼자 국가직 프레젠테이션을 준비하기는 힘들다. 그래서 대부분 사람들과 팀을 만들어 스터디를 한다. 내 경우는 집에서 3시간이나 걸리는 청주까지 가서 스터디를 했다. 기출문제를 위주로 사람들과 개요에 대해 의논했다. 그리고 발표용지에 내용들을 쓰고, 실전과 비슷한 조건으로 연습했다. 각각 면접관과 발표자로 역할을 나누어 실제 면접 문제와 비슷한 문제들과 비슷한 발표 시간, 예상 질문 등으로 거의 실전처럼 연습했다. 프레젠테이션 역시 실제 면접을 보기 전까지 최소 5번 이상 발표 연습을 했다.

사전조사의 경우는 내가 작성한 내용을 다른 사람들에게 보여주고 여러 번 검토를 받고 수정했다. 단지 스터디에 참석하는 사람뿐만 아니라 주변 사람들에게도 보여주며 적극적으로 조언을 구했다. 특히 나이 드신 어르신들은 내가 생각하지 못한 부분을 날카롭게 지적해 주어 많은 도움이 되었다.

국가직 면접은 미리 준비를 잘 해야 한다. 사전조사서 작성할 때 20분 밖에 주어지지 않기에 준비하지 못한 문제가 나오면 당황하기 쉽다. 또 20분 동안 제대로 된 글을 쓰기도 힘들다. 실제로 나와 함께 스터디를 한 사람 가운데 한 명은 사전조사서를 제대로 쓰지 못해 불합격했다. 프레젠테이션 주제를 받고, 발표용지에 개요 작성하는 시간도 겨우 25분 정도라 미리 연습을 많이 해야 한다. 순간의 소홀함이 그동안 고생을 물거품으로 만들 수 있음을 명심하자.

실제 면접 프레젠테이션에서 나는 두 가지 문제 중 하나를 택해야 했다. 다행히 기출문제와 똑같지 않아도 어느 정도 유사성이 있어 크게 어렵지 않았다.

1) 태극기 게양 비율이 갈수록 낮아지는 이유와 대책
2) 행정 효율이 개선되고 있음에도 일반인의 인식이 나쁜 이유와 대책

나는 두 번째 문제를 선택했다. 그리고 지원부서로 생각한 조달청의 업무와 관련하여 가설을 세워서 개요를 짜고 발표를 했다. 당시 면접관은 세 명이었는데, 다들 첫인상이 그리 좋지 않았다. 그런 면접관들 앞에서 발표하려니 잔뜩 긴장해서 말도 제대로 나오지 않았다. 그런데 면접관이 일상적인 질문을 툭 던지지 않겠나. 내가 바짝 얼은 모습이 안쓰러웠던 모양이었다. 그래서 나는 긴장이 풀어져 비교적 편안한 마음으로 면접을 보았고, 발표를 잘 마쳤다. 면접관들이 발표 내용의 개선 방향이 추상적이라며 구체적으로 말하기를 요청하자 나는 30초만 시간을 더 달라고 하여, 개선 방향을 보충해서 구체적으로 설명했다.

그렇게 발표가 무사히 끝나고, 사전조사서 단계로 자연스럽게 넘어갔다. 주로 전에 근무했던 경험들을 위주로 질문과 답변이 이루어졌고, 시사상식이나 전문지식 등에 대한 질문은 전혀 없었다. 오히려 면접하다가 체력에 대한 이야기가 나왔다.

"예전에는 체력 하나는 자신 있었는데, 요즈음 공무원 시험 준비를 하느라 체력이 많이 떨어진 것 같습니다."

그러자 한 면접관이 "그래? 지금도 좋아 보이는구만. 엄살은."라고 말

하는 바람에 다른 면접관들과 나는 그만 참지 못하고 폭소했다. 그 덕분에 더욱 편안한 마음으로 면접에 임했고 전반적으로 기분 좋게 면접을 마쳤다.

서울시 - 영어면접

준비과정

대부분 사람이 그러하겠지만 영어는 정말 어렵다. 더군다나 사람들 앞에서 영어로 발표를 해야 한다면 그 압박감은 상상을 초월한다. 내가 서울시 영어면접을 준비할 시간은 고작 1개월. 사실 나는 영어면접이 정말 자신 없어 '서울시 필기합격은 실제 합격이 아니다.' 라고 생각했다. 오죽 했으면 '영어면접의 성공을 32년 인생의 최대 목표' 라고 생각할 정도였을까. 그래서 나는 누구보다도 영어면접 주제에 대해 많이 고민했다고 자부한다. 정말 날마다 다른 면접자들과 차별될 수 있는 내용을 만들기 위해 머리를 쥐어짰다.

우선 영어면접 특강을 수강하고, 영어면접 교재를 2~3권 구입해 봤다. 그래도 불안이 가시지 않자 특단의 조치를 취했다. 국가직 면접 대비로 만난 스터디 사람 가운데 해외유학을 다녀온 사람이 있었다. 나는 다짜고짜 그 사람을 찾아가 도움을 청했다. 운이 좋게도 그 사람의 도움을 받아 미리 작성한 원고를 수정하고, 자연스럽게 프리토킹하는 법을 배울 수 있었다. 하지만 무엇보다 영어면접 특강 때, 여러 수험생 앞에서 영어 발표를 한 경험이 가장 크게 도움이 되었다. 사실 나는 성격이 내성적이라 사람들 앞에 잘 나서지 못한다. 특강 강사는 내가 발표를 어려워하자 많이 칭찬하고 격려하며 용기를 북돋워 주었다. 그 덕분에 나는 용기를 내어 조금씩 사람들 앞에서 발표할 수 있었다.

그리고 나는 면접장에 면접관 참고용으로 내가 발표할 영어 원고를 복사해서 가져갔다. 혹시나 내 영어 발음을 알아듣지 못하면 어쩌나 싶어 고안한 방법이었다. 나는 어떻게든 내 노력을 면접관들에게 적극적으로 보여주고 싶었다.

실제면접

면접장에 들어가 평정표 3매와 준비한 원고 3매를 면접관들에게 제출하려고 하자 한 면접관이 물었다.

"왜 원고를 가져왔나?"

나는 기죽지 않고 당당히 말했다.

"사실 영어면접을 준비하면서 많은 고민을 했습니다. 주제에 대해서 고민하고 노력했지요. 그런데 정작 발표 주제는 하나뿐입니다. 제가 생각했던 많은 주제를 다 발표하지 못하는 것이 못내 아쉬워 제목만이라도 읽어 주셨으면 하는 마음에 준비해 왔습니다."

그러자 질문을 한 면접관이 싸늘하게 답했다.

"그런 것은 수험생이 보고 준비할 내용이지, 면접관이 봐야 할 내용은 아니잖나? 원고 챙겨서 자리에 앉게."

속으로는 예상과 다른 면접관의 반응에 당황하고 불쾌했지만, 최대한 내색하지 않으려고 애썼다. 그렇게 시작한 영어면접은 처음부터 분위기가 어색했고, 좀처럼 나아질 기미가 보이지 않았다.

첫 질문은 장단점을 포함한 자기소개였다. 자기소개 정도는 미리 준비했기에 어렵지 않게 이야기했다. 자기소개가 끝나자 다른 면접관이 서울시 예산이 얼마인지를 물었다. 서울시 공무원을 지원하면서 서울시 예산을 확인하지 않았을 리가! 나는 자신 있게 대답했고, 내 태도가 놀라웠는지 그 뒤로 시정에 대한 질문이 거의 나오지 않고 대체로 평이한 질문들이었다. 그나마 면접 후 임용 전까지 계획을 묻는 질문이 기억에 남는다. 이 또한 예상하고 미리 준비했기에 별 무리 없이 대답했다.

"전 IT교육을 받아 컴퓨터 활용 능력에 자신 있습니다. 하지만 실무 관련 오피스 프로그램을 모두 능숙하게 다루지는 못합니다. 그래서 실무 관련 오피스 프로그램을 위주로 연습을 하려고 합니다. 그리고 외국인노동자를 위한 봉사단체에서 봉사활동을 하고 싶습니다. 가입한 지는 꽤 지났는데 시험 준비를 하면서 거의 활동을 하지 못했거든요. 이번 기회에 그동안 밀린 봉사활동을 열심히 할 생각입니다."

영어면접은 내 예상과 달리 주제를 직접 던지지 않고, 주제와 관련된 질문들을 주로 했다. 내 원고를 탐탁지 않게 생각했던 면접관이 영어면접 담당이었고, 프리토킹을 유도하는 질문을 던졌다. 나는 평소 영어를 잘하지 않거니와 외국인과 대화를 해 본 적도 거의 없어 영어에 프리토킹에 자신이 없었다. 그런데 면접관이 이렇게 묻지 않겠는가.

"외국어 능력이 중요하다고 생각하는 이유가 뭔가? 영어로 말해 보게."

순간적으로 나는 이 질문이 프리토킹을 유도하는 질문이라고 판단했다. 때마침 내가 준비했던 영어 발표 주제 가운데 이와 유사한 내용이 있었다. 나는 재빨리 주제 발표를 하듯 준비한 내용을 줄줄 읊었다. 말하다 중간에 기억나지 않는 한 문장은 잠시 머뭇거리다 빼 버리고, 그냥 끝까지 외운 내용을 읊어 버렸다. 그러자 면접관이 조금 어이없다는 듯 물었다.

“외워 오신 건가요?”

“네, 그렇습니다.”

그 면접관은 다른 면접관들에게 추가 질문이 없는지 확인하고, 내게 면접 종료를 알렸다. 나는 인사를 하고 면접장을 나왔다. 셔틀버스 대기 장소로 돌아와 보니 나 혼자뿐이었다. 13개 조 가운데 내가 가장 빨리 면접을 마치고 나왔다는 것을 깨닫자 기분이 좋지 않았다. 하지만 나는 지레 불합격이라고 생각하지 않았다. 비록 면접관과 코드도 잘 맞지 않았고 면접 분위기도 썩 좋지 않았지만, 한 면접관의 평가가 당락을 좌지우지하지는 않을 것이라고 생각했다. 그리고 설마 탈락시키기 위해 질문했겠느냐 싶었고, 설령 탈락시키려고 했다면 이처럼 빨리 면접을 끝내지 않았을 것 같았다.

충남 – 면접

사실 충남 면접은 많은 준비를 하지 않았다. 국가직과 서울시 면접을 본 상황이라 어느 정도 준비가 갖춰진데다 따로 준비할 시간이 없었기 때문이었다. 충남 도정만 알아보고 면접에 임했는데. 이게 웬일인가. 충남의 면접은 내가 본 면접 가운데 가장 당혹스러운 면접이었다.

특히 생각지도 못한 문제들이 툭툭 튀어나왔는데, G7, 6T 산업, 충남의 정신 5가지 등 대부분 암기를 요하는 내용들이었다. 충남에 대해 공부하면서 보기는 했지만, 자연스레 읽고 지나갔을 뿐 완벽하게 외우지는 못해 진땀을 흘려야 했다. 인터넷 검색을 하면 나오는 정보가 공무원 자질을 평가하는 면접에서 나올 줄이야. 다른 질문을 예상했던지라 암기식 질문을 한 면접관에게 아쉬운 마음이 들었다.

어느덧 면접이 끝날 시간이 되자 면접관이 말했다.

"마지막으로 하고 싶은 말이 있으면 10초 정도 해 보세요."

그래서 나는 시간을 조금 더 달라고 요청했다. 암기식 내용에 대해 제대로 대답하지 못한 것이 마음에 걸렸기 때문이다. 면접관의 허락이 떨어지자 나는 이렇게 말했다.

"제가 존경하는 분 가운데 이경석이란 분이 있습니다. 병자호란 때 치욕적인 삼전도비를 쓰고 당시 임금이었던 효종을 대신해 북벌의 책임을 지고 옥살이를 한 분입니다. 영의정이라는 고급 관료로 지금의 공무원과 같다고 생각합니다. 저는 공무원 시험을 준비하며 이분을 진심으로 존경하게 되었습니다. 모름지기 공무원은 세상의 비난을 받더라도 꼭 수행해야 할 일이 생길 때가 많습니다. 그럴 경우에도 결코 책임을 회피하지 않고 나라를 위해 온 몸과 마음을 다 바친 이경석 영의정의 모습이야말로 바로 제가 되고 싶은 공무원의 모습입니다."

 ## 공무원 면접시험의 뜨거운 감자

"면접 순서"에 대한 생각

면접을 준비하는 수험생들에게 가장 큰 논란거리는 탈락자 조별할당과 관련된 면접순서다. 이에 대해 지금도 의견이 분분하지만 나는 일정 부분 동의한다. 물론 내가 경험한 단 3번의 면접으로 전체 면접을 일반화시켜 말할 수는 없다. 하지만 면접 준비를 하는 수험생들에게 조금이나마 도움이 되고자 내가 느끼고 생각한 바를 적는다.

나는 3번의 면접에서 10명 중 10번(국가직), 13명 중 1번(서울시), 10명 중

7번(충남) 순서였다. 내가 생각하기에도 "마지막 순번이 기다림과 면접에 지친 수험생과 면접관들의 심리와 조별할당으로 인한 요인 등이 작용해 가장 유리하다. 첫 번째 순번 역시 유리하다. 중후반 순번의 경우 압박 질문을 받을 가능성이 커 탈락의 위험이 가장 크다."라는 내용이 맞는 듯하다. 그러면서도 따로 면접 순번에 대한 글을 쓰는 이유는 간단하다. 사실 면접의 순번은 개인이 정할 수 없다. 이미 정해진 일로 미리 좌절하거나 우울해하지 않기를 바라서이다.

결론부터 말하면 순번은 어느 정도 면접에 영향을 미치지만, 절대적인 요인이 되지 않는다. 그리고 순번이 면접에 영향을 미친다면 그에 맞게 대비하면 된다. 면접시험에서는 면접관 개개인의 판단이 크게 작용한다. 따라서 자신의 순번에 맞춰 면접관들의 심리를 알아둘 필요가 있다. 자신의 순번에 따라 면접관의 태도와 질문이 변하는 상황을 고려하여 미리 면접 전략을 세워 대비한다면 순번이 면접에 미치는 영향은 최소한으로 줄어든다.

예를 들어, 마지막이나 첫 순번일 경우에는 가장 무난한 답변을 위주로 전략을 짜면 된다. 중후반 순번의 경우 획일적인 대답보다 자신만의 경험이나 생각을 적절하게 섞어 다소 특이하게 표현하는 편이 좋다. 자신의 순번을 탓하기만 한다면 결코 합격할 수 없다는 사실을 명심하자.

TIP

시험 일주일 전부터 '아침형 인간'으로 전환하도록 하자

공무원 시험은 아침에 시작된다. 그러므로 밤에 공부하고 낮에 잠을 자는 올빼미형 수험생이라면 적어도 시험 일주일 전부터 아침형 인간으로 생체 시계를 바꾸어야 한다. 생체 시계는 하루 전날 생활을 바꾼다고 바뀌지 않으므로 서서히 터울을 두고 조금씩 생활을 바꾸어야 한다. 사실 일주일도 생체 시계를 바꾸기에 부족한 시간이다.

시험 당일 컨디션이 좋지 않으면 그동안 노력이 수포로 돌아간다. 시험 일주일 전부터 밤을 새지 말고 아침에 일찍 일어나도록 한다. 스트레칭이나 걷기 등으로 혈액순환을 촉진하고, 아침 식사를 확실하게 하는 등 아침형 인간 생활을 하다 보면 시험 당일에 한결 맑은 머리로 시험을 볼 수 있다. 시험 전날에는 여느 때보다 1시간 정도 일찍 잠을 자도록 한다. 다음 날 아침 컨디션을 최대한 끌어올려 집중력을 배가시키기 위해서다.

믿음의 힘으로 꿈을 이루다

응시 시험 2005년 전북 기술직 9급 합격

김 은 정

톡톡! 수험생활 들여다보기!

사람일은 참 알다가도 모르겠다. 아주 사소한 사건이 미래를 바꾸고, 평생을 좌지우지하기도 하니 말이다. 적어도 나는 그랬다. 원대한 야망과 목표가 아니라 소소한 바람이 내 인생을 움직였고, 미래를 통째로 바꾸었다.

지금도 그때가 선명히 기억난다. 2002년 결혼한 뒤로 줄곧 전업주부로 지내던 나는 소일거리를 찾아 여기저기 기웃기웃하다가 우연히 모 관공서에서 일용직 사무보조를 구한다는 이야기를 들었다. 하루하루가 무료하기도 했고, 살림에 도움이 되고 싶기도 했던지라 망설이지 않고 지원했고, 그것이 인연이 되어 1년 남짓 관공서에서 일하게 되었다.

해당 관공서는 농업 관련 관공서였다. 그때까지 농사와 거리가 멀던 나는 태어나서 처음으로 밀짚모자를 쓰고 파종하고, 흙을 골라내는 일을 하며 농업에 대해 하나씩 배워 나갔다. 비록 몸은 힘들었지만 마음은 즐거웠다. 새로운 일을 배우는 기쁨과 농사를 짓는 보람으로 충만했기 때문이다. 땀을 흘리며 부지런히 몸을 놀릴수록 심신이 건강해지고, 직접 흙을 만지고 작물을 키울수록 내 안에 싱그러운 자연의 기운이 차오르는 듯했다. 나는 진심으로 내 일을 사랑했다.

관공서에서 일한 지 반 년이 훌쩍 지났을 때였다. 내 몸속에서 새로운 생명이 자라기 시작했다. 소식을 들은 남편은 뛸 듯이 기뻐했다. 그리고 몸조심해야 하니 일을 그만두지 않겠냐고 조심스레 물었다. 나는 조용히 고개를 저었다.

"하늘을 이고, 땅을 밟고 일하는 것만큼 좋은 태교가 어디 있겠어요. 만삭이 되기 전까지 일을 계속하고 싶어요. 분명히 우리 아기도 좋아할 거예요."

다행히도 남편은 내 의사를 존중해 주었고, 나는 임신 8개월 때까지 일할 수 있었다.

2004년 2월, 나는 출산을 두 달 남기고 일을 그만두었다. 일을 그만둔 뒤에는 집에서 생활했다. 아무래도 출산이 다가오고 있기에 조심해야 했기 때문이다. 하지만 날마다 즐겁게 일하다가 가만있으려니 몸이 근질근질했다. 그렇다고 무작정 밖에 나가 돌아다닐 수도 없으니 갑갑하기 그지없었다.

'아, 뭔가 열중할 수 있는 일이 없을까?'

할 일은 없고, 시간은 넘치니 생각만 많아졌다. 이래저래 생각을 하다가 문득 농업 관련 일을 계속할 수 없는지 궁금해졌다. 아니, 정확히 말하면 농업직 공무원에 대해 알고 싶어졌다. 나는 당장 농업직 공무원에 대해 찾아보았고, 곧 아이를 낳은 다음에 꼭 농업직 공무원으로 일하겠다고 마음먹었다. 농업직 공무원이야말로 내 적성과 성격에 딱 맞는 직업이라고 생각했기 때문이다.

이루고 싶은 꿈이 생기자 무료한 생활에 새로운 활기가 솟아났다. 나는 배가 부른 채로 컴퓨터 앞에 앉아 동영상 강의를 보았고, 종자기사 필기시험을 준비했다. 종자기사 필기시험의 경우, 관공서에서 일할 때부터 준비하던 시험이라 어렵지 않게 합격할 수 있었다. 지금도 남편은 큰 배를 부여잡고 필기시험을 보러 가던 내 모습을 종종 이야기하며 혀를 내두른다. 자기 아내지만 정말 대단하다나 뭐라나. 그럴 때마다 나는 웃으며 대꾸했다.

"그때 나는 눈에 보이는 것이 없었잖아요. 머릿속에 온통 농업직 공무원이 되겠다는 생각밖에 없었는걸. 지금은 그렇게 하라고 해도 못해."

2004년 4월, 나는 예정대로 순조롭게 출산했다. 그리고 산후조리를 마치자 두 달이 지나 6월 말이 되었다. 어느 정도 몸이 돌아오자 도서관에 다니며 7월 농업직 공무원 시험을 준비하기 시작했다. 남편은 내 몸을 걱정하며 좀 더 쉬기를 원했지만, 내가 누군가. 만삭으로 종자기사 필기시험을 보러 간 사람이 아닌가. 나는 그 저력을 다시 한 번 보일 참이었다.

결국 내 뜻대로 7월 시험을 쳤고, 아쉽게도 불합격했다. 물론 7월 시험은 합격보다 경험 차원이었지만, 그래도 아쉬운 마음이 드는 건 어쩔 수 없었다.

나는 시험에서 떨어진 사실을 확인하자마자 1년 계획을 세워 체계적으로 공부하기 시작했다. 실제 시험을 쳐 보니 관공서에서 배운 지식으로는 절대 합격할 수 없다는 사실을 뼈저리게 깨달았기 때문이다. 공무원 시험은 내가 생각했던 것보다 훨씬 난이도가 높고, 경쟁률이 높은 시험이었다. 철저히 공부해서 준비하지 않으면 합격하기 힘들었다.

나는 마음을 싹 비우고, 앞으로 일 년 동안 공부에 매진하기로 다짐했다. 그런데 때마침 그해 11월에 후반기 시험이 있다는 이야기를 들었다. 11월 시험에 합격한다면……, 기대가 몽글몽글 피어올랐다. 가급적이면 꼭 합격해서 수험생활을 반으로 줄이고, 하루 빨리 꿈을 이루고 싶었다.

그러나 11월 시험을 목표로 최선을 다해 공부했건만 결과는 불합격이었다. 2점 차이로 떨어져버린 것이었다. 내가 너무 실망하자 남편은 걱정이 되었는지 내 옆에 꼭 붙어 달래 주었다.

"당신이 그동안 열심히 공부한 거 내가 다 알지. 그냥 이번에는 운이 안 따랐을 뿐이야. 그리고 겨우 2점 차이잖아? 그까짓 거, 너끈히 올릴 수 있는 점수 아냐? 내가 장담하는데 당신 다음에는 합격한다. 내 말이 틀린 거 같아?"

열심히 나를 달래는 남편을 보자 속상한 마음이 풀어지면서 다시 의욕이 났다.

"역시 날 이해해 주는 사람은 당신밖에 없다니까. 고마워요, 여보! 나, 힘내서 꼭 붙을게!"

당시 나는 11월 시험과 종자기사 실기시험이 겹쳐 자격증을 따지 못한 상태였다. 4개월밖에 공부하지 않았고, 자격증도 없는데 덜컥 합격하기를 바란다면 과욕이라며 스스로를 타일렀다. 그리고 다음 해 상반기 시험을 목표로 재도전하기로 마음먹었다.

나는 남편의 전폭적인 지원을 받으며 공부를 시작했다. 남편과 상의하여 주중에는 아이를 시댁에 맡겼다. 마침 시댁이 같은 동네였고, 어머님께서 흔쾌히 수락해 주셔서 별 탈 없이 공부할 수 있었다.

그래도 주부 노릇을 아예 내팽개칠 수는 없는 노릇이었다. 아침 7시부터 밤 10시까지 도서관에서 공부하는 생활을 하면서도, 점심과 저녁 시간에는 꼬박꼬박 집에 돌아와 밥을 했다. 그리고 주말에는 아이를 시댁에서 데려와야 했기에 실질적으로 공부할 수 있는 날은 일주일에 5일뿐이었다. 집안 행사도 공부에 방해물이었다. 아이의 돌과 집안 제사 등, 집안 대소사에 일일이 참여하다 보니 공부 시간이 절대적으로 모자랐다. 해가 바뀌고 설을 지낸 다음에는 곧바로 시험이었는데, 그때도 크고 작은 경조사가 끊이지 않아 제발 시험을 보게라도 해달라고 빌고픈 심정이었다. 어떤 날은 정말 나도 모르게 울컥 감정이 치솟아 눈물을 주르륵 흘리기도 했다. 다행히 그럴 때마다 남편이 곁에서 위로해 준 덕분에 다시 힘을 낼 수 있었다. 그렇게 어려운 시기를 견디고, 상반기 시험에 응시했는데 안타깝게도 3점 차이로 낙방! 정말 온몸에 힘이 쫙 빠지는 기분이었다. 지난번에는 2점, 이번에는 3점. 계속 아슬아슬한 점수 차이로 떨어지자 자격증 생각이 머릿속에서 떠나지 않았다. 가산점만 있어도 붙을 수 있는 점수 차이가 아닌가! 생각할수록 분하고, 미리 자격증을 따지 못한 것이 후회되었다. 이미 끝난 시험은 마음에서 떨쳐 버리고, 다시 공부에 몰입해야 하는데 마음이 어지러워 공부를 제대로 할 수 없었다. 더군다나 남편에게 양해를 구한 일 년이라는 시간이 이제 얼마 남지 않았다고 생각하니 더욱더 초조하고 불안해졌다.

그해 하반기에 합격하려면 어떻게든 가산점이 필요했다. 그래서 인터넷에서 자격증에 대해 찾아보았더니, 이게 웬일이람. 종자기사 자격증 시험은 생각보다 어렵고 결코 만만하지 않은 시험이었다. 사실 그때까지 나는 혼자 공부를 해서 동영상 강의와 서점에서 구입한 책 외에 마땅한 정보가 거의 없었다. 정보 없이 덤비는 것은 무기 없이 전쟁에 나가는 것과 매한가지라는 사실을 나는 그제야 깨달았다.

 하지만 공무원 시험에서는 실질적으로 1~2점 차이로 당락이 결정되는 경우가 많기에 가산점을 포기할 수 없었다. 낮은 가산점이라도 반드시 챙겨야 했다. 나는 종자기사 자격증을 대체할 만한 자격증을 애타게 찾은 끝에 겨우 종자기능사 역시 가산점이 있다는 사실을 알아냈다. 기능사 시험은 기사 시험에 비해 쉬운 편이었고, 기사 시험을 준비했던 나는 어렵지 않게 기능사 시험에 합격했다. 기능사 자격증을 따니 그렇게 든든할 수 없었다. 지금까지 맨손으로 전쟁터에 뛰어들었다면, 이제야 비로소 창과 방패를 든 기분이었다. 열정이 다시 타올랐고, 집중력도 놀랄 만큼 올라갔다. 이번에는 해낼 것만 같았다. 설령 그것이 막연한 기대라 할지라도…….

 마침내 기다리던 하반기 시험 날, 나는 남편이 지어 준 아침밥을 먹고 시험장으로 갔다. 떨리는 마음을 안고, 시험지를 받아들자 식은땀이 절로 났다. 예상 외로 전공과목 문제의 난이도가 훨씬 높았기 때문이었다. 끝까지 시험을 치르고 나오자, 밖에서 기다리던 남편이 뛰어와 나를 안아주며 등을 두드려 주었다.

 "잘했어, 잘했어. 암, 잘했고말고."

 시험의 결과를 묻지도 않고 나를 꼭 안아주는 남편이 얼마나 고맙던지! 나는 목이 메여 말 한 마디 못하고 펑펑 울었다. 남편은 아무 말 없이 그런 나를 가만가만 안아주기만 했다.

 그 뒤로도 남편은 내가 부담을 느끼지 않도록 시험에 대해 전혀 언급하지 않았다. 그냥 묵묵히 합격 발표를 함께 기다려 주었다.

 합격 발표가 나던 날, 남편은 나보다 더 긴장해서 안절부절못했다. 나도 10분이 마치 한 시간처럼 느껴져 괜히 집안을 청소하고, 욕실을 닦았다. 아무것도 하지 않으면 불안과 초조로 펑 터질 것만 같았다.

겨우겨우 합격 발표 시간이 되자, 나는 남편과 함께 조심스레 컴퓨터를 켰다.

"여보, 어쩌지? 나 떨려서 심장마비 일으킬 것 같아. 아, 못 보겠어."

남편은 연신 가슴을 쓸어내리며 내 손을 꼭 잡았다. 나도 남편의 손을 붙잡고, 한참을 망설이다 간신히 화면을 바라보았다. 그리고 곧 내 눈은 왕방울만 해졌다.

"있어, 있다고, 여보, 내 이름이 있어. 여기 보라고, 내 이름이야!"

그렇다. 난 합격했다. 연이은 낙방 끝에 드디어 합격했다. 가방에서 수험표를 찾아 백 번도 더 비교하면서도 믿겨지지 않았지만, 두 눈을 비비고 깜빡이며 확인하면서도 꿈만 같았지만, 눈앞에 또렷이 보이는 현실이었다. 합격, 애타게 바라던 꿈을 나는 드디어 이루었다! 그날, 나와 남편은 두 손을 꼭 잡고 길게 이야기를 나누었다. 지금까지 공부한 시간과 고생한 일들을 하나씩 이야기하며 함께 합격의 감회를 오래오래 나누었다. 아마 나는 죽을 때까지 그날을 잊지 못하리라.

쏙쏙! 공부 노트 훔쳐보기!

다음은 내가 공부하면서 참고한 책과 인터넷 사이트다.

국어 – 재정국어 (저자 김재정)
영어 – 스파르타 (저자 신홍섭), PASS 유형별 독해 (저자 신성일)

국사 – TEXT심한국사 (저자 신홍섭)

재배학 – 지샘 재배학개론 (저자 서준한)

식용작물 – 한국고시회

http://cafe.daum.net/9glade
http://cafe.daum.net/chogasarang
http://cafe.daum.net/inongup
http://www.sibosa.com 〈최근 참조할 사이트〉

　국사의 경우, 《TEXT심한국사》의 내용이 다소 부족하여 별도로 《정재준의 한국사》를 보았다. 인터넷 사이트를 이용할 때는 꼭 필요한 자료만 찾고 바로 나올 것을 권한다. 어물어물 인터넷을 하다보면 쓸데없이 시간을 빼앗기기 때문이다.

　또한 여력이 된다면 자격증을 따두기를 바란다. 농업직 공무원의 최대 가산점은 8점으로 절대 무시할 수 없는 점수다. 전공자격증 5점(종자기사, 종자산업기사 또는 식물보호기사, 식물보호산업기사) 전공자격증 3점(종자기능사 – 가장 무난한 자격증이라고 생각한다.) 컴퓨터 자격증 최대 3점(사무자동화산업기사 또는 정보처리기사 등) 그런데 시험에 따라 전공자 혹은 경력이 2년 이상인 경우만 응시할 수 있는 시험이 있고, 비전공자는 최대 가산점 6점이라고 하니 관련 내용을 꼭 확인하도록 한다. 공무원 시험을 볼 때, 가산점은 무척 중요하다. 신중히 준비해서 따 두면, 그러지 않은 경우보다 훨씬 유리하다.

✚ 국어 노트

국어는 범위가 넓어 공부하기 힘든 과목이다. 지방직 공무원의 경우, 지식국어를 위주로 많이 출제되기 때문에 실용국어와 문학 파트를 중점적으로 공부했다. 고문과 한문은 자투리 시간을 활용해 공부했다.

✚ 영어 노트

사실 나는 결혼하기 전에 학원에서 영어 강사를 했다. 그래서 다른 과목보다 영어에 꽤 자신이 있었는데, 막상 공부를 해 보니 공무원 영어는 입시나 생활영어와 사뭇 달랐다. 어휘가 어렵고 무엇보다 독해 시간이 절대적으로 모자랐다.

궁리 끝에, 나는 날마다 영어를 3시간씩 공부하며 1시간 30분은 어휘, 1시간은 독해, 30분은 문법을 공부했다. 독해에서 자주 나오는 어휘는 수첩에 따로 적어 틈날 때마다 외웠다.

✚ 국사 노트

국사는 다른 과목에 비해 접근하기 쉬운 과목이다. 또한 시간을 투자해 공부한 만큼 점수가 나오는 과목이기도 하다. 따라서 계획을 세워 꾸준히 공부하면 어렵지 않게 목표 점수를 달성할 수 있다.

다만 지방직 공무원 시험에서는 그 지방 고유의 문제를 내기 때문에, 사전에 준비를 해 두는 편이 좋다.

✚ 재배학과 식용작물 노트

내 경우는 비전공자라 농업직을 선택할 때, 전공과목이 가장 걱정과 부담이 많았다. 처음에는 주변에서 많이 접한 작물들에 대한 내용이 나와서 그런대로 어렵지 않게 공부했다. 하지만, 얼마 지나지 않아 모르는 내용이 잔뜩 쏟아져서 난감하기 그지없었다. 별다른 공부법을 찾지 못해 일단 닥치는 대로 읽고, 외웠다. 그랬더니 내용이 점점 익숙해지면서 자연스럽게 이해하게 되었다.

특히 식용작물과 재배학은 서로 겹치는 내용이 많은 만큼 두 과목을 분리해서 공부하지 않고, 연관 지어서 공부했다. 식용작물에서 모르는 내용을 재배학에서 찾고, 재배학에서 모자란 부분을 식용작물에서 찾는 식이었다.

그리고 나는 특별히 문제집을 사서 풀지 않았다. 인터넷 카페에 들어가 기출문제와 예상문제를 모조리 다운받아 풀었다. 내 경험상 인터넷 카페에서 구하는 문제만으로도 충분히 전공과목을 대비할 수 있다고 본다. 단, 인터넷에 있는 자료는 문제 수치가 잘못 나오거나 오답이 기재된 경우가 많다. 그렇기 때문에 의심이 가는 문제는 꼭 질문과 답변 코너를 이용해 짚고 넘어가야 한다.

꼭꼭! 선배 조언 새겨듣기!

만약 나처럼 가정이 있는 사람이 공무원 시험에 도전한다면, 꼭 일러두고 싶은 말이 있다. 수험생활은 생각처럼 만만하지 않다. 합격까지 1년이 될지, 2년이 될지 알 수 없으며, 시험공부에 대한 중압감과 끊임없이 싸워야 한다. 따라서 주변 사람, 특히 배우자의 협조가 필수적이다.

 내 경우, 묵묵히 뒷바라지를 해 준 남편의 공로가 가장 컸다. 공부하느라 육아와 살림에 집중하지 못하는 나를 이해하고, 군소리 한 번 없이 내 합격을 함께 기도해 준 남편이 있었기에 합격의 꿈을 이룰 수 있었다. 또한 내가 공부만 열심히 하도록 내 대신 아이를 돌봐 주신 어머님과 불성실한 엄마에게 칭얼거리기는커녕 늘 방긋방긋 웃어 준 아이 역시 내가 성공적으로 수험생활을 마치고, 공무원으로서 제2의 삶을 살 수 있도록 도와주었다.

 따라서 혼자 끙끙대지 말고, 적극적으로 주변 사람들에게 협조를 구하기를 권한다. 그리하여 합격의 영광을 주변 사람들과 함께 누리기를 바란다.

 마지막으로 내가 수험생활을 끝까지 해 낼 수 있었던 비법 하나를 공개하겠다.

포켓용 수첩을 이용하라

 나는 공부할 때 항상 책상 한 쪽에 포켓용 수첩을 두었다. 공부하다가 힘들거나 속상한 일이 있으면 포켓용 수첩을 펼쳐 빼곡히 적어 내려갔다. 그러면 어느새 속이 후련해지고, 다시 의욕적으로 공부할 수 있었다. 당시 내게 힘이 되고, 위안이 된 수첩은 이제 소중한 추억으로 책장에 꽂혀 있다. 지금도 나는 가끔씩 수첩을 꺼내 읽으며 지난 생각에 웃기도 하고, 울기도 한다.

TIP

'합격'이란 목표를 설정하고 자신이 목표한 이미지를 잠재의식에 각인시킨다

합격의 주요 비결 가운데 하나는 '합격'이라는 목표를 세우고 철저하고 지속적으로 목표를 향해 공부해 나가는 것이다. 어떤 수험생들은 몇 개월 동안 열심히 공부해도 성과가 나타나지 않으면, 지레 포기를 해 버린다. 그러나 달랑 몇 개월 공부했다고 바로 효과가 나타날 리 없다. 쉽게 포기하는 사람들은 목표 달성 기간을 매우 짧게 잡는다. 그렇기 때문에 성과가 바로 나타나지 않으면 조바심을 내고, 의기소침해져서 포기해 버린다. 한편 끝까지 포기하지 않는 사람은 장기적인 목표를 가지고 꾸준히 노력한다. 지금 당장은 눈에 보이는 성과가 없더라도 기죽지 않고 포기하지 않는다. 차근차근 노력해 끝내 목표를 이루고 만다.

따라서 '합격'의 목표를 이루려면 먼저 단기간에 성과를 얻을 욕심을 버려야 한다. 1년, 2년 뒤로 목표 달성 시기를 잡고 항상 마음속에 목표를 새기며 노력한다. 이것이 합격을 향한 첫 걸음이다.

그다음에는 합격의 이미지 트레이닝이다. 합격을 이미지화하는 방법은 간단하다. 철저하게 믿으면 된다.

"1~2년 뒤에 나는 반드시 합격할 것이다!"

그리고 합격한 자기 모습을 머릿속에 몇 번이고 그려본다. 구체적으로 그림이 그려지면 날마다 "나는 OOO의 공무원이 된다!"고 소리 내어 말하거나 글을 쓰며 이미지 트레이닝을 하도록 한다. 이처럼 잠재의식 속에 합격의 이미지를 꾸준히 새겨 넣다 보면, 서서히 일상적인 행동이 목표 지향적으로 바뀌게 된다. 무의식중에도 지금 자신이 무엇을 해야 하는지 생각하게 되며, 아무리 지루한 일이라고 해도 '내 미래를 위한 일이다'라는 생각으로 버티게 된다. 또한 '비록 힘들지만 내 꿈을 이루기 위해서라면 이 정도쯤이야!'라며 견딜 수 있다.

스물 넷, 열정과 패기로 꿈에 도전하다

2006년도 국회직 8급 합격

이 제 정

톡톡! 수험생활 들여다보기!

누구나 자기 앞날에 대해 진지하게 고민하는 때가 있다. 특히 남자들은 군대에서 장래를 두고 많이 고민한다. 나 역시 다르지 않았다. 특히 군대 제대가 다가올수록 앞으로 무엇을 해야 좋을지 고민이 깊어갔다. 남다른 재능도 기술도 없었지만, 어떻게든 어엿한 성인 남자 몫을 하고 싶었다. 남들 다 말하는 안정적이고 번듯한 직장도 중요했고, 평생을 종사할 수 있는 직업도 중요했다. 무엇보다 내 자신이 온 몸과 마음에 다해 열중할 만한 가치가 있는 일을 찾고 싶었다. 그러나 마땅한 일을 찾지 못한 채 2005년 6월 7일, 나는 2년 동안 군대생활을 마치고 사회에 복귀했다.

제대하기 전부터 생각이 많았던 까닭일까. 이상하게 그토록 바라던 제대를 했는데도, 신 나게 놀고 싶은 생각이 손톱만큼도 들지 않았다. 일단 무엇이든 해 보고 싶었고, 진짜 내 평생을 걸 만한 일을 만나고 싶을 뿐이었다. 그래서 시작한 일이 바로 과외 수업이었다. 당시 나는 고

"

3 수험생과 재수생을 가르쳤는데, 모두 온순하고 열심히 공부하는 아이들이었다. 하나라도 더 배우고자 눈을 반짝반짝 빛나는 아이들을 보면, 내가 더 힘내서 가르쳐야겠다는 생각이 들었다. 하지만 그렇게 약석 달 동안이나 과외 수업을 했는데, 아이들에게 개인적인 정은 들었을지언정 교육자로서 보람과 의미는 찾지 못했다. 결국 교육은 내 길이 아니다 싶어, 염치 불구하고 과외 수업을 그만두었다.

그러던 어느 날, 나는 문득 머릿속에 공무원이 떠올랐다.
'공무원이라……'
어릴 때만해도 공무원은 고루하고 따분한 직업이라고 느꼈다. 그러나 나이를 먹으면서 생각도 달라지는 모양인지, 새삼 공무원이 매력적으로 느껴졌다. 자, 생각해 보자. 일반 기업이 제아무리 노력해서 들어가더라도 한순간에 정리해고나 회사부도 등으로 실직할 수 있는 반면, 공무원은 나라의 녹을 먹는 만큼 절대적으로 안정적인데다 나랏일을 수행하는 직업이다. 이 어찌 의미와 보람이 남다르지 않다고 하겠는가! 여기까지 생각이 미치자 젊은 혈기가 꿈틀댔다. 이제야 심혈을 기울여 도전할 만한 가치가 있는 일을 찾은 듯했다. 이제 더 망설일 이유가 없었다. 나는 당장 본격적인 공무원 시험 준비에 들어갔다. 지금 생각하면 우습지만, 그때 나는 급수에 대해 잘 몰랐다. 여타 시험처럼 당연히 공무원 시험도 9급, 7급, 5급 순서대로 합격해야 하는 줄로만 알았다. 나중에 내 생각이 틀렸다는 것을 알고, 혼자 민망해서 실실 웃었던 기억이 어렴풋이 난다.

처음 수험생활을 시작하고 3개월 동안은 도서관에 가지 않고, 동영상 강의를 위주로 혼자 방 안에서 공부만 했다. 사실 나는 고등학교 3학년 때에도 일찍 공부를 마치고 잤던 터라, 이때가 내 인생에서 가장 늦게까지 자지 않고 공부한 시기였다.

세상 빛을 거의 보지 않고 공부에만 매달린 지 몇 달, 나는 그해 노동부 7급 시험을 경험 삼아 치렀다. 스스로도 공부가 부족했음을 알기에 별 기대하지 않지만, 시험을 치른 다음 여느 수험생처럼 모 포털사이트 7급 카페에서 후기를 보며 관심과 기대가 점점 커졌다. 그래서 후기를 통해 문제복원을 하려고 노력했는데, 지나치게 내 주장만 강하게 펼치는 바람에 비판을 많이 받았다. 하지만 책을 찾아보며 여러모로 생각했던 것이 훗날 법학 과목을 공부할 때 큰 도움이 되었다.

예상했던 대로 노동부 7급 시험에 떨어지고 나자, 아쉬움이 걷잡을 수 없이 밀려들었다. 비록 참가에 의의를 둔 시험이었지만, 조금 더 노력해서 붙었더라면 좋았으리라는 생각을 떨칠 수 없었다. 이처럼 아쉬움이 사람을 얼마나 괴롭게 하는지 깨닫자 두 번 다시 불합격의 쓴맛을 보고 싶지 않았다. 나는 다음 시험에 내 전부를 걸겠다는 결의를 다지며, 정말 미친 듯이 공부에 파고들기 시작했다. 노량진 학원가에서 장학생 모의고사 위주로 실력을 점검해 나가면서 미루어 두었던 국어와 영어를 집중적으로 공부했다. 내가 느낀 바로는 공부를 한다고 확 오르지는 않지만, 안하면 쭉 떨어져 버리는 과목이 바로 국어와 영어였다.

나는 개인적으로 국회직 시험에 꼭 붙고 싶었다. 나랏일의 기초를 세우고 닦는 곳이 국회라는 생각에, 가능하면 국회에서 공무를 수행하고 싶었다. 그래서 국회직 시험 출제 5과목을 여러 차례 기본서와 문제집을 반복해서 보고, 끊임없이 마인드 컨트롤을 하며 자칫 마음이 느슨해지지 않도록 결의를 다졌다.

결전의 시험일, 나는 두근대는 가슴을 지그시 누르며 시험장 안으로 들어갔다. 그때 어찌나 긴장했던지 시험을 어떻게 보았는지 잘 기억나지 않을 정도다. 시험을 끝내고 나올 때는 '드디어 끝났다.'라는 생각과 '아무래도 간당간당할 듯한데…….'라는 생각이 교차했다. 불합격할지도 모른다는 생각이 들자 수험생활 동안 공부하느라 고생했던 순간들이 머릿속을 스치고 지나가면서 '또다시 시작해야 하나.' 싶어 한숨이 절로 나왔다. 그런데 사람일이란 모르는 법이라더니 믿을 수 없는 반전이 벌어졌다. 반쯤 포기하고 있던 내게 합격이라는 꿈같은 결과가 주어질 줄이야! 나는 뜻밖의 희소식에 정말 뛸 듯이 기뻤다. 몇 번이나 수험표를 확인하며 합격의 기쁨을 온 몸으로 만끽했는지 모른다. 지금도 나는 그때를 생각하면 입가에 흐뭇한 미소가 지어지곤 한다.

쏙쏙! 공부 노트 훔쳐보기 !

지금 와서 하는 말이지만, 2006년도 시험에서 헌법과 행정법 두 법 과목이 정말 어렵게 출제됐다. 특히 국회의 특성상 헌법 과목에서 국회 관련 비중이 높다는 것을 간과하고 국회법을 숙지하지 않은 채 시험장에 갔다가 국회법 관련 문제를 틀렸는데, 지금 생각해도 아쉽고 속이 쓰리다. 만약 나처럼 국회사무처 시험을 보려고 준비하는 수험생이라면, 법학 과목에서 기본적인 조문 위주 학습이 필수라고 당부하고 싶다. 국회법과 헌법 조문은 시험 당일에도 가져가서 보는 것이 좋다.

사실 수험을 위한 국어 공부에는 정도(正道)가 없다. 범위가 워낙 넓을 뿐만 아니라 공부를 많이 한다고 점수가 공부한 분량에 비례해서 나오는 것도 아니기 때문이다.

일반적인 시험 수준을 고려할 때, 국어 공부는 꾸준히 공부하는 게 가장 좋다. 내 경우에는 잘 나오는 부분, 예를 들어 외래어표기법, 띄어쓰기, 로마자표기법 등은 집중적으로 공부해서 절대 틀리는 일이 없도록 철저히 연습했다. 지문을 읽을 때에는 항상 중심 내용이 무엇인가 생각하면서 읽었고, 동그라미, 네모, 별표 등으로 강조 표시를 해 두었다. 그러면 나중에 문제를 읽고 한 번에 문제를 풀 수 없을 때 도움이 된다.

지방직 공무원 시험은 기출문제가 반복 출제되는 경우가 많다. 따라서 지방직 공무원 시험을 응시한다면 기출문제를 꼼꼼히 풀 것을 권한다.

지방직 공무원과 국가직 공무원 시험은 서로 국어 시험 유형이 많이 다르다. 어느 시험을 준비하느냐에 따라 공부 수준과 깊이를 구분할 필요가 있으며, 이것은 기출문제를 분석해 보면 쉽게 알 수 있다.

특히 국회 국어 시험은 어렵기로 정평이 나 있다. 그렇기에 여타 시험보다 대응이 어려울 수 있다. 지식형 국어 문제가 다소 배제된다는 점을 고려하고, 긴 지문 풀이를 충분히 연습해서 대비하기를 권한다. 시중에 국회직만을 겨냥한 국어 문제집들이 많이 나와 있으니, 여러 문제집을 활용해 공부하는 방법도 좋겠다.

✚ 영어 노트 | 신홍섭 SPA(기본서), SPA부록 단어장, 신성일 막판정리(문법, 단어3000), 거로 보카(강수정 선생님의 강의 들음)

공무원 시험을 준비하기 전부터 토익 공부를 해왔던 터라, 영어에는 나름대로 자신이 있었다. 그런데 이게 웬걸. 공무원 시험에 나오는 어휘는 토익 어휘와 전혀 딴판이었고, 난이도도 상당히 높았다. 결국 나는 단어집을 여러 권이나 공부했고, 불안한 마음에 문법도 수험서와 다른 책을 두루 보았다.

내 경험으로 미루어 보건대, 영어 공부는 자기 현 영어 실력을 제대로 파악하는 것부터 시작해야 한다. 현재 자신이 영어 실력이 얼마만큼 되는지 파악하고, 그에 맞춰서 시간과 분량을 정해 공부해야 한다. 영어 실력이 아예 바닥인데 반 년 내에 영어 과목을 정복할 리 없잖은가!

스스로 기출문제를 통해 영어 실력을 진단하고 그에 맞추어 시간 투자를 하기를 권한다. 자신의 실력에 맞춰 꾸준히 반복학습을 하다 보면, 반드시 수험 영어를 정복할 수 있다.

기본서에 매달리지 않고 압축적인 요약서를 활용해도 좋고, 기본서를 중심으로 보충교재를 활용해도 좋다. 다만 국회직 영어 시험은 어휘 수준이 지나치게 높아지는 경향이 있다. 어휘에 대한 철저한 대비책이 필요하며, 때로는 어휘 수준을 제한하여 어느 정도 포기하는 것도 하나의 전략이 될 수 있다.

✚ 국사 노트 | 7급용 통합한국사(정재준 선생님의 강의 들음), 탐구한국사(근현대사 부분, 김윤수 선생님의 강의 들음), 탐구한국사(문제집)

국사 공부는 두말할 필요 없이 꾸준한 반복학습이 최고다. 숫자나 시대사 암기를 철저히 하고, 강사가 제시하는 암기법을 믿고 꾸준히 암기할 것을 권한다. 내 경우에는 기본서 강의만 여러 번 들었고, 강사가 제

시한 암기법이 크게 도움이 되었다. 특히 근현대사 비중이 점차 높아지는 추세이므로 근현대사를 꼼꼼히 공부해 둔다면, 고득점이 어렵지 않을 것이다.

단, 국회직 시험만 준비하는 수험생은 국사를 공부할 필요 없다. 국사는 국회직 시험 출제 과목이 아니기 때문이다.

+ 헌법 노트 | 맥헌법(채한태 선생님 강의 들음), 황남기헌법(황남기 선생님 강의 들음), 민경식 객관식헌법(문제집)

헌법은 얼핏 보면 어렵게 느껴지나 막상 강의를 들으면, 생각 외로 편하게 시작할 수 있는 과목이다. 특히 내 경우에는 저명한 선생님들의 강의를 들으며 재미를 붙였다.

헌법은 무엇보다 판례나 조문을 시간 날 때 틈틈이 보는 것이 중요하다. 표를 활용해 정리해 두면 복습할 때 한눈에 볼 수 있어 좋다.

국회직 헌법 시험에서는 국회법 비중이 단연 높다. 따라서 시험장에 가기 전에 꼭 국회법 정독을 해야 한다. 또한 조문 위주로 단순하지만 난이도가 점차 높아지는 숫자 바꾸기 문제나 내용이 일부 바뀐 문제가 많이 출제되므로 그에 대한 대비책으로 헌법 조문을 평소에 꼼꼼하게 읽어 둘 것을 권한다.

+ 행정법 노트 | 신월행정법(홍성운 선생님 강의 들음), 신월행정법총론 문제집 학원교재

법학 비전공자는 당연히 법학 공부에 어려움을 느낀다. 그러나 꾸준히 강의를 들으며 공부하다 보면 어느새 전체 내용을 깨치는 과목이 바로 법학이다. 처음부터 힘들다고 지레 포기하지 말면 결코 원하는 성과를 거둘 수 없다. 이해가 되던, 되지 않던 일단 내용을 반복해서 읽다 보면 어느 정도 자연스레 이해하게 된다. 그러면 문제를 통해 복습하며 애써 이해한 내용을 잊지 않도록 주의해야 한다.

특히 국가직 시험은 각론 부분이 늘 까다롭게 출제된다. 시험 한 달 전부터는 각론 위주로 공부하는 것도 좋은 방법이다. 2006년도 시험에는 각론 부분이 출제 범위에 포함되지 않았으나 지금은 출제 범위에 포함되므로 그에 맞추어 준비해야 한다. 아직 시행된 지 얼마 되지 않은 시험의 특성상 예전 입법 고시 문제나 7급 기출문제를 위주로 공부하면 좋을 것이다.

✚ 행정학 노트 | 알파플러스행정학(위계점 선생님 강의 들음), 객관식 열린행정학(문제집)

사실 행정학은 처음에 교재 선택을 잘못했다. 너무 어려워서 잘 이해되지 않았던 것이다. 강의도 길고 난해해서 정말 공부하기 싫었던 과목이었다. 그러나 달리 방법이 있나. 꾹 참고 보는 수밖에. 그나마 나중에는 어느 정도 내용이 익숙해지면서 강의를 통해 행정학의 기반을 잡을 수 있었다.

행정법은 기본서의 문제가 상당히 어렵기 때문에 문제집을 따로 구입하기보다 기본서 위주로 문제를 풀어가는 것을 권한다. 물론 기본서의 문제를 거의 외울 정도로 공부했다면, 그때는 다른 문제집을 구입해 풀어도 좋다.

국회직 행정학 시험은 해마다 시험 난이도가 많이 다르다. 따라서 기출문제를 분석하여, 어느 정도 수준을 파악하는 준비가 필요할 것이다. 특히 행정학은 범위가 워낙 넓어서 공부하기 힘든 과목이나, 정확한 이론 파악과 철저한 문제풀이 분석을 통해 꾸준히 학습한다면 반드시 좋은 결과를 얻을 수 있다.

꼭꼭! 선배 조언 새겨듣기!

사실 수험생활은 참 재미없고 지루하기 짝이 없다. 게다가 자기 자신과 끊임없이 싸워 나가야 한다. 확고한 의지와 철저한 자기 관리 없이는 수험생활을 성공적으로 끝마치기 힘들다. 다만 포기하지 않고 끝까지 노력하는 수험생에게는 반드시 그 보답이 돌아온다고 믿는다.

경제학에 기회비용이라는 게 있다. 하나를 얻으려면 다른 것들을 버려야 한다는 것을 기억하자. 친구나 노는 시간 등을 다 챙기면서 합격을 바라면 안 된다. 합격을 원한다면 합격을 위한 공부 외에는 버리고 철저히 공부에만 전념하라. 미친 듯이 공부하는 것만큼 최고로 좋은 학습 전략은 없다.

이 글을 읽는 모든 수험생이 기대가 아니라 확신으로 수험생활을 합격으로 마무리하기를 기원하며, 수험생 여러분 모두 힘내시라.

하루 단위로 학습 계획을 세워라

학습 계획은 되도록 짧고, 자세히 짜는 편이 좋다. 1년 단위나 1달 단위로 짜면 이내 지쳐서 제대로 지키기 힘들다. 하루 단위로 세세하게 학습 계획을 세우고, 일주일 단위로 확인해 보는 방법을 권한다. 처음 3개월은 쉬는 기간을 잡지 말고, 전력으로 공부하도록 한다. 일주일에 하루 쉬라는 말은 합격자가 수험생에게 던지는 독이나 마찬가지다. 쉬지 않고 버틸 수 있으면 버티고 공부하라.

교수들이 만든 서브노트를 활용하라

서브노트를 직접 작성하는 것은 시간 대비 성능을 고려할 때 손해라고 생각한다. 차라리 교수들이 만든 서브노트를 구입해 보는 게 백만 배 낫다. 교수들이 만든 서브노트에 공부한 내용을 추가로 기록하여, 자기만의 서브노트로 바꾸어 나가기를 권한다.

수면과 운동 시간은 스스로에게 맞게 정하라

나는 운동을 사치라고 생각하여 거의 하지 않았다. 그러나 체력 관리 측면에서 조금씩 하는 것은 나쁘지 않다고 본다. 수면 시간도 최소한으로 줄여 공부 시간을 늘리려고 애썼다. 남들 하는 대로 따라 하기보다 본인 상황과 체력에 맞추어 적절하게 정하되, 수면이든 운동이든 너무 많은 시간을 빼앗기지 않도록 주의해야 한다.

전략과목은 철저히 공부하라

단 한 과목이라도 100점짜리가 있다면 확실히 도움이 된다. 하지만 전략과목만 우선시해서 공부한다면 다른 과목에서 크게 밑질 수 있으니 주의해야 한다. 가장 좋은 방법은 전 과목을 전략과목으로 삼아 철저히 공부하는 것이지만, 가능하지 않다면 확실한 과목을 우선 확보하고 다른 과목도 꼼꼼히 공부하기를 권한다.

행정학과 국사는 반드시 암기한다

두 과목은 암기한 만큼 점수가 나오는 과목이다. 어떠한 일이 있더라도 철저히 암기해서 최대한 많은 점수를 확보해야 유리하다.

승리자가 되려면 승리자처럼 행동하라

세계적인 영화감독 스티븐 스필버그는 열일곱 살 어린 나이에도 자신이 마치 진짜 프로 영화감독인양 정장 차림에 서류 가방을 들고 유니버설 스튜디오를 들락거렸다고 한다.

유명한 배우 찰리 채플린은 성공한 사람처럼 생각하고 행동해야 성공할 수 있다면서 이렇게 말했다.

"나 자신을 믿어야 한다. 나는 고아원에 있을 때도, 음식을 구걸하러 거리에 나섰을 때도 '나는 이 세상에서 가장 위대한 배우다'라고 나 자신에게 말했다."

고대 희랍시대 철학자 아리스토텔레스 역시 이렇게 설파했다.

"용감해지려면 용감한 것처럼 행동하면 된다."

성공한 사람처럼 생각하고, 목표를 달성한 것처럼 행동하면 모든 에너지가 성공을 향해 쏠린다. 따라서 승자가 되려면 목표를 성취하고 승리한 자기 모습을 상상하고, 끊임없이 마인드컨트롤을 해야 한다. 목표가 공무원 시험 합격이라면 관청에 들러 관청에서 근무하는 자기 모습을 상상해 보라. 자신이 원하는 목표를 생생하게 상상할 수 있다면 이미 절반은 성공한 것이다.

수험 준비생의 다락방

◎ 수험생 건강
◎ 공무원 합격의 최종관문–면접
◎ 2008 면접 실제 기출문제
◎ 7급 및 9급 국가공무원 공개경쟁채용시험
◎ 스펀지 연상 기억술
◎ 공무원 중요 참고 자료

아침 식사

아침 식사를 거르면 뇌세포 활동이 원활하지 못해 학습 능력과 사고력, 집중력이 떨어지게 된다. 가급적 아침 식사를 꼭 챙겨 먹되 섬유질과 비타민, 칼슘, 당질이 풍부한 음식을 위주로 먹도록 한다. 시간에 쫓기거나 입맛이 없다면 영양 죽이나 생식으로 간편하게 식사하는 것도 좋다. 특히 생식의 여러 가지 곡물과 견과류는 머리를 맑게 하며 사고력을 증진시키는 데 효과가 있다.

바른 자세

책상에 앉아 있는 시간이 긴 수험생들은 무엇보다 바른 자세로 앉는 것이 중요하다. 바르지 못한 자세로 오랜 시간 앉아 있으면 소화 기능이 떨어지고, 허리 디스크나 목 디스크로 건강을 해칠 수 있다. 공부할 때 바른 자세를 유지하려면 엉덩이를 의자 깊숙이 넣고 앉아 허리를 쭉 펴고 턱을 당겨주어야 한다. 책을 볼 때는 책 받침대를 사용해 시력을 보호하고 허리와 발에 받침대를 사용해 피로를 줄인다.

운동

수험생들은 운동을 소홀히 하기 쉽다. 적당한 운동은 건강한 체력을 유지하는 데 도움이 될 뿐만 아니라, 스트레스를 덜어 주므로 규칙적으로 운동하는 편이 좋다. 운동을 할 때에는 가볍게 땀을 흘리는 정도로

하고, 지나치게 체력 소모가 많은 운동은 피해야 한다. 시간에 쫓겨 운동을 하지 못했다면 공부하는 틈틈이 간단한 스트레칭을 해서 근육의 긴장을 풀고 스트레스를 해소시킨다.

◎ 기억력을 좋게 하는 음식

콩의 레시틴 성분은 신경 자극 전달 물질을 뇌에 전달시켜 기억력을 향상시킨다. 비타민B군이 풍부한 녹황색 채소나 정어리, 멸치도 집중력과 기억력을 높이는 음식이다.

◎ 불안을 없애는 음식

비타민C가 풍부한 채소류나 감귤, 녹차, 양파는 스트레스를 해소하고 불안을 없애는 안정제 역할을 한다. 그러나 당질이 많은 밥이나 빵 등은 비타민을 많이 소비하므로 적당히 섭취하도록 한다.

◎ 피로를 풀어 주는 음식

검은깨의 단백질과 불포화지방산은 피로를 푸는 데 효과적이며 연근이나 호두도 도움이 된다. 비타민A가 풍부한 결명자 차를 하루 20g 정도 끓여 마시면 눈의 피로가 풀리고, 간장 기능이 좋아진다.

◎ 수험생이 피해야 할 음식

졸음을 이기기 위해 마시는 커피나 식사한 다음 마시는 탄산음료는 숙면을 방해하고 소화 기능을 떨어뜨린다. 삼겹살이나 튀긴 음식, 피자나 햄버거는 지방 함유량이 높아 소화가 어렵고 비만의 원인이 된다. 각종 인스턴트식품에 들어 있는 방부제나 화학 성분, 인공 감미료 등은 스트레스를 일으키는 원인이 되므로 피해야 한다.

소화불량을 해소하는 방법

스트레스가 많은 수험생들은 신경성 소화불량이 쉽게 생긴다. 소화불량을 해소하려면 지나친 과로와 스트레스를 피해야 하며 바른 식사 습관을 갖는 것이 중요하다. 식사 전에 수분을 지나치게 섭취하면 위액을 희석시켜 소화력을 떨어뜨리므로 수분 섭취를 자제해야 한다. 식사한 다음에는 잠시 휴식하는 편이 좋다. 가급적 위와 장을 자극하는 자극적인 음식이나 차가운 음식을 먹지 않도록 주의한다.

숙면

수면 시간이 부족하면 신체 리듬이 깨져 학습 능률이 떨어진다. 뇌의 기능을 향상시키려면 규칙적인 휴식이 필요한데 하루 수면 시간이 최소한 5~6시간 정도는 돼야 집중력이 떨어지지 않는다. 잠들기 전 가볍게 샤워를 하거나 따뜻한 우유를 마시면 숙면을 취하는 데 도움이 된다.

두통을 예방하는 방법

수험생의 두통은 스트레스에서 오는 경우가 대부분이다. 충분한 수면과 규칙적인 운동으로 스트레스에 대한 저항력을 기르는 것이 좋다. 양쪽 눈 사이를 지그시 누르거나 가끔 시선을 옮겨 먼 곳을 바라보는 것도 좋다. 스트레스가 심할 때에는 눈을 감고 휴식을 취한 뒤 간단한 체조로 몸의 근육을 풀어 준다. 편두통이 심하거나 장기적으로 두통이 지속될 경우에는 반드시 의사에게 진찰을 받아야 한다.

◎ 공무원 합격의 최종관문 – 면접

공무원 면접 소개

1. 공무원 면접이란?

공무원 면접은 공무원 시험의 필기시험 합격자들을 직접 대면해서 인품이나 성격, 언행, 지식의 정도 등을 알아보는 것을 말한다. 필기시험을 합격한 사람들은 이 면접을 통과해야만 비로소 공직에 진출할 수 있다.

필기시험으로 지원자의 기초실력은 확인할 수 있으나 사람 됨됨이나 조직 적합성을 전체적으로 알 수 없다. 그러므로 면접관이 응시자를 직접 대면하고 질문에 대한 응시자의 답변 내용이나 태도 등을 통해 공무원으로서의 정신 자세, 사고력, 창의력, 업무 추진력, 예의·품행 및 성실성 등을 알아보기 위해 면접을 하는 것이다.

2. 공무원 면접이 점차 강화되어 가는 추세

2004년 이후 공무원 면접이 대폭 강화되어 그동안의 요식절차에서 벗어나 실질적으로 당락을 결정하는 요소로 자리 잡고 있다. 특히 국가직 시험에서 면접 시간이 10분 내외에서 20~30분 정도로 늘어났고 면접위원도 2인에서 3~4인으로 늘어났으며 그 전문성이 강화되었다는 점, 면접 대상 비율을 최종 선발인원의 130~150%까지 선발할 수 있도록 관련 법령을 개정했다는 점에서 확인할 수 있다.

3. 공무원 면접의 평가 기준

공무원 면접의 평가 기준은 다음과 같다. (공무원임용시험령 제5조 제3항).

① 공무원으로서의 정신 자세

공무원으로서 정신 자세로는 청렴성, 봉사정신, 책임감 등을 들 수 있다.

② 전문 지식과 그 응용 능력

공무원으로서 당연히 갖추어야 할 전문적인 지식은 그동안 필기시험을 준비하면서 습득한 지식과 뉴스나 신문 등을 통해 얻은 지식을 응용할 수 있는 능력을 말한다.

③ 의사 발표의 정확성과 논리성

공직을 수행하기 위하여 정확한 의사 발표 능력과 논리적인 전개 과정은 필수적이다.

④ 예의·품행 및 성실성

공무원은 국민 전체에 대한 봉사자로서 국민들에 대한 전화나 민원 창구에서 최대한 예의를 갖추어 성실히 응대하여야 한다.

⑤ 창의력·의지력 및 발전 가능성

공무원은 맡은 업무에 대해 보다 나은 방향으로 개선하기 위한 창의력이 필요하며, 목표를 추진하려는 의지력과 발전 가능성이 요구된다.

실제 공무원 면접에 있어 이러한 평정 요소마다 각각 '상(우수), 중(보통), 하(미흡)'로 평정하는데, 5개 항목 중 2개 항목 이상을 '하(미흡)'로 평정하였거나 위원의 과반수가 어느 하나의 동일한 평정 요소에 대하여 '하(미흡)'로 평정한 때에는 불합격으로 하고 있다. (제25조 제3항).

▶ 공무원 임용 면접시험 평정표

필 기 적 재 감 정 란	(예시문) : 본인은 우측 응시자와 동일인임을 서약합니다.		직렬(류), 직급	
	본인필적		응시번호	
			성 명	(한글)
주 민 등 록 번 호				(한자)

평 정 요 소	위 원 평 정		
	상(우수)	중(보통)	해(미흡)
가. 공무원으로서의 정신 자세			
나. 전문 지식과 그 응용 능력			
다. 의사 발표의 정확성과 논리성			
라. 예의 · 품행 및 성실성			
마. 창의력 · 의지력 및 발전 가능성			
계	개	개	개
위 원 서 명	성 명	(서명)	

타 위원이 "하"로 평정한 항목		판 정	합격	
타 위원이 "하"로 평정한 항목의 개수			불합격	
		담당확인		

＊ 응시자 주의 사항 : 평정표 상단의 필적감정용기재란, 주민등록번호, 직렬·직급,
　　　　　　　　응시번호, 성명은 응시생이 반드시 자필로 기재하여야 합니다.

＊ 시험위원 유의 사항
　1. 불합격 : 위원의 과반수가 5개 평정 요소 중 2개 항목 이상을 "하"로 평정한 경
　　　　　　우와, 위원의 과반수가 어느 하나의 동일 평정 요소에 대하여 "하"로 평
　　　　　　정한 경우.
　2. 위원은 굵은 선 안의 "상", "중", "하" 해당란에 ○표로 평정하시고, 그 개수를
　　　기재하십시오.

4. 공무원 면접의 유형

1) 개별(단독)면접

개별 면접은 면접관이 응시자를 개인별로 면접하는 방법이다. 이때 면접관 수는 한 명일 수도, 여러 명일 수도 있다. 개별 면접은 한 사람을 자세히 알아내는 데 좋은 방법이나 시간이 많이 걸리고 면접관의 주관이 작용할 수 있다는 단점이 있다. 현행 7·9급 공무원 면접시험 방식은 현직 공무원 사무관급 2인이 면접관이 되어 질의하고, 응시자 1인이 응답하는 개별 면접이다.

⇨ 대응 방법

면접관과 수험생이 1:1일 경우를 대비해 평소 1:1로 정연하게 대화할 수 있는 훈련을 쌓아 두어야 면접 당시에 긴장을 최소화할 수 있다. 면접을 볼 때 면접위원을 자신의 선생님이나 존경하는 분으로 생각하고 대하는 것도 좋은 방법이다.

수험생 1명에 면접관이 2명 이상일 경우에는 질문을 한 면접위원에게만 응답한다는 태도를 취하지 말고, 면접위원 전원을 향해 대답하도록 한다. 이때는 1:1 면접과 달리 다방면에 걸쳐 질문할 경우가 많다. 수험생이 선택한 직렬이나 분야에 대한 질문을 하는가 하면, 갑자기 "가족 관계에 대해 말해보세요."라고 하는 등 의외의 질문을 하기도 하니 당황하지 말고 자연스럽게 질문에 답하도록 한다.

공무원 면접시험에서는 일반적으로 학계의 교수나 현직 공무원 가운데 몇 사람씩 복수조로 면접위원이 구성되는 경우가 많다.

2) 집단 면접

집단 면접은 면접관 여러 명이 응시자 여러 명을 한꺼번에 평가하는 면접 방법이다. 이때는 면접관 한 사람이 여러 수험생에게 동시에 같은 질문을 하는 경우가 있는데, 서로 비슷한 내용을 대답해도 불이익은 없으나 가급적 다른 수험생과 달리 세련된 대답을 해야 더 좋은 평가를 받을 수 있다.

⇨ 대응 방법

위에서도 언급했듯 자기보다 앞서 대답한 수험생과 자기 답변이 비슷하다고 불이익이 있는 것은 아니다. 하지만 가급적 답변을 표현하는 방법을 세련되게 바꾸는 편이 평가에서 유리하다.

이를테면, "방금 답변하신 분과 같은 대답이 되겠습니다만……."이라고 대답하는 방법이 있다. 면접관에게 강한 인상을 주고자 무리하게 다른 답변을 찾다보면 질문과 동떨어진 답변이 되기 쉽다. 그러면 오히려 점수가 낮아진다는 사실을 잊으면 안 된다.

또한 자신이 응답하지 않을 때에도 현재 답변하는 수험생의 답변 내용을 귀담아 듣는 태도를 가져야 한다. 면접위원은 답변하는 수험생뿐만 아니라 듣는 수험생의 태도까지 주시하기 때문이다.

3) 집단 토론 면접

집단 토론 면접은 주제 하나를 가지고 응시자들이 토론하여 결론을 도출하고, 면접관들이 그 과정을 관찰·평가하는 방법이다. 개별 면접이나 집단 면접으로 평가하기 어려운 수험생의 능력, 예를 들면 발표력, 적응력, 지도력, 이해력, 적극성, 협조성 등을 종합적으로 평가하는

데 가장 적절한 방법이다.

⇨ 대응 방법

자신만 돋보이고자 하는 태도는 절대 바람직하지 않다. 면접관은 수험생의 발언 횟수로 수험생을 평가하지 않는다. 발언을 할 때는 주제를 잘 생각하고 발언해야 하며, 다른 사람이 발언할 때는 주의 깊게 들어야 한다. 간혹 당황한 나머지 주제 이외의 발언을 하는 경우가 있는데, 그 발언의 내용이 토론에 적합한 발언인지, 토론 자체를 자연스럽게 진행시키는지를 면접관이 예의 주시하고 있다는 사실을 명심하자.

5. 면접시험을 볼 때 주의 사항

– 입실할 때 : 본인 차례가 되어 이름을 부르면 '예' 하고 또렷이 대답하고 들어간다. 문이 닫혀 있을 때에는 상대에게 소리가 들릴 수 있도록 노크를 두 번 한다. 대답을 듣고 나서 들어가되 문을 조용히 열고 닫는다. 공손한 자세로 인사한 다음 이름(번호)을 또렷이 말하고 면접관의 지시에 따라 의자에 앉는다.

– 의자에 앉을 때 : 의자 끝에 걸터앉지 말고 깊숙이 앉는다. 두 손은 무릎 위에 가지런히 얹는다.

– 발랄하고 자신감 있는 태도를 유지한다 : 처음부터 끝까지 침착하면서도 밝은 표정으로 예의를 지킨다. 간혹 부담스러운 질문을 받더라도 우물거리지 말고 모르는 것을 솔직히 인정하고 아는 것은

아는 만큼 대답하면서 자신감을 보인다.

- 과장과 거짓은 피한다 : 질문에 대하여 과장하거나 거짓말을 하지 말아야 한다. 또한 불필요한 얘기를 하거나 수다를 떨지 않도록 주의해야 한다. 늘어지는 설명보다는 먼저 결론을 말하고 나중에 부수적 설명을 덧붙이는 형태로 대화를 끌고 나가야 한다.

- 자신의 의견을 말해야 한다 : 자신의 의견이 아닌 다른 곳에서 '남의 것'을 빌려 온 말을 하는 것은 절대적으로 피해야 한다. 평소 자기만의 다이어리 등으로 자기 관리를 하고, 앞서 설명한 면접 요령대로 면접을 준비했다면 문제없을 것이다.

- 퇴실할 때 : 면접이 끝나고 일어설 때는 조용히 일어나 '감사합니다'라고 인사를 한다. 당당한 자세로 문 앞까지 가서 다시 목례를 하고, 조용히 문을 닫고 나간다. 면접관은 지원자가 일어서 나가기까지 일거수일투족을 관찰하고 있다는 사실을 잊지 말아야 한다.

〈참조: JA Korea 개인경제 워크북〉

◎ 2008 면접 실제 기출문제

[서울특별시]

– 공무원의 12대 의무는 무엇인가

– 서울시 공무원이 되고 싶은 이유가 무엇인가

– 노벨상 6개를 아는 대로 말해 보라

– 공무원의 부정부패를 척결하려면 어떻게 해야 할까

– 내가 한 것은 합법인데, 민원인이 아니라며 우길 때는 어떻게 해야 하나

– 우리나라 지방자치제도의 장단점을 설명하라

– 지금 우리나라는 성장과 분배 중 어느 것을 추구해야 하나

– 한강 르네상스란 무엇인가

– 본인이 하고 싶은 복지 정책은 무엇인가

– 전임자의 중대한 실수를 발견했다면 어떻게 할 것인가

– 공무원은 어떤 전문 지식들을 알고 있어야 할까

– 원치 않는 부서로 발령이 날 경우, 어떻게 할 것인가

– 서울시 정책 중 잘된 것과 잘못된 것에 대해 말해 보라

– 서울 슬로건인 'Hi Seoul'은 무엇을 뜻하나

– 미국에서는 손님 접대 시 여성이 커피 대접하는 것이 불문율이라는
  데 어떻게 생각하나

– 동사무소에서 근무하며 경제를 부흥시킬 수 있는 방안은 무엇인가

– 대통령이 녹색성장을 발표했다. 환경과 개발은 상충되는데 어떻게
  녹색성장이 가능할까

- 한강을 개선시키기 위해서는 어떻게 해야 하나

- 다산콜센터의 장점은 무엇인가

- 서울시 산하기관은 어떤 것이 있나

- 서울시 조례에 본인이 넣고 싶은 조항이 있다면

- 유능한 공무원이란 어떤 공무원인가

- 공직에도 벤치마킹 이론을 적용시킬 수 있나

- 디자인 올림픽에 가 본 소감을 말해 보라

- 멜라민 파동을 보면서 무엇을 느꼈나

- 합격했는데 더 좋은 일자리가 생겼다면 어떻게 할 것인가

- 여의도의 로마자 표기를 불러 보라

- 전공이 공무원과 거리가 먼데 어떻게 생각하나

- 비정규직 문제를 해결하려면 무엇이 가장 중요한가

[중앙인사위원회 세무직]

- 사전조사서 내용 관련

- 회사를 다녔는지

- 그럼 회사를 다니면서 공무원에 지원한 것인지

- 뭐 하는 회사였는지

- 왜 세무공무원을 지원했는지

- 자원봉사 경험

- 세무서에서 자원봉사를 했다는데, 어땠는지

- 국세와 지방세의 차이점

- 세무조사에 대해

- 세무조사 절차에 대해

– 힘들었던 일과 좋았던 일

[선거관리위원회] 

– 공직선거에서 유권자 투표 참여율이 저조한데, 강제투표제 적용에
대해 찬반 토론하라

– UCC를 통한 선거 홍보 방법에 대해 찬반 토론하라

– 당선 무효란 무엇인가

– 지금까지 어떤 일을 가장 열정적으로 했는지 경험을 말해 보라

– 살면서 가장 힘들었던 일

– 최근 3년 이내 가장 어려웠던 일과 이를 해결했던 경험

– 재선거와 보궐선거의 차이점

– 후원금과 기탁금, 보조금의 차이점

– 사회생활 경험 중 발생한 갈등을 해결했던 경험

– 대통령 선거 기간은

– 비례대표란 무엇인가

– 외국인이 참여할 수 있는 선거

– 매니페스토란 무엇인가

– 예비후보자제도란 무엇인가

– 선관위 조직은 어떻게 구성돼 있나

– 조직에서 이간질을 시키는 사람이 있다면 어떻게 하겠는가

– 정당 해산과 해체의 차이점은 무엇인가

– 사회생활 경험이 얼마나 있나

– 새로운 조직에 적응을 잘 하는 편인가

- 이 사회에서 법원의 역할은 무엇이라 생각하는가
- 합격한다면 어떤 법원 공무원이 될 것인가
- 합격생들 간에 나이편차가 있는데, 나이가 많은 사람들과 잘 지낼 수 있겠나
- 우리 사회의 가장 심각한 문제가 무엇이라고 생각하나
- 공직사회의 부정부패의 원인을 무엇이라고 생각하나
- 동료 직원이 자기 일에 몰두한 나머지 민원인에게 소홀히 한다면 어떻게 하겠나
- 학교 재학 중인데 임용되면 어떻게 할 것인가
- 친절이란 무엇이라 생각하는가
- 법원 공무원은 손발을 쓰는 직업인가, 머리를 쓰는 직업인가
- 집이 서울이 아닌데 합격하면 어떻게 근무할 것인지, 거주할 곳이 있는가
- 야근이 많은데 괜찮겠는가
- 다른 시험을 준비하고 있는가 (법학과)
- 법원이 하는 일을 충분히 이해하고 있나
- 자기 계발을 위해 무엇을 했나
- 지금까지는 부모님께 거의 받기만 했을 텐데 앞으로 어떻게 보답할 생각인가
- 원만한 선후배 관계를 위한 방안이 있다면 무엇인가
- 지지하는 정당은
- 공무원 노조에 대해 어떻게 생각하는가
- 공무원의 종류가 많은데 왜 법원 공무원이 되고자 하는가

- 우리나라에 여행 온 외국인에게 한국의 어떤 점을 소개해 주고 싶나
- A(회사)는 무엇을 하는 곳인가 (경력에 관한 질문)
- 행정안전부 공무원과 법원 공무원의 차이는 무엇인가
- 법원 공무원은 월급이 적은데 어떻게 살 건가
- 전공 관련 질문 (수동채권, 자동채권, 상계적상, 계약의 종류, 연대채무)
- 지인 중에 공직에 있는 사람이 있는가, 그들에게서 무엇을 느꼈나
- 개인적인 일로 경찰 조사를 받아 본 적이 있는가
- 초등학교 몇 회 졸업생인가
- 법은 멀고 주먹은 가깝다는 말에 대해 어떻게 생각하나
- 남들에 비해 잘하는 일과 못하는 일은 무엇인가
- 법원직을 준비하면서 가장 어려웠던 일은
- 법원 건물을 본 소감은
- 채권과 물권의 차이에 대해 설명하라
- 봉사활동 경험 있나
- 한반도 평화 정착을 위한 생각을 말해 보라
- 사법보좌관제도에 대해 말해 보라
- 누군가 근거 없이 자신을 헐뜯고, 유언비어를 퍼뜨릴 때 어떻게 할 것인가
- 집에서 너무 먼 곳에 발령이 났다. 순응할 것인가

[인천광역시]

- 인천의 시화, 시목, 시조는 무엇인가
- 인천경제자유구역 (IFEZ)에 대해 설명하라
- 인천 아시안게임은 몇 회인가

- 인천의 단점은 무엇인가

- 인천에 대해 아는 것을 말해 보라

- 자기 소개를 2분 내외로 하시오

- 현재 거주하고 있는 지역은 어디인가

- 공무원 지원 동기는

- 학창시절 동아리 활동에서 가장 힘들었던 경험은 무엇인가

- 가장 힘들었던 경험은 무엇인가

- 시험 준비 기간은 얼마나 되나

- 국세는 무엇에 관한 과세인가

- 지방세의 징수 절차를 설명하라

- 지방세 비과세는 어떤 법령에 근거하는가

- 합격하면 어느 부서에서 일하고 싶은가

- 인천의 주요 정책 중에서 잘못된 부분이 있다면 어떤 것이며 해결
  방안은 무엇인가

- 나이 어린 상급자와 갈등이 있다면 어떻게 해결할 것인가

- 까다로운 민원인을 어떻게 대처할 것인가

- 애그플레이션이란 무엇인가

- 지구 온난화의 원인과 대책에 대해 말해 보라

- 중국에 대한 자신의 생각과 중국과 인천이 함께 발전하는 방향은
  무엇인가

[충청남도]

- 정보화 시대에 있어서 장점과 단점은 무엇이며 단점을 극복할 수
  있는 방안

- 지방의회의 지자체장 견제 수단 또는 지방자치단체가 지방의회를 통과할 수 있는 장치
- 행정심판의 종류
- 지원 지역을 가장 큰 문제점과 해결 방안
- 상사가 부당한 지시를 내린다면 어떻게 하겠는가
- 충남의 관광 산업을 발전시킬 수 있는 방안
- 블루오션과 레드오션
- 우리나라 지방자치제도의 문제점
- 촛불 집회에 대한 개인적인 의견
- 백제 문화에 대해 아는 것을 설명해 보라
- 봉사활동 유무와 봉사활동 과정
- 황해경제자유구역
- 교부세란 무엇인가
- 직위분류제와 계급제의 차이
- 직권취소와 쟁송취소의 차이점
- 애그플레이션과 스태그플레이션의 정의
- 우리나라의 식량 자급률과 대처 방안
- 빌게이츠가 말한 창조적 자본주의란 무엇인가
- 베이징 올림픽이 몇 회인가
- 오륜기의 색과 그 의미를 설명하라

[충청북도]

- 충북도정방침
- 브랜드 슬로건

- 청주에는 어떤 기업들이 들어와 있나

- 충북 투자 유치의 대표적인 회사는 어디인가

- 청주에는 재래시장이 많은데 어떻게 활성화시키겠는가

- 충북에서 가장 시급한 문제는 무엇인가

- 충북의 주요 관광지를 소개해 보라

- 충북 예산은 얼마나 되는가

- 충북에서 요금 힘쓰고 있는 정책은 무엇인가

- 님비와 핌피를 구분해 보라

- 거버넌스

- 지방자치요건 4가지

- 지방세에 대해 설명하라

- 지방세는 무엇으로 이루어지나

- 재정자립도란 무엇인가

- 행정구제에 대해 아는 대로 말해 보라

- 행정일몰제

- 국가공무원과 지방공무원의 차이

- 열린 행정이란

- 게리멘더링 무엇인가

- 민주주의의 가장 중요한 요소는

- 사정재결은 무엇인가

- 헌법 개선 과정을 설명하라

- 헌법의 3대 요소는

- 매슬로우의 욕구 5단계설

- 행정행위의 효력과 공정력에 대해 설명하라

- 촛불 집회에 대해 어떻게 생각하나
- 미국산 쇠고기 개방에 대해 개인적인 의견을 말해 보라
- 우리나라와 FTA를 체결한 국가는 어디인가
- 국민들의 정부 불신에 대한 원인과 방안을 말하라
- 고유가 대책
- 공무원 사회에 대한 신뢰가 떨어졌는데 그 이유와 해결 방안
- 결혼하면 일과 가정을 어떻게 병행할 것인가
- 공무원이 되면 환상과 달리 따분하고 지루할 수 있는데 어떻게 생
  각하는가
- 왜 행정직 공무원이 되고자 하는가
- 공무원이 봉사를 해야 한다고 하는데 봉사의 뜻은 무엇인가

[광주광역시]

- 광주교육청의 5대 주요 시책은 무엇인가
- 광주 교육청의 관할 범위는 어디까지인가
- 일반회계와 학교회계의 차이점은 무엇인가
- 우리나라 교육 정책의 문제점은 무엇인가
- 교육행정정보시스템(NEIS)은 무엇인가
- 공무원 지원 동기는
- 공무원의 조직 세계와 사기업의 조직은 어떻게 다른가
- 광주시에 대해 말해 보라
- 거주지가 광주가 아닌 이유는
- 공정력이란 무엇인가
- 법치행정의 3대 요소는

- 광주의 4대 축제는 무엇인가

- 희망 부서는 어디인가

- 상사가 부당한 지시를 했다면 어떻게 대처하겠는가

- 시조, 시화, 시목은 무엇인가

- 광주는 언제 광역시로 승격됐는가

● 7급 및 9급 국가공무원 공개경쟁채용시험

1. 7급 선발예정인원 및 시험과목

(2009년 기준)

직렬(직류)	선발예정인원(총600명)	시험과목(선택형 필기시험) 필수 7과목(단, 외무영사직 : 필수6, 선택1)
행정직 (일반행정)	– 전국(일반) : 285명 – 전국(장애인) : 18명 – 우정사업본부(전국 일반) : 9명 – 우정사업본부(전국 장애인) : 1명 – 선관위(일반) : 23명 – 선관위(장애인) : 2명	국어(한문 포함), 영어, 한국사, 헌법, 행정법, 행정학, 경제학
행정직 (교육행정)	– 일반 : 8명 – 장애인 : 2명	국어(한문 포함), 영어, 한국사, 헌법, 행정법, 교육학, 행정학
세무직 (세무)	– 일반 : 33명 – 장애인 : 2명	국어(한문 포함), 영어, 한국사, 헌법, 세법, 회계학, 경제학
관세직 (관세)	– 일반 : 14명 – 장애인 : 1명	국어(한문 포함), 영어, 한국사, 헌법, 행정법, 관세법, 무역학
감사직 (감사)	– 일반 : 29명 – 장애인 : 3명	국어(한문 포함), 영어, 한국사, 헌법, 행정법, 회계학, 경영학
교정직 (분류)	7명	국어(한문 포함), 영어, 한국사, 헌법, 교정학, 심리학, 사회학
검찰사무직 (검찰사무)	10명	국어(한문 포함), 영어, 한국사, 헌법, 형법, 형사소송법, 행정법

직렬(직류)	선발예정인원(총600명)	시험과목(선택형 필기시험) 필수 7과목(단, 외무영사직 : 필수6, 선택1)
공업직 (일반기계)	– 일반 : 20명 – 장애인 : 1명	국어(한문 포함), 영어, 한국사, 물리학개론, 기계공작법, 기계설계, 자동제어
공업직 (전기)	– 일반 : 11명 – 장애인 : 1명	국어(한문 포함), 영어, 한국사, 물리학개론, 전기자기학, 회로이론, 전기기기
공업직 (화공)	– 일반 : 10명 – 장애인 : 1명	국어(한문 포함), 영어, 한국사, 화학개론, 화공열역학, 전달현상, 반응공학
농업직 (일반농업)	– 일반 : 6명 – 장애인 : 1명	국어(한문 포함), 영어, 한국사, 생물학개론, 재배학, 식용작물학, 토양학
임업직 (산림자원)	– 일반 : 9명 – 장애인 : 1명	국어(한문 포함), 영어, 한국사, 생물학개론, 조림학, 임업경영학, 조경학
시설직 (일반토목)	– 일반 : 23명 – 장애인 : 2명	국어(한문 포함), 영어, 한국사, 물리학개론, 응용역학, 수리수문학, 토질역학
시설직 (건축)	– 일반 : 10명 – 장애인 : 1명	국어(한문 포함), 영어, 한국사, 물리학개론, 건축계획학, 건축구조학, 건축시공학
전산직 (전산개발)	– 일반 : 18명 – 장애인 : 1명	국어(한문 포함), 영어, 한국사, 자료구조론, 데이터베이스론, 소프트웨어공학, 프로그래밍언어론
방송통신직 (전송기술)	– 일반 : 6명 – 장애인 : 1명	국어(한문 포함), 영어, 한국사, 물리학개론, 통신이론, 전기자기학, 전자회로
외무영사직	– 일반 : 17명 – 장애인 : 3명	필수(6) : 국어(한문 포함), 영어, 한국사, 헌법, 국제정치학, 국제법 선택(1) : 독어, 불어, 러시아어, 중국어, 일어, 스페인어

✳ 출제범위 관련 : 교정학에 형사정책 및 행형학, 경제학에 국제경제학, 국제법에 국제경제법, 국제정치학에 외교사 및 군축·안보분야가 포함됩니다.

직렬(직류)	선발예정인원 (총2,320명)	시험과목(선택형 필기시험) 필수 5과목
행정직 (일반행정)	– 전국(일반) : 274명 – 전국(장애인) : 22명 – 지역구분(일반) : 274명 　* 지역별 구분모집표 참조 – 지역구분(장애인) : 22명 　* 지역별 구분모집표 참조 – 우정사업본부(일반) : 594명 　* 지역별 구분모집표 참조 – 우정사업본부(장애인) :　48명 　* 지역별 구분모집표 참조	국어, 영어, 한국사, 행정법총론, 행정학개론
행정직 (교육행정)	– 일반 : 37명　– 장애인 : 3명	국어, 영어, 한국사, 교육학개론, 행정법총론
세무직 (세무)	– 일반 : 185명　– 장애인 : 15명	국어, 영어, 한국사, 세법개론, 회계학(회계원리, 원가회계)
관세직 (관세)	– 일반 : 120명　– 장애인 : 10명	국어, 영어, 한국사, 관세법개론, 회계원리
교정직 (교정)	– 남 : 230명　– 여 : 20명	국어, 영어, 한국사, 교정학개론, 형사소송법개론
보호직 (보호)	– 남 : 40명　– 여 : 10명	국어, 영어, 한국사, 형사소송법개론, 사회복지학개론
검찰사무직 (검찰사무)	150명	국어, 영어, 한국사, 형법총론, 형사소송법개론
마약수사직 (마약수사)	12명	국어, 영어, 한국사, 형법총론, 형사소송법개론
출입국관리직 (출입국관리)	20명	국어, 영어, 한국사, 행정법총론, 국제법개론
공업직 (일반기계)	– 일반 : 19명　– 장애인 : 1명	국어, 영어, 한국사, 기계일반, 기계설계
공업직 (전기)	– 일반 : 21명　– 장애인 : 2명	국어, 영어, 한국사, 전기이론, 전기기기
공업직 (화공)	– 일반 : 4명	국어, 영어, 한국사, 화학공학일반, 공업화학
농업직 (일반농업)	– 일반 : 35명　– 장애인 : 3명	국어, 영어, 한국사, 재배학개론, 식용작물
임업직 (산림자원)	– 일반 : 48명　– 장애인 : 4명	국어, 영어, 한국사, 조림, 임업경영
시설직 (일반토목)	– 일반 : 16명　– 장애인 : 1명	국어, 영어, 한국사, 응용역학개론, 토목설계

직렬(직류)	선발예정인원 (총2,320명)		시험과목(선택형 필기시험) 필수 5과목
시설직 (건축)	– 일반 : 6명	– 장애인 : 1명	국어, 영어, 한국사, 건축계획, 건축구조
전산직 (전산개발)	– 일반 : 48명	– 장애인 : 4명	국어, 영어, 한국사, 컴퓨터일반, 프로그래밍언어론
방송통신직 (전송기술)	– 일반 : 20명	– 장애인 : 1명	국어, 영어, 한국사, 전자공학개론, 무선공학개론

✱ 출제범위 관련 : 교정학개론에 형사정책 및 행형학, 국제법개론에 국제경제법이 포함됩니다.

▣ 지역별 구분모집표

구분		계	서울 인천 경기	강원	대전 충남 충북		광주 전남	전북	대구 경북	부산	울산 경남	제주
행정직 (일반)	일 반	274	126	25	40		11	8	22	19	20	3
	장애인	22	10	2	3		1	1	2	1	2	–
행정직 (우정사업본부)	일 반	594	157	75	대전 · 충남56	충북46	65	44	69	31	46	5
	장애인	48	13	6	대전 · 충남4	충북4	5	4	5	2	4	1

※ 공무원임용령 제45조제5항에 의거, 근무예정지역 또는 기관을 미리 정하여 실시한 공채 합격자는 당해지역 또는 당해기관 임용일로부터 3년 이내 타 지역 또는 타 기관으로 전보될 수 없습니다.

※ 9급 행정직(우정사업본부)은 합격 후 대부분 우체국에서 근무하게 됩니다.

3. 시험방법

● 제1·2차시험(병합실시) – 선택형 필기시험

● 제3차시험 – 면접시험

가. 응시결격사유 등 : 국가공무원법 제33조(외무공무원은 외무공무원법 제9조, 검찰사무직공무원은 검찰청법 제50조)의 결격사유에 해당되거나, 국가공무원법 제74조(정년)·외무공무원법 제27조(정년)에 해당되는 자 또는 공무원임용시험령 등 관계법령에 의하여 응시자격이 정지당한 자는 응시할 수 없습니다.(판단기준일 : 면접시험 최종예정일)

나. 응시연령

시험명	응시연령(해당 생년월일)	비고
7급 공개경쟁채용시험	20세 이상(89.12.31. 이전 출생자)	
9급 공개경쟁채용시험	18세 이상(91.12.31. 이전 출생자)	
9급 공개경쟁채용시험 중 교정·보호직	20세 이상(89.12.31. 이전 출생자)	

다. 학력 및 경력 : 제한 없습니다.

라. 교정직공무원 실기시험(체력검사) 실시 안내

● 교정직렬(교정직류)의 6급 이하 채용시험의 경우, 필기시험 합격자를 대상으로 실기시험(체력검사)을 실시하고, 실기시험 합격자에 한하여 면접시험을 실시합니다.

※ 체력검사의 적용대상·평가종목 및 평가종목별 합격기준 등은 법무부 홈페이지(http://www.moj.go.kr) 및 사이버국가고시센터(http://gosi.kr)에 게시된 「교정직공무원 임용시험의 체력검사에 관한 규칙(법무부령 제639호)」을 확인하시거나, 법무부 교정기획팀(02-2110-3375)으로 문의하

시기 바랍니다.

마. 전산직 응시에 필요한 자격증(당해시험의 면접시험 최종예정일 현재 유효한 것)

7급 공개경쟁채용시험	9급 공개경쟁채용시험
전자계산기기술사, 정보통신기술사, 정보관리기술사, 전자계산조직응용기술사, 전자계산기기사, 정보통신기사, 정보처리기사, 전자계산기조직응용기사	전자계산기산업기사, 정보통신산업기사, 사무자동화산업기사, 정보처리산업기사, 멀티미디어콘텐츠제작전문가 ※ 7급공채 응시에 필요한 자격증은 9급공채 응시에도 인정됩니다.

바. 장애인 구분모집 응시대상자 : 「장애인복지법시행령」 제2조의 규정에 의한 장애인 및 「국가유공자 등 예우 및 지원에 관한 법률 시행령」 제14조 제3항의 규정에 의한 상이등급기준에 해당하는 자.

- 장애인 구분모집에 응시하고자 하는 자는 응시원서 접수마감일 현재까지 장애인으로 유효하게 등록되거나, 상이등급기준에 해당되는 자로서 유효하게 등록·결정되어 있어야 합니다.
- 장애인은 장애인 구분모집 직렬(직류) 외의 다른 직렬(직류)에도 비장애인과 동일한 조건으로 응시할 수 있습니다.
- 장애인 구분모집 응시대상자의 증빙서류(장애인복지카드 또는 장애인등록증, 국가유공자증)는 필기시험 합격자 발표일에 안내하는 기간 내에 제출하여야 합니다.

사. 지역별 구분모집의 거주기간 제한 및 임용 안내

- 9급 공채시험 중 지역별로 구분 모집하는 시험은 2009.1.1일을 포함하여 1월 1일 전 또는 후로 연속하여 3개월 이상 당해지역에 주민등록이 되어 있어야 응시할 수 있습니다.(다만, 서울·인천·경기지역은

주민등록지와 관계없이 누구나 응시할 수 있습니다.)

- 9급 공채 행정직 지역별 구분모집 시험의 합격자는 해당지역에 소재한 각 중앙행정기관의 소속기관에 임용됩니다.

5. 응시원서 접수기간 및 시험일정

시험명	접수 및 취소기간 (접수시간 : 09:00~21:00)	구분	시험장소 공고일	시험일	합격자 발표일
7급 공개경쟁채용시험	접수기간 : 5.26~5.30 (취소마감일 : 6.2, 21:00)	필기시험	7.17	7.25	9.30
		면접시험	9.30	10.23~26	11.10
9급 공개경쟁채용시험	접수기간 : 2.1~2.6 (취소마감일 : 2.9, 21:00)	필기시험	4.3	4.11	6.26
		면접시험	6.26	9.5~9	9.25

- 9급 공채시험 중 교정직렬(교정직류)의 필기시험 합격자에 대하여 실기시험(체력검사)을 실시하고, 실기시험 합격자에 한하여 면접시험을 실시합니다.

※ 실기시험일 : 7.15~7.17(예정), 합격자 발표 : 7.20(예정)

- 실기시험(체력검사)에 관한 구체적인 내용은 추후 법무부 홈페이지(http://www. moj.go.kr) 및 사이버국가고시센터(http://gosi.kr)에 별도 공고할 예정입니다.

- 시험장소 공고 등 시험시행과 관련된 사항은 사이버국가고시센터(http://gosi.kr)에만 공고합니다.

- 합격자 명단은 합격자 발표일에 사이버국가고시센터에 게시하며, 최종합격자에게는 개별적으로 합격을 통지합니다.

- 시험성적 안내일정은 사이버국가고시센터에 게시하며, 시험성적은 사

이버국가고시센터를 통하여 본인성적에 한하여 확인할 수 있습니다.

6. 응시원서 접수(인터넷접수만 가능)

가. 접수방법 및 시간

- 접수방법 : 사이버국가고시센터(http://gosi.kr)에 접속하여 접수할 수 있습니다.

※ 구체적인 방법은 접수기간 중에 사이버국가고시센터에서 처리단계별로 상세하게 안내합니다.

- 접수시간 : 응시원서 접수기간 중 09:00~21:00

- 기타 : 응시수수료(7급 7,000원 / 9급 5,000원) 외에 소정의 처리비용(휴대폰 결제·카드 결제·계좌이체비용)이 소요됩니다.

※ 응시원서접수 시 사진등록용 사진파일(JPG)이 필요합니다.

나. 원서접수 시 유의사항

- 응시자는 응시원서에 표기한 응시지역(시·도)에서만 필기시험에 응시할 수 있습니다.

※ 다만, 지역별 구분모집[9급 행정직(일반), 9급 행정직(우정사업본부) 응시자의 필기시험 응시지역은 해당 지역모집 시·도가 됩니다.(복수의 시·도가 하나의 모집단위일 경우, 해당 시·도 중 응시희망지역을 선택할 수 있습니다.)

- 장애인 응시자는 응시원서 접수시 본인의 장애유형에 맞는 편의조치를 신청할 수 있으며, 지정기한 내에 장애인증명서 사본과 의료법 제3조에 의한 종합병원에서 발급한 의사소견서를 제출해야 합니다.

※ 원서접수 전에, 장애유형(시각, 청각, 지체, 뇌병변)별 편의조치 제공기준 및 절차, 구비서류 등을 사이버국가고시센터를 통해 반드시 확인하시기 바랍니다.

● 접수기간 동안에는 기재사항(응시직렬, 응시지역, 선택과목 등)을 수정할 수 있으나, 접수기간 이후에는 수정할 수 없습니다.

● 접수기간 및 취소기간 내, 원서접수 취소자에 한해 응시수수료를 환불해 드립니다.

● 행정안전부에서 동일 날짜에 시행하는 임용시험에는 중복 또는 복수로 원서를 접수할 수 없습니다.

7. 양성평등채용목표제

가. 대상시험 : 선발예정인원이 5명 이상인 시험단위(교정직렬 및 보호직렬 제외)

나. 채용목표 : 30%(검찰사무직의 경우는 20%)

※ 시험실시단계별로 합격예정인원에 대한 채용목표 비율이며, 인원 수 계산시 선발예정인원이 10명 이상인 경우에는 소수점 이하를 반올림하며, 5명 이상 10명 미만일 경우에는 소수점 이하는 버립니다.

다. 실시방법 : 어느 한 성(性)의 합격자가 채용목표 비율에 미달할 경우 하한성적 이상인 해당 성(性)의 응시자 중에서 성적순에 의하여 당초의 합격예정인원을 초과하여 추가 합격처리합니다(하한성적 : 합격선 -3점).

8. 가산 특전

가. 가산특전대상자 및 가산점 비율표

구분		가산비율	비고
취업보호 · 지원대상자		과목별 만점의10% 또는 5%	· 취업보호 · 지원대상자 가점과자격증 가산점은 각각 적용 · 자격증 가산점은 최대 2개까지 인정(공통적용 가산점 1, 직렬별 가산점 1) · 구체적인 내용은 아래의 '나~라' 참고자격증
자격증 소지자	공통적용 가산점 (전산직 제외)	과목별 만점의 0.5~3% (1개의 자격증만 인정)	
	직렬별 가산점	과목별 만점의 3~5% (1개의 자격증만 인정)	

나. 취업보호대상자 및 취업지원대상자

- 『독립유공자예우에 관한 법률』 제16조 및 『국가유공자 등 예우 및 지원에 관한 법률』 제29조에 의한 취업보호대상자와 『5 · 18민주유공자예우에 관한 법률』 제20조 및 『특수임무수행자 지원 및 단체설립에 관한 법률』 제19조에 의한 취업지원대상자 그리고 『고엽제후유의증 환자지원 등에 관한 법률』 제2조에 의한 고엽제후유의증 환자와 그 가족은 각 과목별 득점에 위 표에서 정한 가점비율을 가산합니다.

- 취업보호대상자 및 취업지원대상자 가점은 매 과목 4할 이상 득점한 자에 한하여, 각 과목별 득점에 각 과목별 만점의 일정비율(10% 또는 5%)에 해당하는 점수를 가산합니다.

- 취업보호대상자 및 취업지원대상자 가점을 받아 합격하는 사람은 선발예정인원의 30%를 초과할 수 없습니다.

※ 취업보호대상자 및 취업지원대상자 여부와 가점비율은 본인이 사전에 직접 국가보훈처 및 지방보훈지청 등에 확인하여야 합니다.

다. 자격증 소지자

(1) 공통적용 가산점(전산직 제외)

● 표에 제시된 자격증(통신·정보처리 및 사무관리분야)을 소지한 7급 또는 9급 공채 시험의 응시자에게는 매 과목 4할 이상 득점자에 한하여 각 과목별 득점에 각 과목별 만점의 일정비율(아래 표에서 정한 가산비율)에 해당하는 점수를 가산합니다.

구분	자격증 등급별 가산비율						
7급	정보관리기술사, 전자계산조직응용기술사, 정보처리기사, 전자계산기조직응용기사	3%	사무자동화산업기사, 정보처리산업기사, 전자계산기산업기사	2%			
9급	정보관리기술사, 전자계산조직응용기술사, 정보처리기사, 전자계산기조직응용기사, 사무자동화산업기사, 정보처리산업기사, 전자계산기산업기사	3%	정보기기운용기능사, 정보처리기능사	2%			
7·9급	컴퓨터 활용능력 1급	2%	워드프로세서1급, 컴퓨터활용능력2급	1.5%	워드프로세서2급, 컴퓨터활용능력3급	1%	워드프로세서3급 0.5%

※ 폐지된 자격증으로서 국가기술자격법령 등에 의하여 그 자격이 계속 인정되는 자격증은 가산대상 자격으로 인정됩니다.

(2) 직렬별로 적용되는 가산점

(가) 행정직

● 다음 직렬의 응시자가 직렬별 해당 자격증을 소지하고 있을 경우, 매 과목 4할 이상 득점한 자에 한하여 각 과목별 득점에 각 과목별 만점의 5%에 해당하는 점수를 가산합니다.

－ 행정직(일반행정) : 변호사, 변리사 / 행정직(교육행정) : 변호사

－ 세무직 : 변호사, 공인회계사, 세무사

－ 관세직 : 변호사, 공인회계사, 관세사

- 감사직 : 변호사, 공인회계사, 감정평가사, 세무사

- 교정직·보호직 : 변호사, 법무사

- 검찰사무직·마약수사직 : 변호사, 공인회계사, 법무사

(나) 기술직

● 국가기술자격법령 또는 그 밖의 법령에서 정한 자격증 소지자가 당해분야(전산직은 제외)에 응시할 경우 매 과목 4할 이상 득점한 자에 한하여 각 과목별 득점에 각 과목별 만점의 일정비율(아래표에서 정한 가산비율)에 해당하는 점수를 가산합니다(채용분야별 가산대상 자격증의 종류는 공무원임용시험령 별표 12를 참조).

구분	7급		9급	
	기술사, 기능장, 기사 [시설직(건축) 건축사 포함]	산업기사	기술사, 기능장, 기사, 산업기사 [시설직(건축) 건축사 포함]	기능사 [농업직(일반농업)의 농산물품질관리사포함]
가산비율	5%	3%	5%	3%

라. 가산특전과 관련한 유의사항

● 가산특전대상자는 증빙서류(취업보호·지원대상자 증명서, 자격증 사본)를 합격자 발표일에 안내하는 기간 내에 제출하여야 합니다.

● 가산특전을 받고자 하는 자는 필기시험 시행 전일까지 해당 요건을 갖추어야 하며, 반드시 필기시험 답안지의 가산표기란에 표기하여야 합니다.

● 가산점은 공통적용 가산자격증 1개, 직렬별 가산자격증 1개씩 인정됩니다(최대 2개 인정).

가. 9급 공채시험을 대상으로 저소득층(행정안전부장관이 정하는 2년 이상
의 기간 동안 계속하여「국민기초생활보장법」에 따른 수급자를 말함) 구분모
집을 실시하는 내용의 공무원임용시험령 개정이 진행 중이며, 동
개정안 확정시 응시자격·모집단위·선발예정인원·접수기간 등은
별도 공고할 계획입니다.

나. 필기시험에서 과락(40점 미만) 과목이 있을 경우에는 불합격 처리
되며, 그 밖의 합격자 결정방법 등 시험에 관한 구체적인 내용은
공무원임용시험령 및 관계법령을 참고하시기 바랍니다.

다. 최종합격자에게는 임용 후에 국내대학·대학원 위탁교육 및 해외
유학·연수·파견기회가 부여될 수 있습니다.

라. 응시자는 응시표, 답안지, 시험시간 및 장소 공고 등에서 정한 응
시자 주의사항에 유의하여야 하며 이를 준수하지 않을 경우에는
본인의 불이익이 될 수 있습니다.

마. 본 공고문의 내용은 사이버국가고시센터(http://gosi.kr)에서도 열
람할 수 있습니다.

◎ 스펀지 연상 기억술

1장 기억이란

서론

  우리 두뇌는 두 가지 기억시스템을 가지고 있다. 하나는 단기기억이고 다른 하나는 장기기억이다. 단기기억은 기억을 임시로 저장하며 저장용량이 매우 제한적이고 불안정하다. 예컨대, 114에서 안내하는 전화번호라든가 마트에 가서 사야 하는 물건 목록 등이 단기기억의 범주다. 반면 장기기억은 두뇌의 기억창고다. 한 번 기억하면 좀처럼 잊지 않으며 저장용량이 무한대에 가깝다. 우리 두뇌는 오래 보관할 가치가 있는 정보만을 장기기억 창고로 가져간다. 그렇다면 두뇌는 어떤 정보를 오래 보관할 가치가 있다고 판단할까?

기억 처리 과정

  우리 두뇌는 다음과 같은 처리과정을 거쳐 정보를 기억한다.

  주의집중 ➡ 정보입력 ➡ 정보해석 ➡ 단기저장 ➡ 장기저장 ➡ 정보인출.

  주마간산 격으로 관심을 갖지 않으면 기억이 아예 입력조차 되지 않는다. 같은 동네에 10년을 살아도 관심이 없으면 옆집에 누가 사는지 모른다. 심지어 가족마저 관심이 없으면 머리를 잘랐는지 모르는 경우가 있다. 따라서 주의집중해야 정보입력 단계로 넘어갈 수 있다.

정보입력 단계 다음은 정보해석 단계다. 이 단계가 기억 처리 과정에서 가장 중요하다. 왜냐하면 '이해'와 '의미'가 기억을 만들기 때문이다. 두뇌는 새로운 정보를 이해한 다음에야 그것을 의미 있는 정보로 받아들인다. 따라서 무턱대고 하는 암기는 금물이다. 이해와 의미 없는 암기는 단기저장만 가능할 뿐 장기저장으로 이어지지 않는다. 물론 이해를 하려면 단순 암기할 때보다 생각을 많이 해야 한다. 그러나 한 번 이해하고 의미 있는 정보로 기억을 하면 쉽게 잊어버리는 일이 없다. 따라서 처음에 다소 시간이 걸리더라도 완벽하게 이해하고 기억해야 한다.

이해하는 방법

서론

이야기 구조가 없는 단편 정보는 잘 기억되지 않는다. 예를 들면 교과서를 읽을 때보다 영화를 보거나 소설을 읽을 때 쉽게 기억할 수 있다. 왜냐하면 영화나 소설은 이야기 구조가 있기 때문이다. 전체 이야기 구조를 파악하면, 이야기 구조 속에 개별 내용을 쉽게 떠올릴 수 있다. 우리 두뇌는 전체를 알고 싶어 한다. 두뇌는 전체 속에 유기적으로 얽힌 내용을 잘 기억하고, 단편적으로 끊어지거나 흩어진 부분을 잘 기억하지 못한다. 필자도 《스펀지 행정법총론》을 탈고한 다음에 전체 이야기 구조가 머릿속에 파노라마처럼 떠올라서 이전에 기억하지 못했던 부분들이 생생하게 떠오르는 경험을 한 적이 있다.

시각화하기

기억을 할 때 가장 중요한 요소가 바로 시각화다. 시각화는 기억술에 있어서 알파요, 오메가다. 책을 읽을 때 눈으로 읽더라도 반드시 머릿속에서 시각화해야 한다. 머릿속에서 시각화를 한다는 뜻은 글씨를 쓰여 있는 대로 시각화하는 게 아니라 내용의 의미, 상황, 장면 등을 시각화한다는 것이다. 앞으로 소개될 기억술도 정보의 시각화, 즉 정보를 머릿속으로 이미지 형태로 그려보는 것이 기본이자 전제조건이다.

이야기 구조 만들기

가장 먼저 이야기 구조를 찾아내야 한다. 머리말과 목차, 각 단락의 개요와 요약 정리된 내용을 보고 전체적인 윤곽을 파악해서 이야기 구조를 설계한다. 그다음에 단편적인 정보를 기억한다. 이야기 구조는 머릿속으로 연관된 그림을 그려서 만든다. 추상적인 내용을 구체적으로 변환시키고 완전한 그림의 형태로 만들어야 한다. 목차, 요약, 순서가 적힌 지면을 기억하는 게 아니라 자기만의 독특한 그림으로 이야기 구조를 만든다.

일상생활이나 자기와 관련된 것과 결부시키면 기억에 잘 남는다

새로운 정보는 자기와 익숙한 기존 정보와 결부시켜야 오래도록 기억된다. 활자로만 쓱 읽어서는 잘 기억되지 않는다. 그 상황을 머릿속으로 그려보고, 가급적 자기가 알고 있는 것에 결부시켜야 한다. 다음에 설명하는 기초결합법은 이 원리를 이용하여 오래 기억하는 방법이다.

체계 있게 기억하고 때때로 기억을 되살려 보는 연습을 해야 한다

서랍에 물건을 가지런히 넣지 않고 뒤죽박죽 쑤셔 넣으면 막상 물건을 찾을 때 쉽게 찾을 수 없다. 기억도 마찬가지다. 기억창고에 많은 정보를 체계 없이 집어넣으면 나중에는 기억한 내용이 뒤죽박죽되어 잘 생각나지 않는다. 암기할 때 분류, 정리를 해서 암기하면 한결 쉽게 기억할 수 있다.

기억할 때 정보를 단독으로 기억하기보다 질서 있게 짝지어서 기억하는 편이 좋다. 기억의 네트워크를 형성하는 방법으로 다음 세 가지를 들 수 있다.

첫 번째 법칙은 유사(類似)

성질이나 모양이 비슷한 것, 의미가 비슷한 것들을 모아서 기억하는 것이다. 유사한 것들을 네트워크로 연결해서 기억하면 기억하기 쉽고 훨씬 오래 기억된다.

두 번째 법칙은 대조(對照)

이것은 흑(黑)이 백(白)을, 소년이 소녀를, 산이 강을 떠올리게 한다는 뜻이다. 어떤 하나의 관념은 그것과 대조적인 다른 관념을 연상할수록 기억하기 수월하다. 따라서 반대되고 비교되는 것을 네트워크로 연결해서 기억하도록 한다.

세 번째 법칙은 인접(隣接)

우리는 수박하면 여름을, 학교라고 하면 공부를, 지옥이라고 하면 불을 연상한다. 시간적·공간적으로 일어나는 것은 대개 세트로 기억되기 쉽다. 즉 비슷하지는 않지만 연상에 의해 기억되는 것이 인접이다. 앞으로 소개될 연상결합법은 주로 이 방법을 사용한다.

영어단어 암기법

영어단어는 문제를 풀고 난 다음에 그 속에 포함된 단어를 공부하는 것이 좋다. 문장의 의미를 먼저 이해하고, 문장의 구성요소인 단어를 기억하는 것이다. 단문보다는 중문이 좋고, 스토리가 재미있어야 더 효과적이다. 단어장을 사용할 때에는 단어만 따로 옮겨 적지 말고 문제나 문장을 통째로 옮겨 적는 방법을 사용해야 한다.

 ## 2장 기초결합법 

개념

기초결합법이란 자신이 잘 알고 있는 사물을 기초로 하여 기억해야 할 대상을 결합하는 방법이다. 이때 기초로 해야 할 사물은 기억하려고 애쓰지 않고도 쉽게 기억할 수 있는 것을 대상으로 한다. 예컨대, 신체의 구조(① 머리 ②이마 ③눈 ④코 ⑤입 ⑥목 ⑦가슴 ⑧팔 ⑨배 ⑩국부 ⑪무릎 ⑫발)나 자기 집 구조 〔★거실(①텔레비전 ②소파 ③냉장고 ④가스렌지 ⑤세탁기 ⑥전자렌지) ★서재(①칠판 ②달력 ③창문 ④책장 ⑤책상 ⑥침대) ★화장실(①좌변기 ②세면대 ③샤워기 ④욕조 ⑤수건) ★안방(①거울 ②서랍 ③장롱 ④서울시지도 ⑤피아노)〕나 전철역(①대청역 ②학여울역 ③대치 ④도곡 ⑤매봉 ⑥양재 ⑦남부터미널 ⑧교대 ⑨고속터미널 ⑩잠원 ⑪신사 ⑫압구정) 등을 기초로 삼는다.

이 기초는 구태여 암기할 필요가 없이 즉각적으로 떠오르는 것으로 한다. 다만 주의해야 하는 점은 전철역은 서로 혼동하기 쉬우니 특정물을 연관해서 기초로 삼는다(예, 대청역=SH공사, 학여울=무역전시장,

대치=학원가, 도곡=타워펠리스, 매봉=매봉터널, 양재=서초구청, 남부
터미널, 교대=법원, 고속터미널 등)

● 유래

　기초결합법을 일명 '로마의 방'이라고 한다. 그 이유는 원래 고대 로마
의 철학자 키케로가 이 기억술을 소개했기 때문이다. 당시 로마에서는
이른바 웅변가가 매우 높이 평가받았다. 웅변가들은 긴 연설을 외우기
위해 여러 가지 방법을 고안해 냈는데 그 가운데 하나가 '로마의 방 기
억술'이다. '로마의 방 기억술'은 낯익은 방의 모습에 기억하고자 하는
항목을 결합시키는 방법이다. 머릿속으로 방 모양을 떠올리면 방의 물
건과 결합해 기억한 정보가 함께 떠오른다는 원리다.

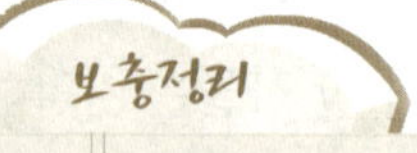

【 로마의 방 】

오랜 옛날, 에게 해 근방에 그리스 시인 시모니테스가 살고 있었다. 어느 날
저녁, 그는 부잣집 연회에 참석하여 시를 읊은 다음 잠시 집 밖으로 나갔다.
그런데 그때 강한 지진이 나서 지붕이 무너지며 연회에 참석한 사람들이 모
두 죽었다. 가족들이 우르르 몰려왔지만 처참하게 죽은 사람들 속에서 자기
가족을 찾기가 쉽지 않았다. 그때 시모니테스는 그 집에서 나오기 직전의 집
안 모습을 떠올리며 죽은 사람들이 마지막 순간, 어느 위치에서 무엇을 하고
있었는지 하나하나 기억해 냈다. 그 덕분에 동네 사람들은 가족들을 모두 찾
아 장례를 치를 수 있었다. 로마의 웅변가 키케로는 연설을 할 때 이 방법을
썼는데, '정보를 머릿속에 그림으로 저장'한다는 것이 핵심이다.

기초결합의 방법

확실한 것으로 기초를 만들어야 한다.

자기 집, 전철역, 신체구조 등 가능한 많이 만들어야 한다. 그러려면 길을 갈 때에도 관심을 가지고 주변을 눈여겨보아야 한다. 필자도 일원동 현대아파트에서 10여 년을 살았지만 이 기억술을 습득하기 전까지는 전혀 주위에 관심을 두지 않았다. 기억술을 습득한 지금은 약 10가지 정도를 기초로 삼아 두고 있다.

예) ① KFC ②음식점(미소야) ③부동산 ④홍삼 ⑤신발가게 ⑥약국(온누리) ⑦칼국수집 ⑧미용실 ⑨중국집(라이라이) ⑩ 우리은행

⇨ 여기서 ①②⑦⑨는 자주 이용한 곳으로 미소야는 큰딸이 좋아하는 음식점이다. ⑨중국집 라이라이는 작은딸이 좋아하는 음식점이다.

①마사이신발 ②하나은행 ③아동복점(로엠걸즈) ④안경점 ⑤사진관 ⑥약국(주민) ⑦제과점(엠마) ⑧문구점(사과향기)

⇨ 가능한 기초로 한 대상은 중복되지 않아야 한다. ⑥약국이 중복되었는데, 이미 기초로 삼아서 바꿀 수 없었다.

12지 : ①쥐 ②소 ③호랑이 ④토끼 ⑤용 ⑥뱀 ⑦말 ⑧양 ⑨원숭이 ⑩닭 ⑪개 ⑫돼지

지하철1호선 : ①서울역(광장) ②시청 ③종각(보신각종) ④종로3가(낙원상가) ⑤종로5가(보령약국) ⑥신설동(오피스텔) ⑦제기동(경동시장) ⑧청량리(유흥가)

지하철2호선 : ①강남(삼성타운) ②역삼(테헤란로) ③선릉(릉) ④삼성(코엑스) ⑤종합운동장 ⑥신천(극장) ⑦잠실(롯데월드) ⑧성내(아산병원: 아내근무) ⑨강변(동서울호텔)

⇨ 예를 들어 학교 교실에 있는 물건들도 훌륭한 기초가 된다(국기, 급훈, 칠판, 교탁 등). 시험장에서 절대 잊어버릴 염려가 없기 때문에 아주 좋은 기초가 될 것이다.

기억하려는 대상을 확실히 이해한 다음에 의미를 부여해야 한다.

기억하려는 대상을 먼저 확실히 이해해야 한다. 앞서 설명한 바와 같이 확실히 이해한 다음에 의미를 부여하면서 이를 시각화해야 한다. 만일 엉뚱하게 이해하고 의미 부여 및 시각화를 하면 평생 잘못된 의미를 기억하게 되니 먼저 정확한 이해가 선행되어야 한다.

구체적인 그림을 상상해야 한다.

기억해야 할 대상이 있으면 우선 특정한 사물을 연상해야 한다. 추상적인 것은 가능한 한 구체적으로 시각화해야 한다. 예컨대, ① '시험'을 기억하고자 한다면 시험 그 자체는 추상적이니 구체적인 물건으로 시험을 나타내도록 한다. '시험답안지'라고 해도 좋고, '시험장', '수험생', '시험관'으로 해도 좋다. 기억하기 가장 편리한 것을 택하면 된다. ② '운전'을 기억하고자 한다면 '운전자', '자동차', '핸들', '자동차를 운전하는 모습' 가운데 하나로 변환해서 기억하면 된다.

③ 폭력 ➡ 폭력을 쓰는 사람, 깡패, 어깨

④ 경영 ➡ 경영자, 사장, 경영학 교과서, 경영학 선생님

⑤ 추억 ➜ 앨범, 초등학교, 소풍

⑥ 뛰다 ➜ 뛰는 사람, 토끼, 운동회

⑦ 녹이다 ➜ 난방장치, 난로, 불

⑧ 투자하다 ➜ 투자가, 증권, 증권회사

⑨ 아름답다 ➜ 미인, 꽃, 아름다운 물건 등

이와 같이 일일이 구체화해서 시각화하는 것은 처음에는 다소 성가시게 느껴질지 모른다. 하지만 연습을 거듭하는 사이에 각기 자기에게 가장 기억하기 쉬운 '구체화 방식'이 정형화되기 때문에 나중에는 별로 시간이 걸리지 않고 쉽게 기억하게 된다.

될 수 있는 한 밀접하게 직접 결합된 상태를 상상해야 한다

> 외워야 할 연습문제
>
> ① 악기 ② 시계 ③ 꽃 ④ 책 ⑤ 선생 ⑥ 채소 ⑦ 과자 ⑧ 신발 ⑨ 곤충 ⑩ 새

이 열 가지를 신체구조(① 머리 ②이마 ③눈 ④코 ⑤입 ⑥목 ⑦가슴 ⑧팔 ⑨배 ⑩국부 ⑪무릎 ⑫발)를 이용해서 연습해 보기로 하자.

여기 나온 것에도 여러 종류가 있다. 예를 들어 ①악기에는 피아노, 바이올린, 가야금, 드럼, 피리 등이 있고 ②시계에는 손목시계, 벽시계, 회중시계, 목걸이시계 등이 있다. 이런 경우에는 어떤 것이든 맨 처음 떠오른 것으로 고정시킨다. 다만 될 수 있는 한 자기가 가진 기타나 교회의 피아노 등 자기에게 익숙한 것을 생각하도록 한다. 그것을 기초로 ① 머리에 결합시켜서 "머리에 기타를 얹었다.", "머리를 피아노에 부딪혔다."라고 연상 결합한다.

① 머리 – 악기 [기타] : 머리에 기타를 얹었다

② 이마 – 시계 [벽시계] : 이마로 벽시계를 들이받았다

③ 눈 – 꽃 [장미] : 눈 속에 장미가 들어갔다

④ 코 – 책 [스펀지 행정법] : 콧구멍을 스펀지 행정법으로 틀어막았다

⑤ 입 – 선생 [00 선생] : 입으로 00선생을 깨물었다

⑥ 목 – 채소 [배추] : 목에 배추를 둘렀다

⑦ 가슴 – 과자 [새우깡] : 가슴에 새우깡을 붙였다

⑧ 팔 – 신발 [구두] : 팔로 구두를 안았다

⑨ 배 – 곤충 [매미] : 배에 매미가 앉아 운다

⑩ 국부 – 새 [독수리] : 국부를 독수리가 쪼았다

이 연상결합은 어디까지나 예로 자신의 머릿속에 떠오르는 대로 하면 된다. 중요한 것은 앞서 말한 대로 일단 생각이 나면 망설이지 말고 결합된 상태를 상상한다.

다만 간접적인 결합이나 거리가 떨어진 상태를 상상하면 나중에 잊어버릴 수 있으니 주의한다. 예를 들어 ③ 눈 – 꽃 [장미]를 결부시킬 때 "눈으로 장미를 본다."또는 "눈앞에 장미를 놓았다."라고 상상하면 눈과 장미 사이에 거리가 있어서 안 된다. "눈 속에 장미가 들어갔다.", "눈에서 장미가 피었다."라는 식으로 눈과 장미가 밀접하게 직접 결합된 상태를 상상해야 된다. 또 ⑦ 가슴 – 과자 [새우깡]을 결부시킬 때 "가슴에 새우깡 상자를 품었다.", "가슴에 새우깡 주머니를 안았다." 하는 식으로 새우깡 상자나 주머니를 결합시키면 간접적인 결합이 되어서 안 된다. 가슴에 직접 새우깡을 결합하기만 하면 "가슴에 새우깡을

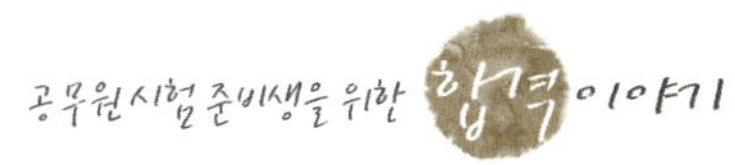

붙였다." 또는 "가슴으로 새우깡을 품었다." 어느 쪽이든 무방하다.

특히 중요한 일

㉠ 사물의 이름이 나오면 우선 특정한 사물을 연상한다.

㉡ 될 수 있는 한 밀접하게 직접 결합된 상태를 연상한다.

▶ 책을 읽을 때나 얘기를 들을 때나 항상 사물을 특정하고, 특정한 사물을 머리에 떠오르게 하는 습관을 가지며, 직접 결합된 상태를 연상하는 것이 가장 중요하다.

㉢ 가능한 한 빨리 기억한다.

▶ 빨리 기억하면 오래도록 잊지 않는다는 것이 기억술의 원리다.

㉣ 어떻게 연상할까 망설이거나 일단 연상한 것을 바꾸지 마라.

▶ 무엇이든지 좋으니 처음에 연상한 대로 정해서 결합시킨다.

공무원 수험공부에서 실제 활용

행정법 총론 '허가'의 구체적 실례

① 운전면허 ② 의사면허 ③ 건축허가 ④ 영업허가 ⑤ 석유판매업허가 ⑥ 전당포영업허가 ⑦ 연초소매업지정 ⑧ 수출입허가 ⑨ 통행금지해제 ⑩ 일시적 도로사용허가 ⑪ 차량검사합격처분

※스펀지 행정법총론 p475

이 열한 가지를 12지 : ①쥐 ②소 ③호랑이 ④토끼 ⑤용 ⑥뱀 ⑦말 ⑧양 ⑨원숭이 ⑩닭 ⑪개 ⑫돼지를 이용해서 연습해 보기로 하자.

⇨ 기억하는 방법

① 쥐 – 운전면허 : 쥐가 운전대를 잡고 있다

② 소 – 의사면허 : 소가 청진기를 목에 걸고 진찰을 한다

③ 호랑이 – 건축허가 : 호랑이가 벽돌을 물어 집을 짓는다

④ 토끼 – 영업허가 : 토끼가 앞치마를 두르고 영업을 한다

⑤ 용 – 석유판매업 허가 : 용이 입으로 석유를 뿜는다

⑥ 뱀 – 전당포영업허가 : 뱀이 전당포 창살을 칭칭 감고 있다

⑦ 말 – 연초소매업지정 : 말이 담배를 씹어 먹는다

⑧ 양 – 수출입허가 : 양을 수송선에 가득 싣고 수출한다

⑨ 원숭이 – 통행금지 해제 : 원숭이가 통행금지 해제라고 소리친다

⑩ 닭 – 일시적도로사용허가 : 도로에 닭이 일시에 쏟아져 나온다

♣ 행정법 총론 '특허'의 구체적 실례

> ① 광업허가 ② 어업면허 ③ 자동차운수사업면허 ④ 공무원임명 ⑤ 귀화허가
> ⑥ 공기업특허 ⑦ 공물사용권특허 ⑧ 공유수면매립면허 ⑨ 공용수용권설정
> ⑩ 도로점용허가 ⑪ 하천도강료징수권설정
>
> ※스펀지 행정법총론 p475

이 열한 가지를 신체구조(①머리 ②이마 ③눈 ④코 ⑤입 ⑥목 ⑦가슴 ⑧팔 ⑨배 ⑩국부 ⑪무릎 ⑫발)를 이용해서 연습해 보기로 하자.

⇨ 기억하는 방법

① 머리 – 광업허가 [석탄] : 머리에 석탄을 얹었다

② 이마 – 어업면허 [물고기] : 이마로 물고기를 들이받았다

③ 눈 – 자동차운수사업면허 [자동차] : 눈 속으로 자동차가 들어갔다

④ 코 – 공무원임명 : 코가 가장 큰 사람을 공무원으로 임명했다

⑤ 입 – 귀화허가 [이참:관광공사 사장] : 입으로 관광공사 사장 이참
을 깨물었다

⑥ 목 – 공기업특허 [주택공사] : 목에 주택을 메고 다닌다

⑦ 가슴 – 공물사용권특허 [시청] : 가슴으로 시청을 안았다

⑧ 팔 – 공유수면매립면허 [바다] : 팔로 바다를 메운다

⑨ 배 – 공용수용권설정 [신행정수도] : 배에 신행정수도를 건설한다

⑩ 국부 – 도로점용허가 [도로] : 국부를 드러내고 도로를 질주한다

⑪ 무릎 – 하천도강료징수권설정 [하천] : 무릎으로 기어서 하천을 건
넌다

3장 연상결합법

개념

연상결합법이란 기초 결합법의 기초 없이 사물을 순서대로 기억하는
방법이다. 즉 첫째 사물을 둘째 사물과 결합하고, 둘째 사물을 셋째 사
물과, 셋째 사물을 넷째 사물과 결합하는 식이다. 기초 없이 사물을 기
억하는 방법인 만큼 활용방법이 무궁무진하고 기억술의 대부분을 차지
하는 방법이다.

연상결합의 방법

1. 반드시 연상결합된 상태를 상상해야 한다

누차 강조했듯 기억하고자 하는 대상이 서로 연상결합된 상태를 머릿

속으로 그려보아야 한다.

2. 될 수 있는 한 빨리 기억해야 한다.

빨리 기억하면 오래도록 잊지 않는다는 것이 기억술의 원리다. 빨리 기억하면 잡념이 끼어들 여지가 없어 시간이 오래 지나도 잘 잊지 않는다.

3. 어떻게 연상할까 망설이거나 한 번 연상한 것을 바꾸지 말아야 한다.

4. 사물의 이름이 나오면 우선 어느 사물이라고 특정해야 한다.

5. 될 수 있는 한 밀접하게 직접 결합된 상태를 연상해야 한다.

◐ 개별 연상결합의 연습

① 아버지 ② 양복 ③ 가락지 ④ 한라산 ⑤ 트럭 ⑥ 시계 ⑦ 수박 ⑧ 양산 ⑨ 소시지

「①아버지」라고 나오면 '우리 아버지'라는 식으로 특정하고 자기 아버지의 모습을 그린다. 「②양복」이라고 하면 어떤 양복이라도 좋으니 맨 처음에 떠오르는 양복으로 특정하고 머릿속에 그린다. 그다음에「①아버지」에 연상 결합해서 그 상태를 연상한다.

「①아버지」가 「②양복」을 입었다고 하면 간단하기는 하지만 너무 평범하다. 아버지가 양복을 안 입는 사람이라면 괜찮지만 차라리「①아버지」가 「②양복」을 짓밟았다고 하거나「①아버지」가 「②양복」을 깨물었다고 하는 편이 좋다. 또는 「①아버지」가 「②양복」을 머리에 뒤집어썼다고 해도 무방하다. 연상결합법은 연상결합법만을 바탕으로 사물을 순서대로 기억하는 방법인 만큼 연상결합된 상태만이 기억에 남는다. 따라서 인상이 강한 연상결합을 해야 한다. 여러분이 「①아버지」가 「②

양복」을 입고 있는 상태와 「①아버지」가 「②양복」을 깨물고 있는 상태를 직접 보았다고 가정해 보자. 깨물고 있는 상태가 인상에 강하게 남아 오래도록 기억되기 마련이다.

　그러나 연상결합을 할 때 어떻게 연상결합할까 망설이지 말아야 한다. 맨 처음 떠오른 상태를 그대로 연상해야 하는 것이 근본 원칙이므로 일단 「①아버지」가 「②양복」을 입었다고 연상한 이상 그 연상이 잘못되었다고 해서 「①아버지」가 「②양복」을 깨물었다고 연상을 바꿔서는 절대 안 된다. 일단 연상하면 어디까지나 그 연상으로 밀고 나가야 한다. 따라서 「①아버지」 「②양복」이라고 나오면 처음부터 「①아버지」가 「②양복」을 깨문 상태가 머리에 떠오르도록 연습하는 것이 좋다. 「③가락지」가 나오면 곧 「가락지」를 특정해서 머릿속에 그리고, 「②양복」에 연상결합해서 그 상태를 연상한다. "큰 가락지를 양복에 끼었다."하고 그 상태를 머리에 그리면 된다. "가락지가 양복주머니에 들어 있다."하는 식으로 연상하면 그 상태를 머릿속에 그렸을 때 「가락지」가 양복 속에 숨어서 보이지 않게 되므로 좋은 연상이 아니다. 숨어서 보이지 않는 상태를 연상하면 연상결합의 상태를 다시 떠올려도 「가락지」가 나타나지 않는 경우가 많기 때문에 주의해야 한다. 물론 양복에 끼울 만큼 큰 「가락지」는 실제로 없다. 이처럼 엉뚱한 연상이 강하게 인상에 남는다. 대체로 작은 물건보다 큰 물건이 인상 깊다. 기초 결합법을 연습했을 때 「가락지」나 「소시지」같은 작은 물건은 잊어버리기 쉬운 반면 「트럭」이나 「한라산」같이 큰 대상은 좀처럼 잊어버리지 않는다고 느꼈을 것이다. 연상할 때는 작은 물건은 마음대로 확대해서 연상하는 것이 비결이다.

단 「③가락지」가 나오면 하나 건너뛰어서 「①아버지」가 「③가락지」를 끼었다고 연상해서는 절대 안 된다. 「③가락지」기억할 때는 「②양복 – ③가락지」의 연상결합해야 한다. 그 이외의 것, 예를 들면 「①아버지」를 꺼내서는 안 된다. ③번을 기억할 때는 ③번과 ②번만 염두에 두고, 그 이외의 것을 염두에 두는 것은 잡념이다. 「①아버지가 ②양복을 입고 ③ 가락지를 끼었다 」고 붙여서 생각하는 것도 잡념이다.

③가락지를 ④한라산에 씌웠다. 한라산에 ⑤트럭이 부딪혔다. 트럭에 ⑥시계를 걸었다. 시계가 ⑦수박을 먹는다. 수박에 ⑧양산을 꽂았다. 양산대는 ⑨소시지다.

"시계가 수박을 먹는다."와 같이「⑥시계」를 의인화하는 것도 인상이 깊어서 좋다. 실제로 수박을 먹는 시계의 모습을 그려보면 재미있지 않은가! "양산대는 소시지다." 하는 식으로 「⑨소시지」를 「⑧양산」의 부분품으로 만들어도 재미있다. 물론 "시계 위에 수박을 얹었다."고 해도 괜찮다.

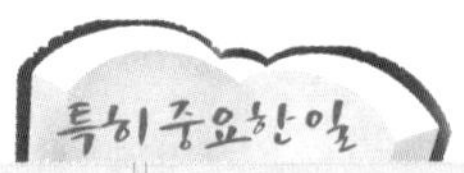

① 연상은 되도록 인상이 강한 것이 좋다.
▶ 평범한 상태보다 엉뚱한 상태, 작은 것보다 큰 것을 연상하는 편이 좋다.
② 잡념을 버릴 것.
▶ 기억할 사물과 그 바로 앞의 사물 이외에는 절대 염두에 두지 말아야 한다.

♣ 행정법 총론 '인가'의 구체적 실례

① 비영리법인 설립·정관변경인가 ② 공공조합설립인가 ③ 하천사용권양도인가 ④ 특허기업요금인가 ⑤ 지방채기채승인 ⑥ 공기업양도인가 ⑦ 토지거래허가

※스펀지 행정법총론 p475

① 비영리법인 설립·정관변경인가 ➡ ② 공공조합설립인가[교회(비영리법인) 안에 재개발조합(공공조합) 사무소를 짓고 있다.]

② 공공조합설립인가 ➡ 하천사용권양도인가[재개발조합사무소가 물에 둥둥 떠간다.]

③ 하천사용권양도인가 ➡ ④ 특허기업요금인가[물위에 주택(대한주택공사)을 지었다.]

④ 특허기업요금인가 ➡ ⑤ 지방채기채승인[대한주택공사 정문에 차용증(지방채기채승인)을 붙였다.]

⑤ 지방채기채승인 ➡ ⑥ 공기업양도인가[채무가 많아 전기(한국전력공사)를 끊고 갔다.]

⑥ 공기업양도인가 ➡ ⑦ 토지거래허가[전선줄이 땅(토지거래허가)에 꽂혔다.]

● 전체 연상 결합의 연습

♣ 행정법 총론 '법령보충적 행정규칙'을 법규명령으로 본 판례

> ① 국세청훈령인 재산제세사무처리규정
> ② 보건사회부장관의 노인복지사업지침
> ③ 주류도매면허제도개선업무처리지침
> ④ 보건복지부장관이 고시의 형식으로 정한 의료보험진료수가기준
> ⑤ 국무총리훈령인 개별토지가격합동조사지침
> ⑥ 보건사회부장관의 식품제조영업허가기준
> ⑦ 상공부장관의 수입선 다변화 품목 지정·고시
> ⑧ 산업자원부장관이 정한 공장입지기준고시
> ⑨ 전라남도 주유소등록요건에 관한 고시
> ⑩ 구리시 액화석유가스판매사업허가기준에 관한 고시
> ⑪ 건축사무소의 등록취소 및 폐쇄처분에 관한 규정
> ⑫ 법무부장관이 정한 출국금지 기준
>
> ※스펀지 행정법총론 p375

⇨ 기억하는 방법

재산을 많이 가진 노인이, 주류(술)를 좋아해서 병이 나 의료보험혜택을 받았다. 병든 몸을 이끌고 토지가격을 합동으로 조사했다. 토지가격 조사가 끝난 다음 바나나를 맛있게 먹었다. 바나나를 먹고 나서 수입하기로 했다. 여러 나라에서 수입을 해서 큰 공장을 짓고 그 안에 두었다.

공장안에 주유소를 설치했다. 주유소에 액화석유가스를 부었다. 액화석유에 불이 붙어 건축사무소등록을 취소했다. 건축사무소를 폐쇄하고 출국하려는데 출국 금지를 당했다.

＊ 이외에도 기억술에는 숫자변환법, 감각도흔술, 외연상술 등이 있다.

◎ 공무원 중요 참고 자료

● 공무원의 징계와 사유

공무원은 법령 또는 명령위반, 직무상의 의무위반 또는 직무태만, 체면이나 위신손상행위 등의 사유가 있는 경우, 파면·해임·정직·감봉·견책 등의 징계를 받게 된다.

공무원이 공무원관계법상의 의무를 위반한 경우 공무원관계의 질서를 유지하기 위해 과하는 제재를 징계라고 한다. 그러나 공무원의 행위가 의무위반에 그치지 않고 사회법익을 침해하거나 타인에게 손해를 발생시킨 경우엔 징계에 그치지 않고 형사상·민사상 책임도 지게된다.

공무원이 징계를 받게 되는 사유로는 ①국가공무원법 및 동법에 의한 명령에 위반한 경우, ②직무상의 의무에 위반하거나 직무에 태만한 경우, ③체면이나 위신을 손상하는 행위를 한 경우가 있다. 이런 사유가 있으면 징계권자는 반드시 징계의결을 요구해야 하고 징계의결결과에 따라 반드시 징계처분을 해야 한다(국가공무원법 제78조).

⇨ 공무원 시험 가산점 축소

오는 2011년부터 공무원 임용시험 시 정보화 자격증 가산점이 줄어들고 외무고등고시에서 아랍어·러시아어 등 특수외국어 능통자 선발제도가 도입된다.

행정안전부는 이같은 내용을 담은 공무원임용시험령 개정안이 국무회의에서 의결됐다고 1일 밝혔다.

이번 개정안에 따르면 최근 공무원 임용시험 합격자의 92%가 정보화 자격증을 취득하는 등 정보화 자격증 취득이 보편화됨에 따라 2011년부터 가산점이 최대 3%에서 최대 1%로 축소된다. 또 하위 자격증인 워드프로세서 2·3급 및 컴퓨터활용능력 3급 자격증은 가산점이 폐지된다.

또 외무고시는 영어 능통자 외에 아랍어, 러시아어, 스페인어 등 특수 외국어 능통자를 외교인력 수요에 따라 별도로 선발한다.

특수 외국어 능통자 선발시험은 일반 외무고시와 동일하게 1차~3차 시험을 치르지만 2차 시험에서 해당 외국어를 필수과목(100점)으로 하고 영어를 필수 선택과목(50점 만점)으로 한다. 해당 외국어에 대해 원어민과의 회화능력 평가도 추가로 실시된다. 이 외에 제2차 시험에서 선택할 수 있는 제2외국어 과목에 2011년부터 아랍어가 추가된다.

분야	채용 계급	자격증	가산점 비율	
			현행	개정안
통신·정보 처리	7급	정보관리기술사, 전자계산조직응용기술사, 정보처리기사, 전자계산기조직응용기사	3%	1%
		사무자동화산업기사, 정보처리산업기사, 전자계산기산업기사	2%	0.5%
	9급	정보관리기술사, 전자계산조직응용기술사, 정보처리기사, 전자계산기조직응용기사, 사무자동화산업기사, 정보처리산업기사, 전자계산기산업기사	3%	1%
		정보기기운용기능사, 정보처리기능사	2%	0.5%
사무관리	7, 9급	컴퓨터활용능력 1급	2%	1%
		워드프로세서1급, 컴퓨터활용능력2급	1.5%	0.5%
		워드프로세서2급, 컴퓨터활용능력3급	1%	폐지
		워드프로세서3급	0.5%	폐지

2009년 9급 공채 필기시험 합격자 관련통계 (합격선 및 합격자 현황)

일반모집 2,954명 18개 직렬(류), 40개 모집단위

구분	최종선발 예정인원	출원자	응시자	2009년		2008년	
				합격선	합격자	합격선	합격자
전 모집단위 합계	2,374	140,879	103,210	–	3,188	–	4,183
일반모집 계	2,211	136,686	100,103	–	2,954	–	4,007
일반행정 전국	274	30,698	21,846	87.50	339	89.00	282
일반행정 지역	274	23,201	17,280	–	387	–	290
서울인천경기	126	11,099	8,277	88.00	184	89.00	126
강원	25	959	729	84.00	36	83.00	27
대전충남충북	40	3,092	2,346	86.50	55	88.50	28
광주전남	11	1,157	799	88.00	17	88.00	29
전북	8	842	627	86.00	11	87.00	16
대구경북	22	2,068	1,482	86.50	29	90.00	13
부산	19	1,847	1,418	89.00	23	88.00	24
울산경남	20	1,856	1,385	87.50	28	88.00	24
제주	3	281	217	88.00	4	86.00	3
우정사업본부	594	23,427	18,200	–	769	–	567
서울인천경기	157	8,149	6,127	86.50	194	86.50	175
강원	75	1,393	1,118	80.50	109	80.50	59
대전충남	56	1,889	1,484	83.50	76	84.00	53
충북	46	1,121	881	82.50	56	83.00	42
광주전남	65	2,284	1,781	85.50	75	83.50	100
전북	44	1,553	1,256	84.50	59	83.00	37
대구경북	69	3,459	2,735	85.50	85	86.50	25
부산	31	1,508	1,174	86.50	42	86.00	21
울산경남	46	1,849	1,479	85.00	66	86.00	52
제주	5	222	165	85.00	7	86.00	3
선관위	28	3,091	1,970	88.00	42	–	–
교육행정	37	7,401	5,202	89.00	51	86.00	25
세무	185	12,540	9,573	83.00	214	77.50	1,069
관세	120	3,966	3,014	80.50	136	76.00	248
교정(남)	230	4,518	3,408	75.50	369	73.00	629
교정(여)	20	675	530	82.00	34	80.00	37
보호(남)	40	827	601	79.00	53	81.00	99
보호(여)	10	586	461	80.00	12	81.00	
검찰사무	150	8,731	6,443	86.00	217	86.00	295
마약수사	12	754	538	86.00	21	82.00	22
출입국관리	20	2,035	1,371	89.00	27	83.00	191
철도공안직	–	–	–	–	–	82.00	45
공업(일반기계)	19	813	531	79.00	26	85.00	7
공업(전기)	21	1,142	685	74.00	26	78.00	12
공업(화공)	4	547	367	81.00	5	84.00	5
농업(일반농업)	35	2,193	1,514	89.00	46	88.00	28
임업(산림자원)	48	1,409	997	80.00	64	86.00	28
시설(일반토목)	16	2,658	1,931	83.00	19	87.00	21
시설(건축)	6	1,579	1,119	88.00	8	94.00	7
전산(전산개발)	48	2,980	1,953	83.00	59	81.00	57
방송통신(전송기술)	20	915	569	77.00	30	76.00	43

● 공무원 시험접수 관련 홈페이지

행정안전부	사이버국가고시센터	http://www.gosi.co.kr/
서울시	인재개발원	http://hrd.seoul.go.kr/
국회사무처	국회사무처	http://gosi.assembly.go.kr/
부산시	부산광역시 인사위원회	http://busan.go.kr/
대구시	대구광역시 인사위원회	http://daegu.go.kr/
법원	법원행정처	http://www.scourt.go.kr/
검찰직	대검찰청	http://www.spo.go.kr/
선관위	중앙선거관리위원회	http://nec.go.kr/
교육청	서울시 교육청	http://www.sen.go.kr/
	경기도 교육청	http://www.goe.go.kr/
	인천광역시 교육청	http://www.ice.go.kr/
	강원도 교육청	http://www.kwe.go.kr/
	충청북도 교육청	http://www.cbe.go.kr/
	충청남도 교육청	http://www.cne.go.kr/
	대전광역시 교육청	http://www.dje.go.kr/
	경상북도 교육청	http://www.gbe.kr/
	경상남도 교육청	http://www.gne.go.kr/
	부산광역시 교육청	http://www.pen.go.kr/
	대구광역시 교육청	http://www.dge.go.kr/
	울산광역시 교육청	http://www.use.go.kr/
	전라남도교육청	http://www.jne.go.kr/
	전라북도 교육청	http://www.jbe.go.kr/
	광주광역시 교육청	http://www.ketis.or.kr/
	제주특별자치도 교육청	http://www.jje.go.kr/

각 도시청 홈페이지	서울시	http://www.seoul.go.kr/
	인천광역시	http://www.incheon.go.kr/
	경기도	http://www.gg.go.kr/
	강원도	http://www.provin.gangwon.kr/
	충청북도	http://www.cb21.net/
	충청남도	http://www.chungnam.net/
	전라북도	http://www.jeonbuk.go.kr/
	전라남도	http://www.jeonnam.go.kr/
	경상북도	http://www.gyeongbuk.go.kr/
	경상남도	http://www.gsnd.net/
군무원	군무원채용사이트	http://recruit.mnd.mil.kr/
	국방부	http://www.mnd.mil.kr/
	해군홈페이지	http://www.navy.mil.kr/
	육군홈페이지	http://www.army.mil.kr/
	공군홈페이지	http://www.army.mil.kr/
경찰청	사이버경찰청	http://gosi.police.go.kr/
	서울지방경찰청	http://www.smpa.go.kr/
	강원지방경찰청	http://www.gwpolice.go.kr/
	경기지방경찰청	http://www.ggpolice.go.kr/
	인천지방경찰청	http://www.icpolice.go.kr/
	울산지방경찰청	http://www.uspolice.go.kr/
	경남지방경찰청	http://www.gnpolice.go.kr/

경북지방경찰청	http://www.gbpolice.go.kr/
전남지방경찰청	http://www.jnpolice.go.kr/
전북지방경찰청	http://www.jbpolice.go.kr/
광주지방경찰청	http://gjnb.gjpolice.go.kr/
대구지방경찰청	http://www.dgpolice.go.kr/
대전지방경찰청	http://www.djpolice.go.kr/
충남지방경찰청	http://www.cnpolice.go.kr/
충북지방경찰청	http://www.cbpolice.go.kr/
부산지방경찰청	http://www.bspolice.go.kr/
제주지방경찰청	http://www.jjpolice.go.kr/
해양경찰청	http://www.kcg.go.kr/